Béatrice Acklin Zimmermann, Franz Annen, Hanspeter Schmitt (Hg.)

Jesus von Nazaret: Anstoss, Ärgernis, Zumutung?

TVZ

Schriften Paulus-Akademie Zürich, Band 8

Béatrice Acklin Zimmermann
Franz Annen
Hanspeter Schmitt (Hg.)

Jesus von Nazaret: Anstoss, Ärgernis, Zumutung?

EDITION NZN
BEI TVZ
Theologischer Verlag Zürich

Bibliografische Informationen der Deutschen Nationalbibliothek
Die Deutsche Bibliothek verzeichnet diese Publikation in der Deutschen Nationalbibliografie; detaillierte bibliografische Daten sind im Internet über www.dnb.de abrufbar.

Umschlaggestaltung: Simone Ackermann, Zürich, unter Verwendung eines Bildes von P. Eugen Bollin, Kloster Engelberg
Satz: Verena Schaukal, Paris
Druck: ROSCH-Buch Druckerei GmbH, Scheßlitz

ISBN 978-3-290-20085-5

www.edition-nzn.ch

Inhaltsverzeichnis

Einleitung

Ungeachtet des Vertrauensverlustes der Kirchen und trotz der gegenwärtigen Kritik am Christentum ist das Interesse an Jesus von Nazaret auch im 3. Jahrtausend unvermindert gross. Davon zeugt nicht zuletzt die Vielzahl der in den letzten Jahren erschienenen Jesusbücher. Im Vergleich zu deren Themenstellungen mag die zentrale Frage des vorliegenden Sammelbandes, worin das Anstössige, das Ärgernis, die Zumutung des Jesus von Nazaret bestehe, geringfügig sein. Im Herantasten an seine Person, an seine Verkündigung und sein Handeln erscheint sie uns jedoch nicht nur wichtig, sondern unumgänglich und wegweisend.

In den Schriften des Neuen Testaments finden sich genügend Hinweise dafür, dass Jesus von der Krippe bis zum Kreuz Anstoss erregt hat. Die Einwohner Nazarets nehmen Anstoss an ihm (Mt 13,57) genauso wie die Pharisäer (Mt 15,12) und sogar die eigenen Jünger (Mk 14,27–29). Dass «viele» (Mt 24,10) an ihm Anstoss nehmen, gehört offensichtlich zum Programm dieses Wanderpredigers aus Palästina, der so weit geht zu sagen: «Selig, wer an mir keinen Anstoss nimmt» (Mt 11,6; Lk 7,23).

Dass Jesus keine Gestalt ist, die auf Harmonie zielt und überall Zustimmung auslöst, dass von ihm vielmehr Anstoss, Verärgerung, Widerstand und Streit ausgingen, zeigen alle Erfahrungen, die es bisher in der Geschichte mit ihm gegeben hat. An Jesus von Nazaret scheiden sich bis heute die Geister von Christen, Sympathisanten und Religionskritikern. Er scheint ganz und gar nicht in die Koordinaten unserer Vorstellungen und Bedürfnisse zu passen. Insbesondere Jesu «dreckiger» Tod am Kreuz erregt nicht erst in unseren Tagen und nicht nur bei Religionskritikern[1] Unverständnis und Ablehnung.

Dass die Kreuzesstrafe in vieler Hinsicht schändlich ist, dass sie vor allem aber der Göttlichkeit Jesu widerspricht, bringt Kelsos, ein griechischer Philo-

1 Vgl. u. a. Herbert Schnädelbach, *Der Fluch des Christentums.* Eine Abrechnung, in: Die Zeit (Nr. 20) 11.5.2000, www.zeit.de/2000/20/200020.christentum_.xml/ (4.4.2013).

soph des zweiten Jahrhunderts, trefflich auf den Begriff, wenn er von Jesus sagt, dass dieser «wenigstens sogleich von dem Pfahl (hätte) verschwinden müssen»[2]. Nicht erst heute wird das Kruzifix als Provokation gesehen: «Alexamenos betet seinen Gott an», heisst es unter einer aus dem antiken Rom stammenden Karikatur, die einen Soldaten zeigt, der einen Mann am Kreuz mit Eselskopf anbetet.[3] Goethe äussert unumwunden seinen Unmut über das Kreuz, das er wohl gerne mit einem mit Blumen und Blättern umrankten Lebensbaum vertauscht hätte.[4] Auch Rilke hätte es lieber gehabt, wenn eine farbige und Duft verströmende Rose für Jesus stünde, und nicht das Kreuz und auch nicht «der Stein» (Lk 20,18), über den man stolpert und an dem man sich schmerzhaft «stossen» kann. Und die frühere Bischöfin von Hamburg, Maria Jepsen, wünschte sich die Krippe, «ein so friedliches Zeichen», anstelle des Kreuzes als christliches Symbol.[5]

Woran liegt es, dass Jesus, insbesondere der gekreuzigte, auch und gerade heute verstört, verärgert, provoziert? Diese Frage stand im Zentrum der theologischen Tagung, die am 15. April 2011 an der Paulus-Akademie Zürich unter dem Titel «Anstoss, Ärgernis, Zumutung. Wer war Jesus von Nazareth? Wer ist Jesus von Nazareth?» durchgeführt wurde.

In diesem Sammelband, den die Initiantin und die Initianten der Theologischen Tagung herausgeben, werden die an der Paulus-Akademie Zürich gehaltenen Vorträge zusammengeführt und um einschlägige Beiträge ergänzt. Die Autoren machen es sich zur Aufgabe, den Blick vom sanften und menschenfreundlichen Jesus (Tit 3,4) auf den anstössigen und provozierenden, ja, Ärgernis erregenden Jesus zu lenken und zu ergründen, wieso er früher wie heute Stein des Anstosses ist.

Nach *Ulrich Knellwolf* hat das Ärgernis, das Jesus offensichtlich für die Kreise war, die bei seiner Verurteilung und Hinrichtung die Fäden zogen, seinen Grund darin, dass Jesus anders als Johannes der Täufer keine Zumutung war. Im Gegensatz zu Johannes dem Täufer, der den Leuten eine moralische Kopfwäsche zumutete, bediente Jesus das offensichtlich religiöse Grundbedürfnis nicht, das

2 Origenes, *Gegen Celsus* II, 68.

3 Wiedergegeben in Wolfgang A. Bienert/Guntram Koch, *Kirchengeschichte I* – Christliche Archäologie, Stuttgart/Berlin/Köln 1989 (Grundkurs Theologie 3), Tafel 8.1.

4 Johann Wolfgang von Goethe, *Werke*, hg. im Auftr. der Grossherzogin Sophie von Sachsen von Gustav von Loeper, 1. Abt., Bd. 1, Weimar 1887, 323: «Vieles kann ich ertragen. Die meisten beschwerlichen Dinge/ Duld' ich mit ruhigem Muth, wie es Gott mir gebeut./ Wenige sind mir jedoch wie Gift und Schlange zuwider;/ Viere: Rauch des Tabaks, Wanzen und Knoblauch und †.»

5 In: Die Welt, 30.4.1999.

Bedürfnis des Gewissens nämlich, tüchtig und im Kollektiv die Leviten gelesen zu bekommen, um dadurch sein Gewissen entlasten zu können. Der springende Punkt, der Jesus zum Ärgernis werden liess, bestand vielmehr darin, dass er auf die Zumutungen des Johannes des Täufers verzichtete und das Gewissen, das Gegenwart und Zukunft kasuistisch an die Untaten der Vergangenheit gekettet lassen will, in die Schranken wies und auf Freispruch von Schuld und Strafe plädierte.

Michael Felder zeigt in seinen «pastoraltheologischen Einlassungen», dass Jesus nie etwas anderes getan hat, als Linien zu überschreiten und durch geschlossene Türen zu gehen. Die grösste Provokation Jesu bestand darin, dass er die Trennungslinie auf Gott hin überschritt und deshalb den Tod des Provokateurs sterben musste. Wie Felder betont, besteht das Provokationspotenzial der Evangelien in der Kritik Jesu an der Praxis seiner eigenen Religionsgemeinschaft; doch unterläuft der die Provokation der Evangelien, der Jesus zeitgeistbedingt auf die Rolle eines Nonkonformisten reduziert oder seinen Widerstand als Destruktion auslegt. Der Beitrag wartet mit vielfachen Bezügen zur Musik, Literatur und Bildkunst auf. Er verdeutlicht dabei am Beispiel der im 19. Jahrhundert gängigen im Nazarener-Stil gemalten Bilder vom Guten Hirten, wie diese, die das Provozierende am prekären Ablauf menschlichen Lebens beschwichtigen helfen sollten, selbst zur Provokation geworden sind.

Laut *Klaus Berger* steht das Unglaubliche und Anstössige am Christentum in engstem Zusammenhang mit dem Gottesbild des Alten Testaments und dem nicht toleranten Eingottglauben der Juden. Wie Berger betont, sind Judentum und Christentum deshalb der Wurzel nach von einer ärgerlichen Anstössigkeit, weil sie die oberflächliche Alltäglichkeit des Sich-Arrangierens mit Götzen und ihren «lauwarmen» Verehrern stören. Im neutestamentlichen Befund erkennt Berger nicht nur in den Wundern Jesu einen Stein des Anstosses, sondern auch in der Ohnmacht des scheinbar Allmächtigen: Die Kreuzestheologie, die besagt, dass alle gesellschaftlich relevanten Werte nur Instrumente im Krieg aller gegen alle sind und dass Gottes Macht nicht die Supermacht ist, bildet die Brücke zu einem veränderten Gottesbild. Indem Gott nach der Offenbarung des Neuen Testaments immer wieder ungöttlich wird, indem er Attribute wie Unsichtbarkeit und Leidensunfähigkeit ablegt und damit Selbstverständlichkeiten beseitigt, die sonst jeder Religion zu eigen sind, wird er laut Berger theologisch anstössig bis zum Äussersten.

Die Frage, wie Theologen im Lauf der Zeit mit dem Mann aus Nazaret umgegangen sind, veranlasst *Gottfried Bachl*, Jesus unter vier Gesichtspunkten zu betrachten, nämlich: seiner «Verzweckung», seines Vergleichs mit Prometheus, seiner Fahrlässigkeit als Wegweiser und seines Verschwindens in Gott Vater. Vor dem Hintergrund, dass Jesus bei den meisten der frühen und späten Theologen eine fest verplante Grösse ist und in Jesu Person und Aufgabe als völlig identisch dargestellt wird, lädt Bachl dazu ein, der Frage nachzugehen, ob im Klima der christlichen Erlösungspredigt nicht häufig die «Sünde der Funktionalisierung» begangen wird.

Volker Garske analysiert die anregende und provozierende Wirkung, die die neutestamentlich erzählten Totenerweckungen und Heilungen Jesu in der zeitgenössischen Literatur gewonnen haben. Zunächst belegt und diskutiert er den aktuellen Stand der exegetischen Forschung zur Auferweckung der Tochter des Jaïrus (Mk 5,21–24.35–43) und des Jünglings von Naïn (Lk 7,11–17). Anschliessend interpretiert er die Aufnahme dieser Quellen und ihrer Motive bei Georg Büchner («Lenz»), Heinrich Böll («Gruppenbild mit Dame»), Patrick Roth («Johnny Shine und die Wiedererweckung der Toten») und Ulla Hahn («Das verborgene Wort»). Hierbei zeigt sich, dass deren literarisch ausgestaltete Deutungen zwischen wörtlichen, existenziellen, sozialkritischen und tiefenpsychologischen Grundverständnissen schwanken. Entsprechend unterschiedlich entfaltet sich dann auch das kritische Potenzial der als Vorlage dienenden neutestamentlichen Erzählungen.

Joachim Kügler betrachtet den Umgang Jesu mit Menschen, die für Sünderinnen bzw. Sünder gehalten wurden. Ausgangspunkt bildet Jesu Verkündigung der Königsherrschaft Gottes, deren Ankunft im Kern die Chance auf Rettung für jede und jeden bildet. Dabei bleibt gemäss apokalyptischer Vorgabe das Faktum des Endgerichtes im Hintergrund bestehen. Auch wenn Jesus die Rettung und das Heil ins Zentrum rückt, ist seine Sicht vom Menschen und seinem faktischen Verhalten äusserst skeptisch: Er stuft den Menschen als grundsätzlich böse ein. Von daher klärt sich auch das Handeln Jesu, in dem sich auch die von ihm verstandene Haltung Gottes zum Menschen spiegelt: Er liebt die Menschen nicht, weil er sie für gut hält; vielmehr hält er sie für böse und liebt sie trotzdem. Aus diesem Zusammenhang eines für heutiges Verstehen befremdlichen Menschenbildes mit dem Gebot unvoreingenommener Liebe ergeben sich Provokationen – gerade auch für das aktuelle Handeln.

Volker Eid stellt sich der Frage, inwieweit Jesus auch heute noch eine Zumutung ist oder sein kann. Dabei ordnet er die Erfahrung möglicher Zumutung in den Zusammenhang einer nicht hintergehbaren Glaubensinterpretation ein: Auch die neutestamentlichen Darstellungen von Jesu Person und Wirken sind bereits Deutungen und somit Teil der Auseinandersetzung mit Jesus bzw. Zeugnis des Bemühens, sich ein adäquates Verstehen seiner Person und Bedeutung anzueignen und existenziell glaubend zu übernehmen. Dabei geht es auch für Menschen heute darum, in diesen Prozess der Bedeutungsfindung und

Aneignung hineinzukommen, wobei die eigenen Erwartungen und Vorverständnisse einflussreich sind. Wesentlich bleibt der Versuch, hinter der neutestamentlich, später dogmatisch geformten Gestalt Jesu seinen provozierenden sozialkritischen Einsatz hermeneutisch freizusetzen. Dabei kommt vor allem auch der Gottesbezug zum Vorschein, der Jesus in allem bestimmt und trägt, und wird zum Angebot.

Der Beitrag von *Franz Annen* wirft einen Blick auf die Geschichte der historischen Jesus-Forschung. Er zeigt auf, dass diese seit ihren Anfängen in der Aufklärung das Jesusbild von der Übermalung durch die Christus-Verkündigung der Evangelien und der Kirche befreien und den wirklichen Jesus zur Geltung bringen wollte. Der so gefundene «historische Jesus» wurde zum Anstoss und zum Ärgernis für die Kirchen und ihre Glaubenshüter – bis heute, wie die Jesus-Trilogie von Papst Benedikt XVI. deutlich macht. Nachdem die historische Jesus-Forschung in der Zeit der «Neuen Frage» seit den 1950er Jahren sich weitgehend in der kirchlichen Theologie integrieren konnte, bricht bei vielen Forschern des «Third Quest» seit den 1980er Jahren (vor allem in Amerika) das Interesse an der Theologie zugunsten einer rein historischen Sichtweise ab. Dabei entstehen Jesusbilder, die extrem unterschiedlich und für den herkömmlichen Christus-Glauben sehr provozierend sind. In dieser Situation versucht die Jesus-Trilogie von Papst Benedikt XVI. gegenzusteuern und den «historischen Jesus» dem «Christus des Glaubens» anzupassen. Der Exegese bleibt die Aufgabe, die Herausforderung Jesu zur Geltung zu bringen und ihn nicht zu verharmlosen.

Die Herausgeberin und die Herausgeber danken allen, die zur Entstehung dieses Sammelbandes beigetragen haben. Ganz besonderer Dank gebührt der Edition NZN bei TVZ für die Aufnahme des Manuskripts in das Verlagsprogramm und dem Lektor Markus Zimmer für seine wertvollen Anregungen und die wie stets zügige und vorzügliche Zusammenarbeit.

Die Reformierte Kirche des Kantons Zürich hat diese Publikation dankenswerterweise mit einem Druckkostenbeitrag unterstützt. Wir danken sehr herzlich auch der Katholischen Kirche im Kanton Zürich. Dass sie uns auf unbürokratische Weise die finanzielle Unterstützung bei der Drucklegung des Buches zusicherte und damit ihrer Wertschätzung für die Publikationsarbeit der Paulus-Akademie Ausdruck gab, ist alles andere als selbstverständlich und verpflichtet uns zu grossem Dank.

Ein herzlicher Dank geht an den Künstler und Freund P. Eugen Bollin OSB, der spontan zusagte, eigens für den Sammelband Skizzen zu entwerfen. Seine Coverzeichnung, die das «Ärgernis Jesu» ein- und nachdrücklich ins Bild setzt, begleitet die Wortmeldungen des Bandes.

Mitten in den Abschlussarbeiten des vorliegenden Sammelbandes ereilte uns die traurige Nachricht vom plötzlichen Tod von Michael Felder. Der Beitrag unseres geschätzten Kollegen, der es auf einzigartige Weise verstand, die Theologie auf das Feld der Literatur hin zu öffnen, erscheint unvollendet in unserem Sammelband. Mit diesem Sammelband bewahren wir Michael ein ehrendes Andenken.

Chur/Freiburg i. Ue./Schwyz, im Juni 2013

Béatrice Acklin Zimmermann
Franz Annen
Hanspeter Schmitt

Das Ärgernis Jesus

ULRICH KNELLWOLF

1

Einer meiner theologischen Lehrer vertrat vehement den Grundsatz, wer etwas zu sagen habe, könne es auch sagen. Gemeint war: Gute Botschaft setzt sich gegen schlechten Redner durch. Paradebeispiel ist Paulus, der selbst das Gerücht zitiert, seine Rede sei für nichts zu achten (2. Korinther 10,10), und zugibt, ein schlechter Redner zu sein (2. Korinther 11,6). Gehör fand er trotzdem.

Ich ärgere mich oft über schlecht formulierte Predigten – nicht zuletzt eigene. Bei näherem Hinsehen stellt sich regelmässig heraus, dass es nicht bloss an der Formulierung liegt, sondern dass das schlecht Formulierte auch schlecht gedacht ist. Denken und Sprechen sind eben nicht säuberlich zu trennen. Es gibt nicht den Gegenstand, der – sekundär – «zur Sprache gebracht» würde. Die Gedanken werden beim Reden verfertigt; Heinrich von Kleist schrieb's vermutlich nicht ohne Johann Georg Hamanns Behauptung im Ohr, dass Vernunft Sprache sei, ich also vernehmen müsse, was ich denkend in Sprache fasse.

Mein alter Lehrer hatte Recht. Die Frage, «*wie die Zumutung der christlichen Botschaft für unsere Zeit neu zur Sprache gebracht werden*» könne – davon zu handeln lautet mein Auftrag –, führte in die Irre, wenn gemeint wäre, es gebe eine feste Grösse namens «christliche Botschaft» oder «Evangelium», und diese(s) sei «unserer Zeit» entweder mundgerecht oder im Gegenteil widerborstig, jedenfalls bemerkenswert zu machen. Was dabei herauskäme, wäre, und sei's als Zumutung, nichts Neues, sondern das, was «unsere Zeit» ohnehin weiss, also eine Zementierung der Vorurteile «unserer Zeit» über sich selbst und darüber, was sie nötig habe. Denn die da «zur Sprache bringen», stehen «unserer Zeit» ja nicht gegenüber, sondern stecken selbst bis zum Hals darin.

«Neu zur Sprache bringen» kann ich nur, was ich neu denke. Ich kann aber nur neu denken, was mir selbst neu, also nicht auf meinem Mist gewachsen ist. Neu ist, was mich anspringt, wie der geheimnisvolle Mann Jakob ansprang bei beginnender Nacht an der Furt des Jabbok. Jakob rang mit ihm, bis der andere bei anbrechender Morgenröte keuchte: «Lass mich los», und Jakob zurückkeuchte: «Ich lasse dich nicht, du segnest mich denn» (Genesis 32,26). Doch bitte jetzt nicht von existenzialer Interpretation als einer lehr- und lernbaren Methode zu dozieren anfangen. Der nächtliche Mann ist am Morgen verschwunden und durch keine Methode wettzumachen.

Der die christliche Botschaft, das Neue, das schlechterdings nicht von uns kommt, den Anfang der neuen Schöpfung bringt und zugleich ist, Jesus von Nazaret, der Christus, will sich im Gegensatz zum dunkeln Mann an der Jabbokfurt finden lassen. Nur dürfen wir's nicht anstellen wie jene Witzfigur, die nachts unter einer Strassenlaterne hin und her tigerte, Blick auf den Boden geheftet. «Suchen Sie etwas?», fragte einer, der daherkam. Antwort: «Mein Schlüssel ist mir aus der Hand gefallen.» Der andere half suchen. Da sie nichts fanden, fragte er nach einer Weile: «Ist Ihnen der Schlüssel wirklich hier aus der Hand gefallen?» «Nein», sagte der erste, «auf der andern Strassenseite. Aber dort gibt es kein Licht.»

Das Neue der christlichen Botschaft – ein Pleonasmus – denkend sagen wollen, kann nur heissen: Es dort suchen, wo es sich finden lässt. Nämlich in den neutestamentlichen Texten. Denn darin und nirgendwo anders «haben» wir, vor der unverzichtbaren Folie des Alten Testaments, seinen Bringer und Gegenstand. Nicht, wie Augustin für seine Person meinte, weil diese Texte durch kirchlichen Entscheid im Kanon stehen, sondern weil darin wie nirgendwo sonst vom Christus Jesus die Rede ist – weswegen sie im Kanon stehen.

2

Es ist dem Neuen nicht dienlich, diese Texte zu «hinterfragen», also dahinter zurückgehen zu wollen, als wären sie der zeitgebundene Vorhang vor der zeitlosen «eigentlichen» Sache, die Tara, welche vom Brutto abzuziehen sei, auf dass das wahre Netto herauskomme. Das ist ja die Art und Weise, wie insbesondere erzählende Texte – nicht nur, aber auch biblische – unbedacht interpretiert werden. Das Neue kommt so nicht heraus, im Gegenteil.

Das gilt auch für historisch-kritisches «Hinterfragen». Historische Kritik, richtig verstanden, restauriert nicht einen ursprünglichen Zustand, der immer eine Hypothese bleiben muss. Dienlich ist es hier, mit Hamann[1] Beobachtung und Prophetie zu unterscheiden und sich metakritisch klar zu machen, dass die Texte als Gegenwärtiges Beobachtung erfordern, wir sie also nicht zu eilig durch

1 Johann Georg Hamann, *Ein fliegender Brief.* Sämtliche Werke III, 382. Hieraus auch die folgenden Zitate.

«das philosophische Genie» «vermittelst der Abstraction […] abwesend» machen und dem Geist der Weissagung überantworten sollen, weil so aus Weissagung willkürliche Kaffeesatzleserei würde.

Schon gar nicht versteht historische Kritik die Texte als zeitbedingte Deformationen eines zeitlos Wahren. Denn das Neue kam und kommt in die Zeit, sonst wäre es nicht neu. Historische Kritik will einfach helfen, das Neue der vorgegebenen Texte zu erkennen.

Der Rückgang hinter die Texte nämlich führt in jene Dunkelkammer, die sich, wird Licht gemacht, als Spiegelsaal herausstellt, wo mir von allen Wänden nichts als meine eigne Visage entgegenstarrt. Die allegorische, auf zeitlose Wahrheit erpichte Interpretation, von Sophistik und Stoa als einen von mehreren Schriftsinnen an Homer und den Mythen exerziert, führt's vor. Sie packt aus den Texten aus, was sie vorher darin eingepackt hat. Die allegorische Interpretation verwandelt Anrede durch den Fremden zur Fachsimpelei unter Insidern und schliesslich zu meinem Gemurmel mit mir selbst. Sie macht mich aus dem angeredeten und antwortenden zum *homo incurvatus in se ipsum*, dem ausschliesslich auf sich selbst bezogenen Menschen, der, siehe Luthers «De servo arbitrio», der verlorene, todgeweihte ist.

Auch die Interpretation am Leitfaden von *loci communes*, so versachlichend sie sein kann, hat ihre diesbezügliche Fragwürdigkeit. Zu leicht wird dem Text das freie Votum entzogen und durch einebnende Systematik vorgeschrieben, was er zu sagen habe. Melanchthons Buch jenes Titels war, trotz Luthers hohem Lob, eben doch auch der Beginn der homiletischen Unsitte, die aus dem lebendigen Streit zwischen Gesetz und Evangelium ums menschliche Herz eine klappernde Auslegungsmühle machte.

Exegetische Willkür war auch das Resultat einer formalistischen Inspirationslehre, der Mutter des modernen Fundamentalismus, die einschärfte, dass jedes Jota, das in der Schrift geschrieben steht, gleichermassen vom Heiligen Geist diktiert und darum «wahr» sei – im Fundamentalismus nach dem Massstab eines historistischen Wahrheitsbegriffs des 19. Jahrhunderts. Solche Inspirationslehre versucht die schon vor dem Einsetzen der historischen Kritik sich aufdrängende Einsicht abzuwehren, dass der Kanon nicht eine Stimme, sondern mindestens ein Chor, wenn nicht gar ein Gewirr von Stimmen ist. Bekanntlich streiten schon Erasmus und Luther über die *claritas scripturae*.

Vollends dem Neuen biblischer Texte den Mund zu verbieten droht die Sakralisierung der kirchlichen Tradition. Adolf von Harnack hat in der Einleitung seines berühmt-berüchtigten Marcion-Buches Erhellendes zu diesem «Katholizismus» geschrieben, der keineswegs eine exklusiv römisch-katholische Eigenheit ist.

All dem gegenüber gilt es, selbstverständlich – schliesslich handelt sich es ja um geschichtliche Texte – mit Ergebnissen historisch-kritischer Forschung im Kopf, am vorhandenen Text zu bleiben und ihn zu «meditieren», wie Luther riet: «Zum andern soltu meditirn, das ist: Nicht allein im hertzen, sondern auch eusserlich die mündliche rede und buchstabische wort im Buch jmer treiben und reiben, lesen und widerlesen, mit vleissigem auffmercken und nachdencken, was der heilige Geist damit meinet»[2], was so weit geht, dass ich den Text gegen den Felsen Christus schmeisse, bis der süsseste Kern herauskommt[3]. «Denn Gott will dir seinen Geist nicht geben on das eusserliche wort, da richt dich nach, Denn er hats nicht vergeblich befolhen, eusserlich zu schreiben, predigen, lesen, hören, singen, sagen etc.»[4] Womit das Neue beim Namen genannt ist: der Heilige Geist.

Jedes Wort hat einen Geist in sich, ist eines Geistes Vehikel und von ihm nicht zu trennen – «Was Gott zusammengefügt hat, soll der Mensch nicht scheiden» (Markus 10,9). Zwar weht das Neue, der Heil bringende Geist, wo er will. Aber er will nun einmal, da er der Geist Jesu Christi ist, unter Zuhilfenahme von Texten aus dem Neuen Testament wehen, nicht anders. Und das in engster Anlehnung an das Alte und in ebensolcher Auseinandersetzung mit diesem.

3

Folglich ist jetzt zu fragen, was vom Bringer und Inhalt des Evangeliums, dem Christus Jesus von Nazaret, im Neuen Testament stehe. Und inwiefern er darin der «hässliche» Jesus sei, dessen Reden, Handeln und Erleiden Zumutung und Ärgernis war und noch ist. Dabei ist, wie gesagt, davon auszugehen, dass wir's nicht mit einer Stimme, sondern mit einer Mehrzahl von einander teilweise widersprechenden Stimmen zu tun haben. Es gibt keine einheitliche Theologie des Neuen Testaments.

Offensichtlich empfanden die Kreise, die bei der Verurteilung und Hinrichtung Jesu die Fäden zogen, ihn als Ärgernis. Es waren jüdische religiöse Autoritäten und Hierarchen: Pharisäer, Schriftgelehrte, Priester. Es war aber auch «das Volk», das mit dem Gewicht der Masse «Kreuzige ihn» schrie, nachdem ein Teil kurz vorher dem in Jerusalem Einziehenden noch entgegengelaufen war und begeistert Beifall geklatscht, bei der anschliessenden so genannten Tempelreinigung aber wohl schon kalte Füsse bekommen hatte. Und es war schliesslich, wie die Texte so prominent berichten, dass er's sogar mit Namen ins Apostolikum

2 WA 50, 659.
3 Vgl. WA 55, I/I.I, 6.
4 WA 50, 659.

schaffte, der römische Statthalter Pontius Pilatus, der, sicher nicht allein aus Respekt vor Tempelautoritäten und schreiendem Pöbel, zur Exekution Hand bot.

Was verband sie alle so, dass ihnen Jesus ein Ärgernis war? Meine These: Ihr Ärgernis hatte seinen Grund darin, dass Jesus keine Zumutung war.

Eine Zumutung war Johannes der Täufer. Der mutete den Leuten zu, dass sie aus ihren Städten und Dörfern zu ihm hinaus in die Wüste an den Jordan kamen. Und waren sie einmal in der Wüste, mutete Johannes seinen Zuhörern eine moralische Kopfwäsche zu, nicht ganz so arg bei Markus, wo es einfach um «Busse zur Vergebung der Sünden» (1,4) geht, krass jedoch bei Matthäus (3,7) und Lukas (3,7), wo die Hörer als «Natterngezücht» tituliert werden, die wenig Chancen haben, dem künftigen Zorn zu entrinnen. Des Johannes Zuhörer sind nach Markus «das ganze jüdische Land und alle Bewohner von Jerusalem», nach Matthäus «Jerusalem und ganz Judäa» und bei der erwähnten Invektive namentlich die Pharisäer und Sadduzäer, nach Lukas auch bei dieser allgemein «die Volksmenge».

Hierbei fällt auf und hat für unser Thema Bedeutung: Ob Volksmenge, Jerusalem und ganz Judäa oder Pharisäer und Sadduzäer – sie lassen sich allesamt die Zumutung gefallen. In Scharen laufen sie zum Täufer an den Jordan hinaus. Als täte ihnen, was dort zugemutet wird, so wohl wie die allsonntägliche Abkanzelung den Bauern in Jeremias Gotthelfs «Bauernspiegel»: «Der Pfarrer war ein strenger Herr [...] Seine Predigten waren alle auf die Minute gleich lang und alle in drei Teile geteilt, sie waren furchtbar streng, dem Teufel und dem Unglauben und der Aufklärung ging er schauderhaft zu Leibe und dann auch zuweilen den Sünden, besonders der Hurerei und der Abgötterei. Und seine Predigten taten seinen Bauern gar unsäglich wohl, wohl bis in die Schuhe hinunter; sie waren ihnen eigentliche Abwaschungen ihrer Sünden, und ihnen ward es gerade, wenn sie aus der Kirche kamen, wie den Türken, wenn sie tüchtig gerieben, gebürstet, gewalket, aber auch neu belebt aus ihrem Bade treten. Er predigte mit gewaltiger Stimme, und alles, was er ihnen sagte, klang bekannt und heimelig; wenn sie schon mitunter einnickten, so wussten sie beim Erwachen doch gleich wieder, woran der Herr jetzt war. Sie hielten daher grosse Stücke auf ihn als Prediger und schlugen in allen Wirtshäusern auf den Tisch und begehrten auf: ‹Wie üse Herr chas bim Donner kene!›»[5]. Keine Rede davon, dass Pharisäer und Sadduzäer, die

5 Jeremias Gotthelf, *Sämtliche Werke in 24 Bänden*, Band I: Der Bauern Spiegel oder Lebensgeschichte des Jeremias Gotthelf. Von ihm selbst beschrieben, bearb. von Ernst Müller. Kap. 24: «Von einem berühmten Schulmeister und einem berühmten Pfarrer, die mich unterweisen, und wie», Erlenbach 1921, 146.

Jerusalemer Volksmenge oder Gotthelfs Bauern verletzt wären, sich ärgerten und Anstalten machten, dem aggressiven Bussprediger den Mund zu stopfen.

Wen die Zumutung des Johannes hingegen ärgert, ist Herodias, Frau des Fürsten Herodes Antipas, in erster Ehe mit dessen Bruder Philippus verheiratet gewesen. Johannes fasste sie eben nicht ins kollektive «Natterngezücht», sondern konkret bei ihrer Scheidung und neuen Ehe. Dafür wurde er prompt verhaftet und auf Betreiben der Fürstin unter allerhand romanhaften Umständen geköpft.

Eine Vorhaltung, und sei sie noch so krass, ist tolerabel, solang sie kollektiv, möglichst sogar eine Wesensaussage über *den* Menschen bleibt. Sind alle ohne Ausnahme Natterngezücht, macht's mir nicht viel aus, entsprechend tituliert zu werden, im Gegenteil. Es ist fürs Gewissen entlastend, mitgemeint zu sein. Jeder Vernünftige hat ja doch Grund genug, resigniert zu nicken, wenn das alte Lied angestimmt wird, dass des Menschen Herz böse sei von Jugend an (Genesis 8,21). Handelt sich's jedoch um mich unmittelbar Betreffendes ohne Deckung durchs Allgemeine, dann läuft die Gerichtsrede nicht an mir hinunter wie Regenwasser, sondern ritzt meine Haut. Den Vorwurf, wie alle ein Todsünder zu sein, lässt man sich gern gefallen, solang kein Natan eine Räubergeschichte erzählt, mit dem Finger auf einen zeigt und ruft: «Du bist der Mann!»

Johannes der Täufer war zwar eine Zumutung für die vielen, denen er im Kollektiv die Leviten las, jedoch kein Ärgernis. Aus der Zumutung kam im Gegenteil seine Autorität, die ihn vor Verfolgung schützte. Auch Herodias hätte sie zweifellos respektiert, wenn Johannes nicht konkret geworden wäre. Die Konkretion jedoch war kein erfrischendes türkisches Bad; in den Augen der Fürstin war sie ein Angriff mit gezücktem Messer auf Leib und Leben. Darum forderte Herodias des Johannes Kopf. Was sich als politisch töricht herausstellte, denn dadurch wuchs noch das Ansehen des Täufers beim Volk, wogegen das des Fürstenpaars sank. Dieses, so musste ja der Eindruck entstehen, wolle sich die egalisierende Zumutung nicht gefallen lassen, dass wir allzumal Sünder sind. Herodes und Herodias tappten in eine Falle. Im Gegensatz zu Pontius Pilatus, als er die Strafe für Jesus verhängte und vollstreckte. Vermutlich war der Statthalter nie ein kleineres Ärgernis in Jerusalem als an jenem Freitag.

Denn er bediente offensichtlich ein religiöses Grundbedürfnis, das ihn mit dem schreienden Pöbel ebenso wie mit der zu Gericht sitzenden Tempelhierarchie verband. Das Bedürfnis des Gewissens nämlich, tüchtig die Leviten gelesen zu bekommen. Das ist erfrischend. Und garantiert, dass an niemandem allzu konkrete Schuld hängen bleibt; der weitere Verlauf der Geschichte zeigt deutlich genug, wie folgenlos die Busspredigt des Täufers für die Adressaten blieb. Parlamentarische Demokratie, sagte ein Lästermaul, sei die institutionalisierte Verantwortungslosigkeit. Am Karfreitag stand die religiöse Welt in kollektiver

Verantwortungslosigkeit namens der egalisierenden Stimme des Gewissens – also keineswegs gewissenlos – Jesus als ihrem Feind gegenüber und hängte ihn ans Kreuz.

4

Das ist nüchtern festzustellen. Aufgepasst, dass daraus nicht eine Kopfwäsche à la Jean Baptiste wird; das Gewissen schnappt gierig nach solchen Ködern. Darum lassen wir Johannes, den religiösen Saunameister, der den Leuten erst mit Worten einheizt und sie dann zur Abkühlung in den Jordan schickt. Wir wenden uns Jesus zu, der, von Johannes getauft, vielleicht eine Zeitlang dessen Jünger war, sich aber spätestens nach des Lehrers Gefangennahme und Tod inhaltlich von ihm emanzipierte.

Springender Punkt dabei war, dass Jesus die Saunamethode aufgab, also im Gegensatz zum Täufer das Bedürfnis des menschlichen Gewissens nach einem erfrischenden türkischen Bad nicht bediente und die Stimme des Gewissens nicht, wie dieses gern möchte, mit Gottes Stimme identifizierte. Nur so ist erklärlich, warum Jesus im Johannesevangelium (Kapitel 9) die typische Gewissensfrage, wer denn gesündigt habe, dass er blind geboren sei: der Blindgeborene selbst oder seine Eltern – was ja beides nur im Sinn von geerbter Schuld verstanden werden könnte und am Zustand des Leidenden nichts änderte, sondern dessen Rechtmässigkeit und, ausser es geschehe gnadenhalber, Unaufhebbarkeit begründete – als der Situation unangemessen beiseiteschiebt.

Was ist denn die Situation? Dass das Reich Gottes «nahe herbeigekommen» ist. So fasst Markus die Verkündigung Jesu vorwegnehmend zusammen (Markus 1,15). Markus ist ein sehr präziser Theologe; es ist von Bedeutung, dass er hier «nahe herbeigekommen» schreibt und nicht «angebrochen» wie im ersten Wort (*archä*) seines Evangeliums. Erst das Kreuz macht aus Worten und Taten Jesu den Anbruch des Reiches Gottes. Vorher konnte er als verantwortungslos optimistischer Playboy und religiöser Luftibus verstanden werden, siehe Matthäus 11,19.

Mit dem Anbruch des Reiches Gottes, den Jesus, das Fleisch gewordene Evangelium, proklamiert und bringt, verliert die Stimme des Gewissens ihre hegemoniale Autorität, und die Kettung der «Gewissensträger» an die von kasuistischen Nebeln der Ungewissheit umgebenen getanen und erlittenen Untaten der Vergangenheit, die eigenen wie die der Eltern, Voreltern und mythischen Ureltern, wird gelöst. Unter der Führung des Gewissens wäre Abraham niemals aus Vaterland, Verwandtschaft und Vaterhaus ausgezogen. Die Zusage «das Land, das ich dir zeigen werde» (Genesis 12,1) jedoch löste die Verhaftung am

Herkommen. Das Gewissen hätte die Israeliten in Ägypten festgehalten oder aus der Wüste Sinai dahin zurückgeführt; sie hätten das Gelobte Land nie gesehen. Das Kommen des Neuen löst die Kettung ans Alte. Und ist das Reich Gottes erst vollendet, sind die Ketten völlig abgetan. «Ich bin nämlich überzeugt, dass die Leiden der gegenwärtigen Zeit nichts bedeuten im Vergleich zur Herrlichkeit, die an uns offenbar werden soll», schreibt Paulus dazu im Römerbrief (8,18). Mit «Leiden» ist das griechische *pathämata* freilich zu schmal übersetzt. Gemeint sind die Affekte, also neben dem Leiden auch das Verstörende, welches zum Leidenmachen anderer verführt, und die daraus folgende Gewissensqual.

Nun ist aber das Reich Gottes noch nicht vollendet, sondern im Kommen. Das Gewissen wird vom Evangelium – noch nicht abgeschafft, denn es ist ja das Stigma des immer noch Unvollkommenen, jedoch – in die Schranken gewiesen. Es kann nun nicht mehr als die Stimme Gottes schlechthin auftreten, sondern ist allenfalls der neben der Verheissung einhergehende, nicht mehr kasuistische, sondern, wie die Zehn Gebote, apodiktische ethische Ratschlag mit Blick auf die kommende Vollendung.

Zurechtgestutzt und auf vorläufige Bedeutung reduziert zu werden, nimmt keiner widerspruchslos hin, auch das Gewissen nicht. Es setzt sich zur Wehr und beansprucht weiterhin, als Stimme unserer verspielten Chancen das letzte Wort zu haben und Urteil Gottes zu sein. Der Streit des vorübergehenden alten und des kommenden neuen Äons zeigt sich im Streit des kasuistischen Gewissensurteils mit der apodiktischen assertorisch evangelischen Zusage um die Vorherrschaft über das menschliche Herz. In seiner Weigerung, die absolute Autorität aufzugeben, bestreitet das Gewissen Jesu Zusage des Reiches Gottes und will, dass unsre Gegenwart und Zukunft kasuistisch an die Untaten der Vergangenheit gekettet bleiben. Dagegen haben wir in Jesus – will sagen im Geist der Texte, die von ihm handeln – den Beistand, der auf Freispruch von Schuld und Strafe plädiert.

Insbesondere an die Theologie des belasteten Gewissens bei Lukas, etwa im Gleichnis vom Pharisäer und vom Zöllner (Lukas 18), aber auch an die Verschärfung des Gesetzes in der Bergpredigt (Matthäus 5) und bei Paulus (Römer 3,20), die jeder auf seine Weise die Hegemonie des Gewissens grundsätzlich unangetastet lassen, ist die Frage zu stellen, ob sie damit die Meinung Jesu treffen oder aber von etwas reden, was Jesus durch den Anbruch des Reiches Gottes für in der Tendenz abgetan erklärte. Wenn nämlich das belastete Gewissen die Voraussetzung für den gnadenhaften Empfang des Evangeliums ist, dann bleibt es in Ewigkeit Gottes Stimme und behält in Ewigkeit Recht. Wie aber kann dann von der Vollendung des Reiches Gottes geredet werden? Diese Rede ist bei Paulus und seinen herausragendsten Schülern – Augustin und die

Reformatoren – ja auch nicht das absolut Zentrale. Wohl aber unübersehbar bei Jesus.

Jesu Plädoyer zielt darauf, dass die Anklage des Gewissens als gegenstandslos dahinfallen werde. Bei Paulus bleibt sie, weil die Gnade nicht das Urteil, nur die Strafe hinfällig macht.

Das Gewissen entthronen heisst, auf Zumutungen wie die Johannes des Täufers zu verzichten. Das tut Jesus. Darum ist er ein Ärgernis. Denn das Gewissen ist der «natürlichen» Religiosität liebste Autorität.

5

Der Verdacht, dass die in Lukas 18, Matthäus 5 und Römer 3 je auf ihre – bei Paulus dialektische – Weise gerechtfertigte Hegemonie des Gewissens nicht der Meinung Jesu entspreche, wird durch die charakteristischsten Stücke von Jesu Reden und Handeln bekräftigt.

Allen voran durchs Unservater, und besonders deutlich, wenn man es mit den Gebeten des Pharisäers und des Zöllners in Lukas 18 vergleicht. Im Gegensatz zum verschämten Gebet des Zöllners ist das Unservater un-verschämt, jedoch nicht unverschämt wie das Gebet des Pharisäers. Es ist das Gebet des Kindes, das seinen Vater vertrauensvoll anredet, ihn unverblümt bittet, da es sich von ihm alles Guten versieht und Zuflucht hat in allen Nöten,[6] wie's dem liebenden Familienvater im Unterschied zum tyrannischen *pater familias* gebührt. Das Kind muss weder vor ihm kriechen noch ihn mit viel Wortemacherei bestürmen, denn es ist gewiss, dass er weiss, wessen es bedarf, ehe es ihn bittet (Matthäus 6,8), und dass ihm daran liegt, seinem Kind zu geben, was es braucht (Matthäus 7,10).

Man lasse sich von der Gewohnheit nicht die Ohren verstopfen für die atemberaubende Direktheit nur schon der ersten beiden Bitten des Unservater: «Dein Reich komme, dein Wille geschehe nicht nur im Himmel, sondern endlich auch auf Erden.»

Für die Ohren religiöser Hierarchen grenzt derart ungezwungenes Reden zu Gott an Blasphemie. Es verletzt auch den liturgischen Stil, dem weniger zugriffige Konkretheit und treffende Metaphorik als diskret umschreibendes Ungefähr eigen ist. Und es widerstreitet in seinem Selbstbewusstsein, welches das Bewusstsein des Kindes ist, von seinem Vater sich des Besten versehen zu können, dem Ziel des hegemonialen Gewissens, der Zerknirschung des Menschenherzens. Die Vermutung wird berechtigt sein, dass religiöse Hierarchie und

6 Vgl. Luther im *Grossen Katechismus*, WA 30 I, 133.

Gewissenshegemonie einander bedingen. Jesus war kein Hierarch und keine offizielle religiöse Autorität. Er redete anders als die Schriftgelehrten (Markus 1,22) und lehrte auch anders beten.

6

Mit Vorliebe redete Jesus vom anbrechenden Reich Gottes in Gleichnissen. Auch das streift fürs allgemeinreligiöse Empfinden die Lästerung. Von dem, was das Neue Testament unter dem unpräzisen Begriff Gleichnis versammelt, tun es besonders ärgerlich die zwei Kürzestgeschichten aus Matthäus 13 vom Schatz im Acker und von der Perle.

Eine Geschichte, die jederzeit geschehen kann und doch ein Glücksfall ist, der heutzutage auf der Titelseite eines Boulevardblattes landete: Taglöhner – wenn nicht gar: Sklave – findet im Acker verborgenen Schatz, eignet ihn sich an und ist ein gemachter Mann. Eine Glücksgeschichte, profaner nicht denkbar. Jesus greift sie auf und macht mit einer kurzen Bemerkung ein Indiz für die Ankunft des Gottesreiches daraus.

Es wird denen, die meinen, sie müssten Gott vor seiner Schöpfung schützen, als Ehrverletzung am Höchsten vorgekommen sein, ihn mit einem derart banalen Glück in Verbindung gebracht zu sehen. Wie denn das Glück in der Theologie überhaupt keine gute Presse hat, wahrscheinlich, weil es als Kontingentes das denkbar Konkreteste ist. Und etwas spiritueller als bei einem Lottogewinn sollte es, wo Gott die Hand – darf man überhaupt sagen: im Spiel? – hat, schon zugehen, aus Ehrfurcht vor Dem, der zwar die Welt geschaffen hat, für den das Weltliche aber in den Augen seiner Beschützer zu weltlich ist. Grund genug beispielsweise, das griechische *makarios* in den «Seligpreisungen» eben mit dem geistlicher tönenden «selig» statt wie angemessener mit «glücklich» zu übersetzen. Denn zu weltlich konnte es Jesus in seinen Gleichnissen gar nicht zugehen. Sie sollten ja den bezeugen, dem alles am Heil der *Welt* liegt und dessen Reich mitten in der Welt anbricht.

Wenn der Hohepriester während des Prozesses in der Nacht auf Karfreitag Jesus Lästerung vorwarf und darob seine Kleider zerriss, wird er nicht zuletzt seinen Ärger über Jesu Reden von Gott in weltlichen Gleichnissen damit ausgedrückt haben. Hierarchen wie gelehrte Theologen neigen allemal zu Spiritualismus, in Spuren feststellbar noch in neuern Theorien von den Gleichnissen Jesu als Analogien.

Das Gleichnis von der Perle, als Analogie verstanden, kennzeichnet das anbrechende Reich Gottes als Glücksfall und Freude. Freilich ist damit keine konkrete Zeitansage verbunden. Das Jetzt – «Siehe, jetzt ist die hochwillkommene Zeit;

siehe, jetzt ist der Tag des Heils» (2. Korinther 6,2) – fehlt. Die Interpretation als Analogie macht aus dem Gleichnis von der Perle eine kasuistische Zeitansage: Wenn das Reich Gottes kommt, ist es Glücksfall und Freude.

Hingegen ist das Gleichnis von der Perle assertorisch konkret, wenn es meint: Diese geschehene Geschichte und alle gleichen sind *Spuren* des anbrechenden Gottesreiches. *Parabolä* heisst ursprünglich Nebeneinanderstellung. Der Begriff ist diesmal wörtlich zu nehmen. Die Geschichte von der Perle ist deshalb ein Gleichnis, weil sie, erstens, im Erzähltwerden bei den Hörern analoge (oder charakteristisch unterschiedene) Geschichten wachruft, und zweitens, weil sie lehrt, diese gleichen Geschichten ebenfalls als Spuren des anbrechenden Gottesreiches zu verstehen. Damit ist auch besser als durch Hinweis auf Redaktion erklärt, warum im Neuen Testament die Gleichnisse meistens in Gruppen auftreten. Die Gruppe macht die Geschichte zum Gleichnis.

Im Gegensatz dazu ist das Gleichnis vom Sämann (Markus 4,3–9 parr.) eine hermeneutische Anweisung, wie die Verkündigung des Evangeliums zu verstehen sei. Der Sämann sät nicht das Reich Gottes, während die gefundene Perle tatsächlich ein Stück Gottesreich ist.

Die Interpretation der Gleichnisse Jesu als reine Analogien ist wohl eine Folge des Respekts vor den Jesusworten und ihrer Verschriftlichung, also eine Folge der Kanonisierung. Die Verschriftlichung isoliert das Festgehaltene. Dem Schriftlichen gegenüber ist die erste Reaktion nicht mehr analogisch, sondern digitalisch;[7] ich erzähle als Antwort auf eine schriftliche Geschichte keine andere Geschichte, sondern beurteile den mir vorliegenden Text als abgeschlossene Einheit. Statt dass nun Geschichten als Analogien nebeneinandergestellt werden, wie's mündliche Erzählung und Reaktion darauf tun, wird die eine festgeschriebene Geschichte *in sich* eine Analogie. Dadurch wird sie aber aus einer apodiktischen Assertio zu einer kasuistischen Eventualität und damit spiritualisiert.

Spiritualismus ist nichts anderes als die Flucht vor der Konkretheit des apodiktischen Hier und Jetzt in die nebulöse Kasuistik des Vielleicht und unter Umständen. Jesus sagte, nachdem er in seiner Heimatstadt Nazaret in der Synagoge einen Abschnitt aus dem Propheten Jesaja vorgelesen hatte: «Heute ist dieses Schriftwort erfüllt vor euren Augen» (Lukas 4,21). Das war ärgerlich, wie der Fortgang zeigt. Salcia Landmann, glaub' ich, erzählte die folgende dazu passende und keineswegs nur typisch jüdische Anekdote. Moische, mausarmer Händler, jammerte Tag für Tag: Wenn nur der Messias käme! Eines Tages machte er – gleich dem Perlenhändler – ein lukratives Geschäft wie noch nie. Als er am

7 Vgl. Paul Watzlawick, *Menschliche Kommunikation*, Bern 1969.

Morgen darauf fröhlich seinen Laden öffnete, kam der Nachbar gelaufen und rief: Moische, der Messias ist gekommen! Worauf Moische: Muss er kommen ausgerechnet jetzt?

Die Gleichnisse Jesu sagen Ja (Matthäus 5,37; 2. Korinther 1,19), nicht Vielleicht. Sie reden assertorisch als präzise Zeit- und Sachanzeigen: Das Reich Gottes ist angebrochen. Hierarchen und Schriftgelehrte sind, wie Erasmus in «De libero arbitrio» (Ia. 4.), keine Liebhaber der Assertio. Sie bevorzugen das skeptisch kasuistische «Unter Umständen». Die Skepsis aber ist die ans Alte kettende Stimme des Gewissens, der Luther entgegenhält: «Spiritus sanctus non est scepticus»[8]. Darum: «Absint a nobis Christianis Sceptici et Academici ...»[9] (Man lese daraufhin die Festtagsverlautbarungen von «Kirchenführern» – es gibt doch tatsächlich einen «European Council of Religious Leaders»! – jedweder Couleur.)

7

Nehmen wir versuchsweise an, was die meisten neuern Exegeten – nicht so Martin Hengel – verneinen, dass der Verfasser des Markusevangeliums der Johannes Markus des Neuen Testaments gewesen sei, mit seinem Verwandten Barnabas zusammen Paulus auf der ersten Missionsreise begleitet, sich im Konflikt vom Apostel getrennt habe und später, so behauptet Papias von Hierapolis (gestorben um 140) vielleicht aufgrund von 1. Petrus 5,13, der Dolmetscher des Petrus geworden sei. Spannend unter anderm deshalb, weil dadurch die auffallend vielen Krankenheilungen Jesu im Markusevangelium ein schärferes Profil bekommen. Markus unterlegt seiner Erzählung der Geschichten von Jesus eine hermeneutische Grundmetapher: der Heiler, die Heilung. «Ich, der Herr, bin dein Arzt» (Exodus 15,26). Und das täte der aus unbekannten, mit unserer Annahme aber einsichtig werdenden Gründen von Paulus zu Petrus «Konvertierte» also in grundsätzlichem Widerspruch gegen Paulus, der ja sogar den traditionellen Friedensgruss durch den Begriff der Gnade im Sinn seiner theologischen Grundmetapher verändert, die das Gerichtsurteil (Schuldspruch, Strafmass, Begnadigung) ist.

Gericht war gemäss der einhelligen Darstellung des Neuen Testaments auch die Grundmetapher der Predigt Johannes des Täufers. Beim Jesus des Markusevangeliums geschehen Heilungen als anbrechendes Heil. Dass die kranke Welt geheilt werden soll ohne die Zumutung vorheriger Erkenntnis und Übernahme der Schuld, das ist der «natürlichen» Gewissensreligiosität von Rom bis Babylon

8 WA 18, 605.

9 WA 18, 603.

und von Johannes dem Täufer – dessen Anfrage, Matthäus 11,3, vielleicht auch aus Verärgerung kam –, bis Sigmund Freud ärgerlich. Wenn Papias mit der Verbindung von Markus zu Petrus recht hat, wofür – vgl. Hengels Buch «Der unterschätzte Petrus» (Tübingen ^{2}2007) – einiges spricht, dann hätten wir in der markinischen Theologie der anbrechenden Heilung eine Spur petrinischer Theologie vor uns. Und Petrus mit seinen Voraussetzungen, siehe unten, wird kaum im Stil der Paulusbriefe gepredigt, sondern das getan haben, was er konnte: Geschichten von Jesus erzählen.

Dem Unterschied der Grundmetaphern von Paulus und Markus entspricht der Unterschied der literarischen Formen: diskursiver Brief, narratives Evangelium. Gottfried Schille hat darauf aufmerksam gemacht, dass die Form der paulinischen Theologie zu einer Atomisierung der christlichen Gemeinde zu führen drohte und dass Markus mit der narrativen Form des Evangeliums dagegensteuerte, weil Narration einen viel breitern Interpretationsspielraum zulässt als Argumentation und die Differenzen einander nicht ausschliessen müssen.[10]

8

Ärgerlich also auch – sogar für Paulus, wie in Antiochia zu merken – das Personal, mit dem Jesus sich umgibt. Allen voran Simon, genannt Kephas, gräzisiert Petros. Ein Fischer vom See Genezaret. Spricht Aramäisch, Griechisch bestenfalls ein paar Brocken, sodass er später auf seinen Missionsreisen einen Übersetzer braucht. Kann vielleicht knapp lesen, wohl kaum schreiben, ist also jedem Pharisäer und Schriftgelehrten in Sachen Bildung hoffnungslos unterlegen.

Markus stellt ihn als den Repräsentanten der Jüngerschaft dar und zugleich als einen, der nicht hält, was er verspricht, grosse Schwüre tut und, wenn's ernst gilt, seinen Meister verleugnet. Überhaupt sind die engsten Zwölf keine Heldenrunde, nicht nur Petrus' und des Verräters Judas wegen. Die meisten gewinnen in den Evangelien kaum Kontur, sind wie Petrus Fischer oder aus ähnlicher sozialer Schicht, und was hie und da deutlicher hervortritt, ist wenig erhebend. Unverständnis, Kleinmut, Eifersüchteleien; schliesslich, am Karfreitag, rennen alle davon.

Und auf diesen «Felsen» (Kephas, Petros) und seine Kollegen wollte Jesus seine Kirche bauen (Matthäus 16,18)! Anders als in einem zutiefst christologischen Sinn ironisch kann das nicht aufgefasst werden. Ein Ärgernis für jeden, der die Zumutung eines langen und anstrengen Studiums auf sich nahm.

10 Vgl. Gottfried Schille, *Offen für alle Menschen.* Redaktionsgeschichtliche Beobachtungen zur Theologie des Markus-Evangeliums, Stuttgart 1974.

Man merkt's, wie angetönt, noch dem promovierten Pharisäer Paulus an, wenn er, Galater 2, auf seine antiochenische Auseinandersetzung mit Petrus zu reden kommt und dabei betont «Kephas» schreibt. Derselbe Paulus, der sich selbst nie mit seinem hebräischen, immer mit seinem griechischen Namen nennt. Wenn das kein Wink ist, der andere könne halt kein Griechisch und sei überhaupt ein galiläischer Provinzler! Dass Petrus seriöse theologische Gründe für seine von Paulus abweichende Haltung in Antiochia gehabt haben könnte, kommt dem bildungsmässig Überlegenen gar nicht in den Sinn. Markus jedoch, offensichtlich ein sehr differenzierter Theologe, weist mit der Form des Evangeliums implizit auf die Gründe des Petrus für sein Verhalten hin.

Ärgerlich ist Jesu Personal den Gottesgelehrten bis dato. Man schaue sich das Schicksal der Lehre vom Allgemeinen Priestertum an und die Gründe, die dagegen ins Feld geführt werden. Ist es ein Zufall, dass das *hä pistis ex akoäs*, die *fides ex auditu* von Römer 10,17 seit Luther meistens mit «Der Glaube kommt aus der Predigt» übersetzt wird, womit theologisches Lizentiat, Talar und Kanzel vorausgesetzt werden? In seinem Appell «An den christlichen Adel deutscher Nation von des christlichen Standes Besserung» von 1520 formuliert Luther unvergesslich mutig und schön: «Dan was ausz der tauff krochen ist, das mag sich rumen, das es schon priester, Bischoff und Bapst geweyhet sey», um freilich noch im selben Satz mit dem windigen Argument zurückzukrebsen: «ob wol nit einem yglichen zympt, solch ampt zu uben»[11]. Als ob Allgemeines Priestertum meinte, alle sollten auf die Kanzel steigen und keiner mehr im Kirchenschiff sitzen, weil – und hier liegt der Hase im Pfeffer – nur, was von der Kanzel komme, Evangelium sei. Mit Blick auf Petrus und seine apostolischen Kollegen – zu schweigen von den Frauen, die immerhin die ersten «Verkündigerinnen» des Auferstandenen waren – entpuppt sich solche Rede als gesetzliches Machtgehabe von Schriftgelehrten, die den ihnen insgeheim ärgerlichen Jesus in Verwaltung nehmen wollen. Begründet wird es mit einer Gelehrsamkeitshermeneutik in der Nachfolge von Sophistik und Stoa, die beansprucht, durch die Reduktion von Erzählung auf abstrakte Begrifflichkeit die Wahrheit aus ihr fremder Verschleierung zu befreien. Mehr dazu unten.

Und die Kirche! Auch keine Narration vermag ihre Zerrissenheit aus der Welt zu schaffen. Sie ist dem gleichgestaltet, auf den sie sich beruft (Philipper 3,10; Römer 8,29). Schreibt nicht Paulus den Christen in Rom: «Ihr seid Christi Leib» (Römer 12,27)? Ja, er meint den Leib des Auferstandenen. Aber im Widerstreit der Äonen, wo dieser in erster Linie als vom Kreuz zerrissener sichtbar ist.

11 WA 6, 408.

9

Am ärgerlichsten vor allem andern ist für «Juden und Griechen» (1. Korinther 1,23) zwar nicht das Kreuz, an dem Jesus stirbt; das hat er nach der Einschätzung «natürlicher» Religiosität mit seinem Einspruch gegen die Hegemonie des Gewissens verdient. Wohl aber, dass der Mann sich herausnimmt, protestierend Gott die Schuld an seinem Schicksal zu geben, statt sie sich selbst zuzuschreiben, und dass dieser Unbussfertige und ans Verbrecherholz Gehängte als auferstandener Messias verkündet wird.

10

Die grösste Zumutung des Täufers, der exilischen Tradition, in der er stand, und der «natürlichen» Religiosität, die Jerusalemer Hierarchen, den Pöbel und Roms Repräsentanten verband, war der Grundsatz: Gott ist an nichts, die Menschen sind an allem schuld.

Was das bedeutete, sahen am klarsten die Griechen: Tragik. Die Menschen haben keine andere Wahl als schuldig zu werden und dafür die Verantwortung und die Strafe zu tragen. So ist's über *den* Menschen verhängt. In christlicher Theologie gipfelte das in der Prädestinationslehre Augustins und Calvins. Sie war, in Anlehnung an Heinrich Heine gesagt, das Entreebillet des Christentums in die europäische Kultur, deren Code seit den griechischen Siegen über die Perser die Tragödie ist.

Das Judentum hatte den Tribut schon im Voraus, in der Folge des Babylonischen Exils, entrichtet. Es gibt aber im Alten Testament Stimmen, die sich dem Code widersetzen: elegant und diskret das Büchlein Ruth, laut und direkt Hiob, sofern man die letzten Kapitel als den – unsinnigen – Versuch versteht, den Widerborstigen im Sinn des theologischen Mainstreams zurechtzubiegen. Dazu kommen, um nur diese noch zu nennen, Abrahams Weg nach Moria (Genesis 22), Jakobs Kampf am Jabbok (Genesis 32) und manche Psalmen, allen voran der 22.

Jesus, mit seinem bei Markus und Matthäus überlieferten Protestschrei am Kreuz aus dem 22. Psalm, steht unüberhörbar in dieser Tradition, worin Gott anklagend unangenehme Fragen gestellt werden. Er ist ex post ihr Begründer, ihre «*archä*», für deren Geltung er mit seinem Leben einsteht.

Eben damit war Jesus, weil er von niemandem verlangte, sich dem Code der herrschenden hellenistischen Kultur zu unterziehen, damit er mit ihm zusammengehören könne, für die «Kulturträger» wie für den Pöbel ein Ärgernis. Denn er mutete die letzte Schuld am Zustand der Welt nicht den Menschen zu, sondern Gott. Das ertrug sogar der Evangelist Lukas nicht und auch nicht sein Kollege Johannes, sonst hätten sie den aufrührerischen Satz aus Psalm 22, den sie im Zusammenhang mit der Kreuzigungsgeschichte zweifellos kannten, nicht durch fromme Ergebenheitserklärungen ersetzt. Das Psalmenzitat spielt aber auch keine Rolle in den Briefen des Paulus.

Jesus gibt Gott die Schuld an seinem Schicksal. Das meint nicht, dass Menschen nicht vielen vieles antun und schuldig bleiben. Jedoch tun sie's gemäss Jesu Schrei nicht im Sinn einer tragisch über sie verhängten Urschuld, wie die schlechte deutsche Übersetzung der «ökumenischen» Fassung des Unservaters suggeriert: «Vergib uns unsere Schuld», wo doch im Griechischen ein Plural dasteht, der durch die Fortsetzung entmythologisierenden Sinn bekommt: «wie auch wir vergeben unsern Schuldnern (statt des mythisch aufgeladenen ‹Schuldigern›).» Hier ist betont nicht von tragischem Schuldverhängnis die Rede, sondern von dem, was wir Menschen einander alltäglich schuldig bleiben, vom Geld bis zur Liebe. Das Unservater bekräftigt nicht, sondern bestreitet die nachexilische Lehre, dass des Menschen Herz böse sei von Jugend und Adam an, erwähnt auch mit keinem Wort zur Absolution davon notwendige Zumutungen, schon gar nicht das Opfer des Christus Jesus, sondern entmythologisiert die nachexilische Schuldlehre in ebenso un-verschämter wie erfrischender Weise. Die Menschen machen Schulden. Sie sind Sünder. Die letzte Verantwortung und Schuld aber, dass solches geschieht, liegt bei Gott. Das behauptet Jesus unter Berufung auf Psalm 22 ausdrücklich am Kreuz.

Der Ruf verwehrt es, das Kreuz als Opfer zur Sühnung menschlicher Urschuld zu verstehen. (Ist es eigentlich so sicher, dass Paulus in Römer 3,25 die Sühnung dieser meint? Wäre die Aussage der Verse 25 und 26 nicht klarer, und ebenso Römer 11,32 und Galater 3,22, wenn das «Sühnopfer» mit Blick auf 2. Korinther 5,20 als Gottes Bitte um Versöhnung und damit als Übernahme der Schuld verstanden würde? Woraus freilich nicht gefolgert werden könnte, dass Paulus, wie Jesus tat, restlos den tragischen Code verworfen habe.) Wenn das Kreuz Opfer ist, dann dasjenige Gottes für das, was er bisher den Menschen schuldig geblieben ist.

Was Johannes den Täufer, die Jerusalemer Hierarchen, das Volk und den römischen Statthalter religiös verbindet, ist die das Gewissen prägende Struktur von Leistung und Gegenleistung, die beide jedoch virtuell bleiben. Ich lasse es mir gefallen, *unvermeidlich* ein Sünder und trotzdem schuld daran zu sein (und dadurch Gott von jeder Schuld freizusprechen) unter der Bedingung, dass die Zumutung für alle gilt – und werde dafür begnadigt. Die dabei vorausgesetzte Tragik als ontologische Kategorie ist die Garantin der Virtualität. Sie schützt mich vor Natans Zeigfinger: «Du bist der Mann!»

Das Ärgerliche an Jesus war, dass er diesen Handel ablehnte und, zuletzt unüberhörbar am Kreuz, Gott die Schuld gab. Das war für die allgemeine Religiosität ein derartiges Ärgernis, dass er sterben musste.

11

Gibt es keine mythische Urschuld *des* Menschen, dann tragen die Menschen auch nicht die Schuld an der Unvollkommenheit der Schöpfung, dem «alten Äon». Von Jesus her gelesen ist der Übergang von Genesis 11 zu 12 keine Fortsetzung einer Geschichte, sondern ein Bruch und eine *metabasis eis allo genos*. Das erste Wort von Genesis 12,1, das hebräische *wᶠ*, ist hier nicht mit «und», sondern mit «aber» zu übersetzen. Die Menschen drohen in der Mühle der die Gewissensstruktur abbildenden Sündenfallmythen von Genesis 3–11 zermalmt zu werden, da widerspricht Gott und führt Abraham aus Babylonien, der Heimat dieser Mythen, in das Land, «das ich dir zeigen werde» (Genesis 12,1). In der verheissenden Aufforderung an Moses vor dem Auszug aus Ägypten ist es das Gelobte Land, im Ruf Jesu das Reich Gottes.

Gott führt in die vollendete Schöpfung; sie liegt vor, nicht hinter uns. Für das, was ist, die unvollkommene Schöpfung, übernimmt Gott die Verantwortung; sie wird nicht uns auferlegt durch den Mythos von Adams Tat, die das vollkommene Werk Gottes verdorben habe. Das kommende Reich Gottes ist nicht Restitution des einmal vollkommen Gewesenen und dann durch unsere Schuld Verdorbenen, sondern Vollendung des mit der Schöpfung Angefangenen. Beginnend mit der Abrahamgeschichte führt Gott aus der mesopotamischen Religionsküche, der Sklaverei des hegemonialen Gewissens, hinaus «in die Freiheit der Herrlichkeit der Kinder Gottes» (Römer 8,21). Abraham ist noch unterwegs; der Auszug aus Ägypten ist noch nicht am Ziel. Darum das Bemühen der Bibel von Abraham bis Jesus, uns aus der kainitischen Verschanzung hinter Stadtmauern hinauszurufen und zu Nomaden, zum «wandernden Gottesvolk» zu machen.

12

Das Ärgernis der christlichen Botschaft liegt darin, dass der gegen Gott protestierende, die Menschen von der Anklage der Urschuld und von letzter Verantwortung freisprechende Mensch Jesus von Nazaret die Fleisch gewordene assertorische Zusage vom Anbruch des Reiches Gottes, der kommenden Vollendung von Gottes Schöpferwerk sein soll.

Wie kann dieses Ärgernis – paulinisch Skandalon – zur Sprache gebracht werden? Jedenfalls nicht an den biblischen Texten vorbei, denn nur in ihnen «haben» wir die geschichtliche Person Jesus. Dem Geist der Beobachtung, mit Luther verstanden als intensive Meditation dieser Texte, erweisen sie sich als sprudelnde Quelle, die unaufhörlich Neues zu erkennen gibt. Dieses muss gesichtet, diskutiert, darüber muss gestritten werden – das ist die Aufgabe der Theologie, welche die Theologie unverzichtbar macht.

Das Ärgernis ist das Neue, die Quelle des Heiligen Geistes. In der Vorrede auf das Neue Testament schreibt Luther: «Denn Euangelium ist ein Griechisch wort, und heisset auff Deudsch, gute Botschafft, gute Mehre, gute Newezeitung, gut Geschrey, dauon man singet, saget und frölich ist.»[12] Aber, wie schon zitiert: «Gott will dir seinen Geist nicht geben on das eusserliche wort, da richt dich nach, Denn er hats nicht vergeblich befolhen, eusserlich zu schreiben, predigen, lesen, hören, singen, sagen etc.»[13] Gott will, heisst das, den Heiligen Geist nicht geben ohne den geschichtlichen Menschen Jesus von Nazaret, den also kennen muss, wer den Heiligen Geist empfangen soll. Der Heilige Geist, der Schöpfergeist, Beistand und Tröster ist folglich nicht zu bekommen, ohne dass wir die Geschichten von Jesus zu hören und ausgelegt, das heisst assertorisch zugesprochen bekommen. Hierbei darf der theologische Erkenntnisgewinn, den das Markusevangelium gegenüber den Paulusbriefen bringt, nicht unterschlagen werden. Er besteht in der Einsicht, dass das christliche Reden von Gott Gefahr läuft, seinen Gegenstand zu verlieren, wenn es sich unkritisch der stoischen Hermeneutik überantwortet, die meint, Narration in abstrakte Begrifflichkeit auflösen und dadurch ans «Eigentliche» kommen zu können.

Wie stark diese Hermeneutik auch die christliche Theologie dominiert, ist, um ihn noch einmal zu zitieren, an Luther sichtbar. Bei Tische «ward auch gedacht etlicher Prediger, welche von etlichen auch D. Luth. worden furgezogen; da sprach der Doctor: ‹Ich gebe ihnen gern die Ehre und vergönnes ihnen nicht, aber das ist die Ursach, dass der Pöbel also urtheilt, wenn sie hören erzählen Historien und Exempel, so verwundern sie sich uber sie. Wie D. Nicolaus war, der die Bücher Josuae und der Könige predigte; da spielet er mit vielen Allegorien und geistlichen Deutungen, das gefällt dem Volk und Haufen wol; da willich auch Meister sein. Aber wenn man Artikel der rechtfertigung predigt, dass man allein fur Gott durch den Glauben an Christum gerecht und selig wird, da hält der gemeine Mann keinen fur beredt, ja sie hören ihn nicht gerne. Und habts fur ein gewiss Zeichen: wenn man vom Artikel der Rechtfertigung

12 WA DB 6, 3.
13 WA 50, 659.

prediget, so schläft das Volk und hustet; wenn man aber anfähet Historien und Exempel zu sagen, da reckts beide Ohren auf, ist still und höret fleissig zu.›»[14]

Luther sieht den Unterschied zwischen sich und Jesus. «Ich fleis mich in meinen predigen, das ich ein spruch für mich neme und dabei bleib, und das ich dem volckh also anzeig, das sie konnen sagen: Das ist die predig gewesen. Christus mit seinem predigen ist fluchs in parabeln hinein gefallen und hatt von schaffen, hirten, wolfen, weinbergen, feigenbaumen gesagt, von samen, ackern, pflugen; das haben die armen laien konnen vernehmen.»[15]

Die Hermeneutik, welche die Narration – auch das Narrative am Gleichnis – als blosse Einkleidung versteht, die es abzuziehen gelte, um ans Eigentliche zu kommen, kokettiert mit der Zumutung der Hörerunfreundlichkeit. Geschichten gelten ihr als Torheit. Hat aber nicht Paulus geschrieben, Gott habe das, was vor der Welt töricht ist, erwählt (1. Korinther 1,27)? Und hat nicht Luther selbst im Sendbrief vom Dolmetschen – übrigens in fruchtbar differenzierter Analogie zu Augustins «Sermo humilis» – die traditionelle rhetorische Wertskala für die Theologie auf den Kopf gestellt? Sollte also eine biblische Geschichte weniger Assertio, weniger tröstende Zusage sein als ein dogmatischer Satz, und sei's einer nach der für Luther charakteristischen «Katechismussystematik»[16]? Die Gleichnisse zeigen, dass die Verbindung von Narration (Geschichte von der Perle) mit Argumentation («Das Reich Gottes ist gleich») die Form der Promissio ist. Siehe dazu auch Natans Auftritt in 2. Samuel 12.

Neulich am Fernsehen ein Pfingstgottesdienst. Wo die Lesung zu erwarten ist, tritt einer vor und erzählt, ohne Papier in der Hand, die Pfingstgeschichte nach, scheinbar leicht und wie aus dem Handgelenk. Wer mit Theologenohren zuhört, merkt, wie intensiv und exakt das gearbeitet ist. Die Pfingstgeschichte wird so lebendig, dass die darauf folgende Predigt des Pfarrers das angepflanzte Beet nur noch giessen muss.

Wir gingen viel zu lange davon aus, die biblischen Geschichten erzählten sich sozusagen von selbst, allenfalls mit Hilfe der legendären Grossmutter. Wir müssen noch mehr als bisher merken, dass diese Geschichten das Rückgrat der Bibel und das Fundament des Glaubens sind und dass alle Theologie – auch die des Paulus – nur dazu dient, sie noch besser, will heissen assertorischer, promissionaler, zu erzählen.

14 WATR 2, Nr. 2408b., 454 f.

15 WATR 2, Nr. 1650, 163.

16 Siehe dazu Oswald Bayer, *Theologie*, Gütersloh 1994, 106–114 (Handbuch systematischer Theologie, Band 1).

13

Dass mit dem Nacherzählen der biblischen Geschichten das Interesse geweckt, das Ärgernis weggeräumt und der Erfolg sicher sei, das freilich sollte niemand erwarten. Der kulturelle Code herrscht; Geschichten, untragische Glücksgeschichten zumal, stehen im Ruf der Torheit. Ein letztes Lutherzitat: «Mein Predigt ist nicht anders, denn als ging ich durch einen grossen Wald und schrie, dass es herwieder schallt, dass ich den Echo und Wiederschall hörete; denn ich sehe und merk, dass Niemand den Christus will fur einen Herrn haben.»[17]

17 WATR 2, Nr. 2320 b, 418.

Der provozierte Jesus – pastoraltheologische Einlassungen

Michael Felder

Annäherung

1

Jesus Christus provoziert. Schon diese Wortkombination provoziert. Die einen stört der Christus-Titel. Eine unzulässige Interpretation. Dogmatischer Ballast. Für sie zählt das, was aus Nazaret Gutes kommt: Jesus, der Zimmermannssohn. Aber auch dieser provoziert, gerade dieser. Ihn haben sie schliesslich ans Kreuz gehängt vor den Toren Jerusalems. Jesus von Nazaret für wen zu halten kann zur provozierenden Frage werden. Wer in den Evangelien sucht, den Schriften, die mit seiner Gestalt gleichsam verwoben sind, bekommt nur Fragmentarisches. Ein vielschichtiges Bild aus Mosaiksteinen, die zusammenzusetzen sich jede Zeit neu ans Werk macht. Auch wer meint, Lessings garstigen Graben, die Distanz geschichtlicher Entfremdung, überwinden zu können, wird danebenspringen. An ihn heranzukommen mag der akribischen Arbeit unablässiger Annäherung im Zusammentragen fallengelassener Stecknadeln im Heuhaufen der Geschichte nur als ein Fortschritt im Bewusstsein des noch Fehlenden gelingen. Ganz nah dran meint hier ungemein weit weg. Distanzlosigkeit kann hier letztlich in die Flucht schlagen. In mancher Distanzierung spürt man die verletzte Nähe. Es gibt Jesus-Traktate, die fühlen sich an wie der Phantomscherz einer Trennungsgeschichte.

2

Wer sich mit einer Gestalt beschäftigt, der kommt ihr näher. Gute Biografien leben von der Balance aus Nähe und Distanz. Sie folgen in allen Bewegungen, wechseln die Perspektiven und wissen dadurch mehr über ihre Figur als diese selbst; nur eines wollen sie nicht: beweisen. Die meisten Jesus-Bücher aber wollen beweisen. Manche, oft die, die sich für besonders gut halten, beweisen, dass nichts zu beweisen ist. Und die anderen, die jene für die Schlechteren halten, beweisen sich im Unbeweisbaren. Jesus-Bücher aber sind Erfahrungsbücher. Erfahrung mit Erfahrungen. Oder Erfahrungen mit der Nicht-Erfahrung. Schon die ersten Jesus-Schriften führen diesen Erfahrungsanspruch im Titel: Evangelium. Frohe Botschaft. Das bedeutet nicht eine Überschrift über das, was passiert ist, sondern auch über das, was passieren kann. Erfahrung eben. In der bildenden Kunst und der Musik tritt dies noch umso deutlicher hervor. Das Kreuz eines Cimabue in der Kirche Santa Croce zu Florenz ist ohne die toskanisch-umbrischen Jesuserfahrungen im Echoraum des Poverello aus Assisi nicht zu begreifen. Die berührende Gestalt hat nichts mit dem mitleidigen Entsetzten der Passionsfilmer zu tun, deren Kamerazoom nur eines offenbart, den blinden Fleck an Erfahrung. In Rembrandts «Christus nach dem Leben» ist alles Szenische weggelassen. Reine Gegenwärtigkeit seiner Gestalt. Für diese Nähe kommt einem wie von selbst das Wort: vertraulich. Als habe man ihn ganz für sich. Rembrandts Jesus-Bilder, das sind keine Anbetungsbilder, vielmehr Bilder andächtiger Begegnung. Aber eine Andacht ohne Augenaufschlag. Keine Idylle. Man kann diesen Jesus nicht festhalten. In seinem vertraulich nahe gekommenen Gesicht liegt dennoch eine Ferne, eine andächtige Ferne. Es ist der Jenseitsblick in diesem Gesicht, der andächtig macht. Etwas sehen, ohne es vor sich zu haben. Daher immer wieder Emmaus. Eine Erfahrung im Loslassenmüssen. Etwas sehen, ohne es vor sich zu haben. Auch nicht einfach in sich. Rembrandt ist kein Maler der Innerlichkeit. Diese Innerlichkeit, die ihren Jesus überallhin mitnimmt. Seinen Jesus haben. Eine der erschütterndsten Arien der Matthäuspassion ist hier wohl der vom durch Mark und Bein gehenden Geigen-Arpeggio unterlegte Ruf des Judas: «Gebt mir meinen Jesum wieder!» Hier hat Bach das ganze Erschrecken und die Verzweiflung zum Klingen gebracht, die der Gedanke an den Verlust der vertraulichen Jesus-Nähe auslösen kann. Ein Frömmigkeitsausdruck Bachs mitten in der Szene des Frevels. Dort auch gehört der Ruf hinein. In das Erschrecken darüber, dass mir mein Jesus abhandenkommen kann. Judas also war fromm.

Das hat zugleich etwas Provozierendes. Provozierende Andachtsbilder, die das genaue Gegenteil sind von den Bildern, die eine in ihrer Glaubenswelt provozierte Kirche im Kulturkampf mit der Moderne verteilen lässt. Arglos glückliche Himmelsbewohner. Beruhigende Jesusbilder zuhauf, aus denen jede Bewegung gewichen ist. Da bewegt sich nichts. Noch einmal ein Gegenbild: Martin Schongauers «Christus erscheint Magdalena», zu sehen am Hochaltar der Dominikanerkirche in Colmar. Zwei Blicke begegnen sich, die Hände aber müssen loslassen. Maria Magdalena muss ihn ziehen lassen, den Lebenden. Das Salbgefäss am Boden, es bleibt verschlossen. Es gibt für sie nichts zu tun an diesem, der vorübergeht. Der Leichnam wäre ganz der ihre gewesen, um an ihm ihr gutes Werk zu verrichten. Schongauer lässt seinen Jesus über den Weg gehen, als schreite er über eine Linie. Der lebende Jesus überschreitet die Linie von Tod und Leben. Die Hand mit der Fahne signalisiert: Es gibt kein Zögern. Die Füsse sagen: Es gibt kein Anhalten. Und die Hand sagt: Es gibt kein Festhalten. Der Blick spricht: Es gibt kein Mitkommen, es sei denn, du bist bereit, auch diese Linie zu überschreiten. Im linken oberen Bildrand sieht man die Tür, durch die man den Garten betreten kann, sie steht offen, wie man aus ihrer Stellung zu den mächtigen überdachten Türpfosten erkennen kann. Der Weg des Lebenden führt nicht durch die Gartentür. Er geht nicht auf dem Weg, er geht nicht durch die Tür. Wer über diese Linie geht, wer so frei geworden ist, der geht auch durch verschlossene Türen. Schongauer meint dies alles nicht allegorisch. So sieht es nicht aus. Es sieht aus, als würde einer seines Weges kommen.

3

Dieser Jesus hat nie etwas anderes getan, als Linien zu überschreiten und durch geschlossene Türen zu gehen. Damit ist sein Wesen ausgesagt: Provokateur. Weil er die Linie überschreitet – seine grösste Provokation: die Trennungslinie auf Gott hin, deren Grenzüberschreitung zu verhindern es ein heiliges Gremium gibt –, stirbt er den Tod des Provokateurs. Dass ihn die oberste Staatsmacht, zuständig für die Linie zwischen Leben und Tod, beinahe laufen lässt, weil ihr seine Provokation insgeheim gefällt, muss als Missverständnis angesehen werden: Natürlich ist er nicht harmlos. Jeder Machtanspruch gegen den Menschen reizt ihn zu heftigem und schonungslosem Widerspruch, vor allem wenn er im Namen Gottes daherkommt. Sei es als Gottesstaat der Gesetztestreuen oder ein Staat von Gottes Gnaden. In diesem Sinne sind alle Gleichnisse vom Reich Gottes keine harmlosen Himmelsgeschichten, sondern provozierend politisch. Das Reich Gottes, ja, mit was soll man es vergleichen? Es ist überraschend anders. Provozierend anders. Was so fromm klingt, fordert Gottesbilder und die eingespielten Verhältnisse der religiösen Praxis heraus. Wer so spricht, wie mag der erst handeln? Gleichnisse und Handlungen passen bei ihm zusammen. Gleichnisse sind Handlungen. Denn wer etwas über Gott und sein Reich begriffen hat, der lebt anders. Und das ist das Provozierende. Wäre er nur ein Moralist, wären seine Gleichnisse entlarvter Hypokrisie geschuldet, wir hätten heute Neues, Besseres. Menschliches Fehlverhalten hat noch immer seine Provokateure der Aufdeckung heraufbeschworen. Das Gesetz, Hort religiöser und zwischenmenschlicher Moralität, will er nicht antasten, nichts hinwegnehmen oder hinzufügen.

Nichts hinzufügen und nichts hinwegnehmen. Dostojewskis Grossinquisitor erklärt seinem Gefangenen, von dem er weiss, dass er «es ist», dass er nicht einmal das Recht habe, dem noch etwas hinzuzufügen, was von ihm damals gesagt worden ist. Dass da noch etwas kommen könnte, das war schon immer die Angst der Kanonisten. Der Grossinquisitor verbittet sich jede Störung, und er weiss, dass dieser stören würde. Er weiss, dass dieser seine Empörung durchhalten kann im Gegensatz zu denen, die er sich zu empören ermutigt hat. Der Grossinquisitor gibt sich als Humanist. Dostojewski spielt mit der Empörung des Lesers. Nicht über den selbsternannten Menschenwächter, sondern über sich, den als unglücklichen Rebellen Verhöhnten. Der Grossinquisitor ist sich sicher, dass der noch einmal zum leidenden Volk Zurückgekommene, dessen Namen er nicht ausspricht, nicht durch die Mauern seines Verlieses gehen wird. Das bräuchte er auch nicht, wenn es die anderen für ihn täten. All jene, von denen der Grossinquisitor sich sicher ist, dass sie morgen mit zustimmendem Gebrüll beim Autodafé die Flammen umstünden. Was, wenn sie durch Wände gingen und das provozierende *Talitha kumi* sprächen, Mädchen stehe auf, an dem seine Gegenwart dort in Sevilla aufgedeckt wurde. Was, wenn sie die Freiheitssprache sprächen, mit der man die Linie überschreitet von Leben und Tod? Die Geschichte vom Grossinquisitor ist eine Grossprovokation, Jesus als Störung im Namen der Freiheit freizulassen. Es wäre provozierend beunruhigend, wenn das dann keinen mehr stören würde.

Provozierte Pastoral – Neues vom Guten Hirten

1

Auf sprachliche Veränderungen sollte man gut hören. So ist das Wort Heiland fast vollständig verschwunden. Es gehörte in den sprachlichen Herrgottswinkel unserer Vorfahren, und mit dem Wort verschwanden auch die Bilder des Heilands aus den Schlafzimmern. Als guter Hirte und als Herz-Jesu-Gestalt hingen diese grossformatigen Gemälde im epigonalen Nazarener-Stil des 19. Jahrhunderts in vielen Wohnungen. Bilder, zu denen man andächtig aufschauen und unter denen man in den vielen Nöten des harten Alltags in schwerer Zeit Unterschlupf finden konnte. Diese Bilder hängen kaum mehr. Sie, die das Provozierende im prekären Ablauf menschlichen Lebens beschwichtigen helfen sollten, ausgerechnet sie wurden selbst zur Provokation. Für eine Generation, der dieses Jesusbild als Beispiel religiös sanktionierter Entfremdungspraxis galt. Dieser Heiland ist fremd. Dabei hatten diese Bilder durchaus ein provokatives Potenzial. In einer Zeit, die unter dem Einfluss wachsender Militarisierung immer martialischere Töne anschlug, da konnte man das Bild lächelnder Milde durchaus als provozierendes Konterfei gegen die gestutzten und gezwirbelten Schnauzbärte lesen. Für die Seelsorge wurde ein Lieblingsmotiv der Zeit bis kurz nach den beiden Weltkriegen zu einer Art Leitbild: der gute Hirte. Auch hier dominierten die milden und alle Gefährdungspotenziale unterlaufende farblich-motivischen Inszenierungen. Dabei war dies gewiss nicht der Geschmack der Zeit. Es sagt aber viel über die milieuspezifische Positionierung der Seelsorge angesichts der zeitbedingten Herausforderungen. Das Bild des guten Hirten ist wie das Singen im Walde gegen die wahren und gegen die vermeintlichen Gefährdungspotenziale. Ihm kann die Zeit nichts anhaben mit ihren Zuflüsterungen. Eine Moderne, für deren Abwegigkeit das Grossstadtleben steht, in der es für die gefährdeten Schäfchen nur zwei Möglichkeiten gibt: entweder die Augen zumachen und schnell weitergehen oder den Blick fest auf den guten Hirten richten. Schafe und Hirte. Wo Gefährdungen sind, da braucht es umso mehr den Hirten. Was diese Bilder insgeheim mit signalisierten, ist, dass der Innerlichkeitsstil mehr ist als der Ausdruck eines kanonischen Milieugeschmacks. Das Medium ist die Botschaft. Gefährdet ist vor allem das Seelenheil des Menschen. Immerhin fanden die Kirchen letztendlich ihren Mut, den seelenlosen Ideologien des 20. Jahrhunderts Widerstand zu leisten. Auf der anderen Seite bewirkte der Beschützergestus des Hirtenbildes lange Zeit, dass die Behüteten den passiven Herdenstatus unhinterfragt übernahmen.

2

Mit einem veränderten Jesusbild kamen allerdings die Fragen nach der Ausübungsart und Begründung kirchlicher Pastoralmacht. Manch einem fiel auf, dass dieser Jesus nicht auf der Seite der Mächtigen steht. Als der Begriff «Establishment» anfing, die Gesellschaft in angepasste Spiesser und nonkonformistische Lebenskünstler zu teilen, da entdeckte vor allem die Jugend, dass dieser Jesus auf ihrer Seite zu sein schien. Die Jesuslieder hörten auf beschaulich zu sein. Jesus der Provokateur wurde zum Rockstar. Statt Kantaten und Oratorien jetzt also ein Musical. Jesus Christ Superstar. Super provozierend. Das ist aber nur die eine Seite. Der rockoper-taugliche Jesus bestimmte nicht überall die Tonart. Es gab auch gleichzeitig weiterhin den Jesus der Innerlichkeit – Jesus unplugged –, der am Gras und Ufer sitzend die wichtigen von den unwichtigen Dingen zu scheiden half. Der Jargon der Eigentlichkeit hatte das religiöse Lied erreicht. Das Charismatische dieses Jesus – um nicht schwarz-weiss zu malen – birgt nicht weniger provokatives Potenzial. Zum einen stellte auch er den Gedanken der Karrieren infrage, sei es der Konsumkarriere oder der Karriere an Herrschaftsmöglichkeiten, wobei beides im Motiv der Zugangsmöglichkeiten letztlich korreliert. Zum anderen liegt diese Jesusfigur auch quer zur Vorstellung eines planbaren und an Inszenierungsmodalitäten geknüpften Trips der Selbstverwirklichung. «Alles ist Gnade» war schon immer einer der provozierendsten Sätze und ist doch eigentlich kein Lehrsatz der Theologie, sondern fasst nur zusammen, was Jesus eigentlich gelebt und gesagt hat. Jesus zu Wort kommen lassen, kann die aufregendste und empörendste Erfahrung sein. Gemeint ist nicht ein fundamentalistisches «Jesus aber hat gesagt», das den recht habenden Jesus im eigenen argumentativen Kontext auf den Plan ruft. Der biblische Jesus hat kein anderes Gegenüber als das der Evangelien. Die Provokation seiner Aussagen springt nicht unvermittelt über in die Diskurslagen unserer Zeit, seien es religiöse oder gesellschaftliche. Zumindest nicht als Zitate. Jesus lässt sich nicht herzitieren von unserer argumentativen Begründungsnot. Seine Provokation zu verstehen, heisst seine Situation zu verstehen. Dem Wort Jesu vertrauen, das geht nicht an der Fremdheitserfahrung des Textes vorbei. Je mehr man sich der Fremdheitserfahrung bewusst wird, umso näher kommen einem zugleich die Texte.

3

Eine Hermeneutik der Provokation bietet der Jesusfilm Pier Paolo Pasolinis aus dem Jahr 1964, also in Zeitgenossenschaft zum Zweiten Vatikanischen Konzil. Einberufen vom Papst, dessen Titel «Stellvertreter Christi» nicht nur hierarchische Unüberbietbarkeit im Repräsentativen signalisiert, sondern höchste Authentizität in dem, was als Nachfolge Wort und Tat beansprucht. Dass in diesem Film Ansprüche aufeinanderprallen, dass Authentizität im Ausloten der Kontraste des Schwaz-Weiss-Bildes scharf oder unscharf erkennbar wird, das liest der Regisseur in seinem Drehbuch, dem Matthäusevangelium heraus. Pier Paolo Pasolinis Jesusfilm hat nur darum diese Aussagekraft, weil es sich bei ihm nicht um eine Jesusvorführung handelt.

Es ist die Aufgabe der Kunst, Wirklichkeit nicht als geglückte Duplizierung verfügbar zu machen – was ist Vervielfältigung nichts anderes als Verfügbarmachung, und das beginnt schon mit dem Doppel –, sondern als gewährter Einblick die unwiderrufliche Gegenwärtigkeit der Wirklichkeit zu bewahren. Eigentlich folgt Pasolini nur der Spur des Matthäusevangeliums. Sparsam der Text: nichts anderes als die Notate des Evangelisten. Die hermeneutische Meisterleistung dieses Filmes besteht darin, dass er sich nicht der Jesusfigur bedient, um Kirchenkritik zu üben. Das Einzige, was er tut: Er transponiert die Geschichte in die Landschaft und die Gesichter wirklicher Landschaft und Menschen. Er benützt keine Landschaft als Kulisse und keine Menschen als Schauspieler. Er versetzt damit niemanden in eine inszenierte Lage, das, was

Gesprochen wird, trifft auf Realität. In den anderen Jesusfilmen dagegen soll alles realistisch aussehen, mit hohem Aufwand an Rekonstruktionsbemühungen. Pasolini setzt nicht auf rekonstruierte Wirklichkeiten. Er setzt aber auch nicht auf insinuierte Aktualität. Auch Jesus inszeniert er nicht, er setzt ihn einfach der Wirklichkeit aus, der religiösen und der gesellschaftlichen. Wie er diesen Jesus aus Nazaret den herrschenden Kräften ausgesetzt zeigt, das zeigt Inkarnation in einem der authentischsten Bilder. Pasolini braucht Jesus nicht als Provokateur zu inszenieren. Es ist nicht sein Protagonist. Pasolini hört und sieht das bei Matthäus: Dieser Jesus aus Nazaret ist ein Ausgesetzter, ausgesetzt in Sorgen, Nöte und Ängste der Menschen, aber auch in ihre Hoffnungen und in ihre Geschichten mit Gott. Der Film deckt auf. Einen zutiefst Provozierten.

Im Gegensatz zu vielen anderen, die den Jesus-Stoff verfilmen, verzichtet der Film auf jede Art von Erinnerungskonserve zwecks Identitätsstiftung. Dieser Film ist kein virtuelles Lagerfeuer, an dem man sich Jesusgeschichten zuraunt, um dann beruhigt die Augen schliessen zu können. Pasolini folgt der Erinnerungsspur des Matthäus und zeigt durch seine konsequente Bildfolge, dass jeder, der sich auf Jesus beruft, in seinen Identifizierungen erschüttert werden kann. Gerade kirchliche Identitäten, die sich als direkte Forterzählung verstehen, müssen sich fragen lassen, ob ihr Anspruch auf Folgerichtigkeit auch wirklich so verbürgt ist. Gemeint ist nicht die historisch-kritische Erschütterung, die das Netz der Identitätsabsicherungen in den unterschiedlichen Schichten des Textes freilegt, sondern die Erschütterung, die sich aus der Einlassung mit dem Evangelium und seinem Protagonisten ergibt. Die Erschütterung bedarf keiner dramatischen Inszenierung der antagonistischen Erfahrung, um durch das identifikatorische Bad der Katharsis zu gehen. Die Evangelien sind auf dieser existenziellen Ebene keine Kompositionen.

Weiterzuführende Provokation und anhaltende Verständlichkeit

1

Das Ende der Geschichte zeigt sich schon gleich am Anfang und in jeder einzelnen Sequenz: Der Protagonist ist eigentlich ein Antagonist, einer der wider Gottesvorstellungen und deren praktische Konsequenzen steht, die das Heil des Menschen letztlich bedrohen. Er ist kein Heilsbringer, dem sich die Hände entgegenstrecken müssen, damit er sie mildtätig fülle, sondern einer, der den Heilsbedrohungen widersteht. In diesem Widerstand zeigt er sich als einer, der für uns handelt. Den Versuchungen widerstehen ist das Erste, was er tut. Am Ende der

Geschichte steht dann nicht die selbstzufriedene Identifikation mit diesem Jesus, sondern die Metanoia. Um selbst Protagonisten werden zu können, ist das Erste, was zu tun ist, die Umkehr. Ob also die Konzilsväter den Film gesehen haben? Eines ist klar. Das Konzil hat mit dieser Umkehr begonnen. Die Geschichte problematischer Identitätsbildung aufgrund einer vereinnahmenden Identifikation mit dem, was von Jesus aus Nazaret überliefert ist. Auf der Ebene des Konzils selbst hat eine Vielfalt der Auseinandersetzung mit dieser Überlieferung eingesetzt. Nur so konnte das Konzil letztlich dem Anspruch genügen, ein Pastoralkonzil sein zu wollen. Weder ergibt sich die Pastoral aus den Deduktionen der richtigen Lehrsätze noch hat sie sich einfach den exegetischen Befunden anzuschliessen, in deren Licht auch die Statik des Lehrgebäudes neu vermessen werden müsste. Das Konzil hat sich entschlossen, selbst ein Teil der lebendigen Tradition zu sein. Zum einen hat es das Überlieferungsgeschehen in der Bibel selbst ernst genommen und damit einen eigentlich exegetischen Weg beschritten. Auf der anderen Seite hat es damit aufgehört, Pastoralrezepte deduzieren zu wollen. Pastoral verfügt über kein Lehrbuch. Analog zur Weisheit, die mit der Gottesfurcht anhebt, beginnt sie mit der Erschütterung über die Handlungsgerechtigkeit zum Heil des Menschen. Wo es ihr die Menschen nicht selbst sagen, sei es aufgrund der Machtstrukturen oder programmatischer Distanzen, da kann sie es in der Widerständigkeit Jesu selbst entdecken, wie sie von den Evangelien als Erfahrung überliefert wird. Als Erfahrung. Das Einzige, von dem sich direkt lernen lässt, ist von der Widerständigkeit Jesu gegenüber den etablierten Heilspragmatiken. Sich davon berichten zu lassen, genügt nicht. Sonst wären es Modelle, über die sich nicht viel mehr sagen liesse als das, was im Bericht steht. Vielleicht auch über die Qualität des Berichtes. Das Konzil hat aber begonnen pastoral zu denken und zu handeln. Es hat begonnen, sich von der Widerständigkeit Jesu provozieren zu lassen. Dies beginnt, indem es das Unverfügbare seiner Gestalt im Mysteriumsbegriff aufnimmt und für alle weiteren Überlegungen zur Grundlage macht, es zeigt sich am Ende überall dort, wo es in den «Zeichen der Zeit» seine Signatur entdeckt und alle Binnenfixierung durchbricht. Das Konzil ist bereit, externe Problemhorizonte in seinem Namen anzunehmen, um das Innen der eigenen Glaubens- und Praxisgestalt gemäss seinem Namen anzugehen. Was das Konzil an identitätsstiftenden Zeichen im Licht des Evangeliums erkennt, ist die Jüngerschaft, wie Jesus auf die Zumutungen des eigenen Umfeldes zu reagieren. Aber auch hier zeigt sich gegen vorschnelle Übertragungsversuche eine komplexe Hermeneutik: Denn die Jünger selbst, so belegt die Überlieferung aus der Tiefe ihrer Schichten, bilden das Umfeld, dem ein provozierter Jesus Widerstand leistet.

2

Provokation zielt nicht auf den theoretischen Kern einer Sache, sie ist mehr als kognitiver Entscheidungsstress von Falsch und Richtig. Herausgerufen ist vielmehr die Entscheidung über den Wert einer Praxis. Darum bieten ja gerade Traditionen ein ideales Betätigungsfeld für Provokateure. Das Provokationspotenzial der Evangelien – warum lange Zeit in der Kirche Interpretationsmacht und Pastoralmacht in der hierarchischen Spitze exklusiv zusammengehalten wurden – besteht in der Kritik Jesu an der Praxis seiner eigenen Religionsgemeinschaft. Nirgendwo sonst zeigt sich so stark, dass Glaubensverständnis und Praxis eine Einheit bilden. Die Provokation der Evangelien unterläuft, wer Jesus zeitgeistbedingt auf die Rolle eines Nonkonformisten reduziert oder wo sein Widerstand als Destruktion ausgelegt wird. Eine seiner provozierendsten Aussagen ist die, dass er vom Niederreissen des Tempels spricht. Er spricht aber auch vom Aufbauen. Jesus ist ein Meister der Dekonstruktion. Dabei folgt er keiner allgemeinen Regel. Regel eins für die Pastoraltheologie. Wie bereits gesagt: Jesus zeigt sich als Provozierter, er setzt dort an, wo ihm die Zumutung einer verstellten und verbauten Glaubenspraxis begegnet. Die Verkündigung des Evangeliums versteht sich als Erinnerungsruf. Dass er zum Inbegriff für Veränderung wird, liegt an den Zuständen und den inkludierten Glaubenskonstrukten, in denen er die Menschen antrifft. Dass ihm dabei die Menschen vorkommen wie «Schafe, die keinen Hirten haben», darf nicht mit dem Mangel an Religionsstrukturen verwechselt werden. Viel entscheidender als die Frage nach einer flächendeckenden Pastoral ist die Frage nach der Nachfolge im Sinne des sich Einlassens auf die Praxis Jesu. Jesus baut sich keinen Kreis an Gesinnungsgenossen auf, Jüngerschaft bedeutet Anteilnahme im praktischen Sinn. Was das konkret bedeutet, zeigt sich gerade da, wo Jesus selbst als ein Provozierter, als ein im tiefsten Kern seiner Verkündigung Getroffener handelt und spricht. Nicht die Stellen, die Jesus in offener Konfrontation zu traditionellen Gottesbildern und Ausübungsformen des Gottesverhältnisses zeigen, sind für die Pastoral projektiv bedeutungsvoll. Dort, wo die Praxis des Jüngerkreises den Widerstand Jesu provoziert, wird eine Erfahrung erschlossen, wo und wie die Handlungsgemeinschaft mit Jesus verfehlt werden kann. Dass dies bereits in den frühesten Überlieferungen als Gefährdung erinnert wird, die auch Ostern und Pfingsten nicht vergessen machen, zeigt, dass die ersten und engsten Nachfolgekreise und damit auch Pastoralträger immer schon unter dem Vorzeichen von Metanoia stehen. Der provozierte Jesus schafft Dekonstruktionserfahrungen, die evangeliumsgemässe Verwirklichungsmodelle der Nachfolge provozieren.

Anstoss, Ärgernis, Zumutung – Wer ist Jesus von Nazaret?

Klaus Berger

Das Unglaubliche und Anstössige am Christentum tritt uns zunächst entgegen in dem ungeheuerlichen Anspruch Jesu, in ihm rede und handle Gott. Das aber weist zurück auf das Gottesbild des Alten Testaments und des Judentums; bis in die Gegenwart hinein zögert man deshalb, den jüdischen Glauben überhaupt unter die Religionen zu rechnen. Wo aber so vieles aufgebrochen und durchkreuzt wird, hat das unabweisbare Folgen für das Handeln der Christen. Deshalb werden wir nacheinander die Christologie, das Gottesbild und die Ethik befragen. Dabei wird der christliche Glaube auf vielleicht hilfreiche Weise fremd werden. Es gab in der Theologie der Jahrhunderte immer wieder viele, nicht zuletzt seelsorgerliche Gründe, die Hervorhebung dieser Fremdheit zu vermeiden. Wo es dennoch geschah, stand es immer im Zeichen der Reform, zum Beispiel bei der Entstehung der Bettelorden.

1 Der Anspruch

Religiöse Toleranz ist zwar eine recht moderne Vorstellung. Doch im Grunde und vor allem in der gesellschaftlichen Realität des Miteinanders herrschte zur Zeit Jesu eine Pax Romana, die ein friedliches Nebeneinander der Religionen gewährleistete. Denn die Herrscher wollten es so. Der Friede im Inneren war den Herrschern wichtig. Gefährdet war er nur, wenn eine Religion offiziell ihren Gott zum einzigen und sich selbst zu dessen Volk erklärte. Nun ist die Formel *heis theos* nicht ungeläufig.[1] Doch nur im Judentum wird diese Formel so gestaltet, dass daraus wurde «ein Gott, ein Volk, ein Gesetz». Und das war dann, wenn man unter «ein» jeweils «ein einziger, der gilt» verstanden hat, potenziell unfriedlich. Da sich Juden zusätzlich durch die Verweigerung von *convivium*

1 Vgl. Erik Peterson, *Heis Theos.* Epigraphische, formgeschichtliche und religionsgeschichtliche Untersuchungen zur antiken «Ein-Gott»-Akklamation (Ausgewählte Schriften, Band 8), Göttingen 1926, Nachdruck hg. von Christoph Markschies/Henrik Hildebrandt, Würzburg 2012.

und *connubium* abgrenzten, wurden sie als menschenfeindlich angesehen. Paulus weiss daher, was er tut, wenn er diesen Vorwurf in 1 Thess 2,15 brühwarm wiederholt und auf seine nichtchristlichen jüdischen Zeitgenossen anwendet. Im friedlichen Nebeneinander der Religionen war, wenn man es so sehen wollte, das Judentum und das Verhalten der Juden als Störenfried angesehen. Der Hintergrund ist der nicht tolerante Eingottglaube der Juden und ihr entsprechendes Verhalten. Die anderen Götter konnte ein Jude nur als Götzen, seine Anhänger nur als Götzendiener ansehen. Und schon die Psalmen spotten darüber, dass die Anhänger der Götzen diesen ähnlich werden, nämlich bewegungslos wie Stein, Holz und Erz.

Die Person und die Botschaft Jesu, wie sie sich im Neuen Testament widerspiegelt, ist vor allem eine drastische Verschärfung und Zuspitzung des Ersten Gebotes. Denn der trinitarische Glaube ist die Ausdehnung und Erweiterung der Präsenz und Herrschaft des einen Gottes durch die Menschwerdung Jesu und die Gegenwart des Heiligen Geistes in jeder Einzelseele, bei jeder Christin und jedem Christen. Gottes Gegenwart wird so leibhaftig und nachhaltig. Im Anspruch Jesu, dass mit ihm Gott den Menschen begegne, wird dieser Anspruch des jüdischen Gottes unausweichlich.

Wenn Jesus daher sagt: «Ich bin nicht gekommen, den Frieden zu bringen, sondern das Schwert» (Mt 10,34), und wenn er zur Illustration dieses Satzes aufzählt, wen er alles auseinanderbringt (Mt 10,35–37), dann geschieht das durchaus im Namen der Herrschaft des einen und einzigen Gottes, der fordert, dass die Menschen «Farbe bekennen».

Wir sehen daher: Judentum und Christentum sind der Wurzel nach und auch in der christlichen Überbietung und ultimativen Steigerung von ärgerlicher Anstössigkeit, denn sie stören die oberflächliche Alltäglichkeit des Sich-Arrangierens mit Götzen und ihren grossenteils «lauwarmen» Verehrern.

Jesu anstössige Würde

Jesus kann sagen: Wer mich sieht, hört, aufnimmt, der sieht, hört und nimmt den Vater auf. Es geht zwar um Sendung, aber diese reicht sehr weit in die Identifikation hinein. Wie in der Formulierung «Licht vom Licht». Besonders im Zeitalter des verschärften Gesprächs mit Juden und Moslems ist es ganz schlicht notwendig, den Glauben an Jesus Christus wieder auf den Glauben an den einen und einzigen Gott zu beziehen, aus dem er kommt. In Jesus Christus begegnet Gott ganz und ungeteilt. Das ist von Anfang des Auftretens Jesu an nicht anders. Zum Ausdruck kommt das besonders in dem Titel «Sohn Gottes».

Im Neuen Testament erreicht die Offenbarung Gottes eine neue Qualität. Denn bislang hatte sich Gott in der Schöpfung und im Alten Testament durch Zeichen geoffenbart; dazu gehörten auch die Worte der Propheten. Nun aber offenbart sich Gott durch seinen Sohn. Nirgends im Umkreis des Neuen Testaments gibt es einen lebendigen, konkreten Menschen, der von sich gesagt hat, Gott so nahezustehen, wie Jesus es tut. Die Logik ist hier: Niemand ist dem Vater ähnlicher als der Sohn. So ist das unter Menschen: Niemand ist den Eltern ähnlicher als die Kinder. Der Sohn wird geoffenbart, wenn Gott sich uns ganz und endgültig zuwendet. Weil er der Sohn ist, darf gelten: Er ist dem Vater wie aus dem Gesicht geschnitten.

Bevor wir uns um die Konsequenzen kümmern, fragen wir nach den Grundlagen in der historischen Erfahrung. Anders als der klassische liberale Protestantismus versuchen wir nicht, eine Basis der Glaubensaussagen zu finden, indem wir nach Möglichkeit jede historische Erfahrung (jedenfalls dieses Erfordernis) ausschalten. Wir versuchen vielmehr das Entgegengesetzte, indem wir nach der historischen Erfahrung fragen. Denn die historische Basis des Glaubens an Jesus als Gott den Sohn liegt in Folgendem: in den Wundern, in der Verklärung und den verwandten Pyrophanien (das leuchtende Antlitz), im Anspruch Jesu, die Sünden zu vergeben, und im Anspruch auf Vorzeitigkeit («Ehe Abraham wurde, bin ich») darauf, aller Ehren wert zu sein. Schliesslich, aber nicht zuletzt, darin, dass Nachfolge Jesu ins ewige Leben führt.

So ist, weil Jesus als Sohn Bild des Vaters ist, das Verhältnis zwischen Vater und Sohn neu zu bestimmen: a) Die Taten des Sohnes sind die des Vaters. Der Sohn hat sie beim Vater abgeguckt und vom Vater her die Macht und Vollmacht übernommen, b) Worte des Sohnes gelten oft als die des Vaters (z. B. «ehe Abraham wurde, bin ich» [Joh 8,58], «Ich bin der Weg, das Licht etc.»). Das betrifft nicht die Worte, in denen Jesus über sich und den Vater spricht, also beide Instanzen auseinanderhält. c) In der Verklärung erscheint Jesus als der Licht- und Sonnengott.

Wir beginnen mit den Wundertaten Jesu. Übrigens wird nirgends im Urchristentum die Tatsächlichkeit der Wunder bestritten. Gerade die römische Kaiserzeit kennt eine Reihe von Wundertätern, deren Taten in Lebensaufrissen nach Art der Evangelien berichtet werden (z. B. Apollonius von Tyana, Pythagoras). Doch von keinem dieser Menschen werden auch nur annähernd so viele erstaunliche und unerklärbare Taten berichtet wie von Jesus. Sowohl diese Tatsache als auch die Einordnung und Begründung der «Taten» aus der Botschaft bedeuten eine Sonderstellung Jesu.

Wundertaten als Erweis der Gottheit

Jesu Taten sind – nach Auffassung der Evangelien – direkt Gottes Taten. Man sieht es *direkt* an Mt 11,2–6: Blinde sehen, Lahme gehen, Tote werden auferweckt. Nach Jes 29,35 sind das alles zu erwartende Taten Gottes. Jesus bezieht nun alle diese Taten einfach auf sich. Damit weiss man, wer in ihm handelt. Ähnlich grundsätzlich argumentiert das vierte Evangelium: Wenn Jesus zum Beispiel den Blindgeborenen heilt, dann ist diese Heilung in Wirklichkeit eine Neuschöpfung. Deshalb operiert Jesus auch mit feuchtem Lehm wie Gott Vater bei der Erschaffung Adams.

Wenn Jesus auf dem Meer gehen kann, dann gibt es für die Zeitgenossen keine andere Möglichkeit der Deutung als die Annahme, Jesus sei Gott. Denn darüber sind sich alle antiken Quellen einig: Auf dem Wasser gehen kann nur Gott.

In allen vier Evangelien sind die Berichte über Jesu Brotvermehrung (Speisung) mit dem Gehen auf dem Wasser verbunden. Warum gehören diese beiden Berichte so singulär eng zusammen? Offenbar legitimieren sie sich gegenseitig: Durch das Gehen auf dem Meer wird ausgeschlossen, dass es sich bei den Speisungswundern nur um einen Zaubertrick handelt. Denn auf dem Meer gehen kann definitiv nur Gott. Von daher gesehen sind auch die Speisungsberichte Zeugnisse für Jesu Handeln als Schöpfer. Und so ist auch die Auferweckung des Lazarus zu verstehen. In den zahlreichen Mutmassungen über den Antichrist oder auch schon über Simon Magus wird es dann heissen, dass dieser zwar manche Schauwunder zustande bringt, nicht aber eine Totenauferweckung (denn er ist nicht der Schöpfer). Und nach manchen scheitert er auch bereits bei einer Brotvermehrung, denn zu deren Gelingen müsste er auch Schöpfer sein.

Nicht selten formuliert Jesus provozierende Ansprüche, die seinen Rang betreffen: Jesus sagt von sich: «Ehe Abraham wurde, bin ich» (Joh 8,58). Das heisst: Abraham gehört auf die Seite der Kreatur, die werden muss und geworden ist. Jesus dagegen gehört auf die Seite Gottes, der nicht werden und vergehen muss, sondern der einfach ist. Den Anspruch darauf Gott zu sein, erhebt Jesus auch, wenn er den Streit, ob er mit teurem Salböl gesalbt werden darf, mit dem Satz beantwortet: Arme habt ihr jederzeit bei euch, mich aber nicht (Mt 26,11). Denn in diesem Zweifelsfall gebührt Gott, das heisst ihm, die Ehre. Not leidende Menschen kann man dabei jedenfalls in diesem Augenblick vergessen. Gott zu ehren ist wichtiger als Arme zu unterstützen. Das ist ein skandalöser Anspruch. In der Tat gibt es in der gesamten näheren und weiteren Umwelt Jesu keinen Menschen, der direkt oder indirekt den Anspruch erhoben hätte Gott zu sein. In den offiziellen Briefen der römischen Kaiser heisst es freilich zu Beginn, dass sie Götter oder Gottes Söhne sind. Aber das ist mehr ein Anspruch, der eher für sie erhoben wird als dass diese Menschen mit diesem Anspruch auf der Zunge unter den Menschen herumgelaufen wären.

Wenn Jesus zu einem Menschen sagt: «Deine Sünden sind vergeben» (Mk 2,5), dann empören sich seine Gegner, wie es scheint, zu Recht. Sünden vergeben kann allein Gott. Dass Jesus seinen Anspruch hier durch ein Wunder bekräftigt, ist Teil seines Programms, Foto von Gott zu sein. Denn das Wunder der Heilung des Gelähmten zum Beispiel macht das Unsichtbare sichtbar. Das Unsichtbare ist hier nach Mk 2 die Vollmacht zur Sündenvergebung, sichtbar aber kann *die Folge* dieser Vollmacht zum Wunderwirken werden.

Eine Zumutung ist es auch nach dem Johannesevangelium, zu glauben, dass Jesus selbst als Mensch und Gottes Sohn das Heil ist. Dass er als konkrete Person «Wahrheit», «Weg» und «Auferstehung» ist, also alles, was Gott uns geben kann. Nach Joh 6 führen diese Aussagen über sich selbst die Jünger Jesu in eine grosse vorösterliche Krise. In dieser Krise muss Jesus fragen: Wollt auch ihr gehen? Jesus hat sich selbst von Anfang seines öffentlichen Wirkens an als Ort der Gegenwart Gottes betrachtet und wurde nicht erst im Lauf der Jahrzehnte oder Jahrhunderte immer mehr zu Gott.

Nicht nur die Wunder sind staunenswert, auf ihre Weise verrückt und quer zu unseren Alltagsregeln. Es gibt im Neuen Testament auch das Gegenteil, nämlich die Ohnmacht des scheinbar Allmächtigen. Oft genug wurde der Hinweis auf Gottes Allmacht (zum Beispiel beim Theodizeeproblem) zum Instrument, Gott in einer Formel einzusperren und sich dann darüber zu beklagen, dass entgegen den Sprüchen der Theologen Gott doch nicht allmächtig sei. Das aber widerspräche diametral seiner Vitalität. Daher sei hier ein Hinweis auf die Kreuzestheologie gestattet. Denn genau darum geht es bei dieser: Zeichen der Zugehörigkeit zu Gott sind in dieser Welt eher Ohnmacht und Niedrigkeit, also gerade nicht die rettende Allmacht. So ist die Kreuzestheologie der notwendige Ausgleich zur Wundertheologie – zwar genauso wenig begreiflich, aber tröstlich und «anstrengend» wie sie.

Kreuzestheologie als Brücke zu einem veränderten Gottesbild

Gerade nach der Offenbarung des Neuen Testaments gibt Gott sich immer wieder ungöttlich und wird dadurch theologisch anstössig bis zum Äussersten.

Für Paulus ist der Glaube an Jesus eine radikale Verschärfung des Monotheismus. Indem sich alle ihm unterordnen, besteht die beste Möglichkeit zum Frieden. Denn wo er Herr ist, kann sich keiner erheben. Das kommt gerade in dem Wort Kreuz zum Ausdruck. Denn dieses Wort setzt einen krassen

Unterschied zwischen Gott und Welt. Gott ist nicht nur kein Götze unter anderen – er ist allem, was in der Welt gilt, total entgegengesetzt. Dadurch ist die Zahl seiner Feinde exponenziell vergrössert. Es gibt ja jetzt nicht nur die Götzen, sondern alles das ist feindlich, was in den Händen des Menschen zum Gegenstand des Sich-Rühmens, zur Bestreitung des Machtanspruchs Gottes und damit zum Instrument des Unfriedens werden kann. Denn alles, womit ein Mensch glänzen und sich erhöhen kann, bestreitet zugleich den Anspruch Gottes und verursacht oft Streit und Unfrieden unter Menschen. Dieser Monotheismus ist der einzige verlässliche Weg zum Frieden. Kreuzestheologie sagt, dass alle gesellschaftlich relevanten «Werte» nur Instrumente im Krieg aller gegen alle sind. Denn dass man die Werte empfangener Gaben gegeneinander ausspielt, ist nicht nur der Krieg aller Menschen gegeneinander, sondern auch der Krieg des Menschen gegen Gott.

Gottes «Unsinn» ist weiser als die Menschen, und Gottes «Schwäche» ist stärker, als Menschen überhaupt sein können. – Das heisst: Gott und Welt sind so verschieden, so weit auseinander, dass sie nicht mehr vergleichbar sind. Gottes Weisheit ist eben nicht die Krönung aller Erdenweisheit, Gottes Macht ist nicht die Supermacht. Gott ist so anders, dass seine Weisheit hier nur als Torheit erscheinen, seine Macht hier nur als Schwäche dastehen kann. So, wie diese Welt ist, ist Gott nicht die höchste Zuspitzung ihrer höchst angreifbaren Werte. Sondern angesichts Gottes ist jeder Wert der Welt wie Staub und Blech, jede Weisheit wie Dämlichkeit – und umgekehrt. Diese totale Verschiedenheit von Gott und Welt erkennt man am Geschick Jesu. Den Herrn der Herrlichkeit kann die Welt nur als Verbrecher und Abschaum ansehen und mit der äussersten Entehrung, nämlich der Kreuzesstrafe, «auszeichnen». Deshalb wird mit dem Gekreuzigten der Anti-Wert schlechthin auf den Thron gehoben. Diese Logik Gottes aber hat Folgen für die Adressaten dieser Weisheit. Es sind nicht die Reichen und Erfolgreichen, sondern die zu kurz Gekommenen, an die sich die Botschaft richtet. Sie sind die Erwählten und Berufenen (1 Kor 1,24, zum Erwählen vgl. V. 28). Paulus erkennt das an der Art, in der diese Menschen ihr Selbstbewusstsein begründen; Paulus nennt das: sich rühmen. Denn diese Menschen haben keine eigenen Vorzüge, die nennenswert wären. Sie haben nur das, was Gott ihnen gerade geschenkt hat: ihr Christsein, ihren Glauben und damit eine Freiheit und Würde, die über alle Freiheit geht. Sie sind die wahren Könige, denn sie brauchen keine weltlichen Werte. Zu Gott gehören, dem Herrn alles verdanken, das geht über jeden Wert und Nutzen sonst. So ist «Freiheit» das verborgene Thema des ganzen Abschnitts. Die Christen in Korinth sind deshalb frei, weil sie nichts «brauchen», keines von den Dingen nötig haben. Und das fügt sich gut in das Thema des ganzen Kapitels, das da heisst «Frieden». Denn alle die Dinge, die man braucht, Reichtum und Macht und Adel, sie schaffen nur Unfrieden. Das gilt besonders vom Ansehen des Lehrers. Eigentlich ist das ein uraltes Thema der Weisheit. Aber wenn nur Menschen deren Massstab sind, gibt es zwangsläufig Unfrieden – wie eben in Korinth, wo vier Parteien gegeneinander stehen, deren jede einen der grossen Lehrer für sich reklamiert. Die Theologie des Kreuzes ist der Weg zum Frieden, weil Menschen, die nichts haben und nichts brauchen ausser Gott, keinen Grund zum Streiten haben. Und wenn es geschenkt ist, dann nicht gegen andere, sondern für ein Miteinander.

Eine Reihe typischer Attribute gibt Gott auf, zum Beispiel die Unsichtbarkeit. Das widerspricht den philosophischen Ansichten der Griechen, aber auch den Erfahrungen der Juden. – Ebenso ist dieser Gott darin eine Widerlegung des Gottesbildes, dass er die Leidensunfähigkeit, die einer Gottheit zukommt, ablegt. Denn Jesus nimmt – zuvor in Gottes Gestalt existierend – unsere Sklavennatur an. Und den Menschen zuliebe wird er zu einem Gott, der im Armwerden, das eigentlich wider seine Natur ist, seinen Reichtum verschenkt. So wird er ein Stück Brot in der Eucharistie und gibt damit seine Grösse und Unnahbarkeit auf.

Und das gilt auch für die Theodizee-Frage. So hört man öfter: Der Gott, der so «cool» Leid und Katastrophen zulässt und sich offensichtlich um die Leiden der Menschen nicht kümmert, dieser Gott sollte mal selbst das durchmachen, was Menschen so erleiden müssen, Ungerechtigkeit, Schmerzen, Schweigen des Himmels, behandelt zu werden wie der letzte Dreck. Aber dieser Gott antwortet: Genau dieses habe ich alles durchgemacht, in und durch Jesus Christus. Ich weiss also, was das heisst, ungerechterweise verurteilt zu werden und zu sterben. Aber was hat diese Erfahrung, die Gott selbst gemacht hat, gebracht? Für ihn und für uns? Sicher ist: Anders als Touristen hat Gott nicht sein Weltwissen und sein Wissen über die Menschen erweitern wollen. Und es geht bei der Menschwerdung Gottes auch nicht um eine Solidaritätsadresse. Sondern Gott hat dabei das verwandelt, dem er ähnlich wurde.

In beiden Fällen, bei uns wie in den paulinischen Gemeinden, liegt das Ärgerliche darin, dass Jesus selbst das Ärgernis ist, und zwar als der Gekreuzigte, wie Paulus immer wieder sagt. Ein allgemeiner, transzendenter Gott wird nirgends und bei niemandem zum Aufreger. Denn diese allgemeine Gottheit ist ein Gott des Deismus. Vielleicht hat der die Welt erschaffen und ist dann früh gestorben, man hat länger nichts von ihm gehört.

Das Problem der Vermittelbarkeit biblischer Kreuzestheologie liegt darin, dass viele neuzeitliche Menschen letztlich nicht etwas Unbekanntes, Neues in den Bereich der Religion hineinlassen und hineinnehmen, was dazu nicht passt.

Dabei ist das Thema, um das es hier geht, zutiefst menschlich, es hat in höchstem Masse mit Menschen zu tun, nämlich mit Blut und Sünde, Leiden und Schande, Dreck und Preisgegebensein wie am Kreuz. Auf das Kreuz zu blicken heisst: das alles zugeben können als Aspekte unserer Wirklichkeit. Nach dem Apostel Paulus hat Gott bereits alles dieses grossmütig und geduldig hineingenommen in sein Verhältnis zu uns. Das ist anstrengend, weil es die ganze Wahrheit ist und nicht nur die halbe, die wir immer so gerne hätten. Die halbe Wahrheit: Dann wahren wir das Gesicht, dann bleibt alles hanseatisch-vornehm, dann gehört Religion in die gute Stube und nur dorthin, dann hat alles seine gute Ordnung, weil Geborenwerden und Sterben, die beiden Stadien der Erniedrigung, fehlen wie auch aller Kummer sonst.

Das Christentum dagegen hat sich auch deshalb durchsetzen können in der Konkurrenz der antiken Religionen, weil es schonungslos wahrhaftig mit den menschlichen Schwächezuständen umgegangen ist. Damit sind wir bei einem wichtigen Stichwort: Die Grenzgänger sind dazu da, von der Grenze aus, fast schon vom Bereich des andern aus, den eigenen Bereich schonungslos kritisch darzustellen. Wahrheit ist das Stichwort.

Denn zum Beispiel ärgert viele an den Wundern: dass sie sich irritieren lassen müssen, weil Gewohntes nicht mehr stimmt. Aber vielleicht ist gar nicht der Glaube an Wunder das Altmodische und Archaische, sondern die Vorstellung, unser Weltbild müsse ohne Brüche und Widersprüche sein.

Müssen wir Theologen die Heilungsgeschichten erklären, müssen wir sie uns so zurechtlegen, dass jeder das risikolos einsehen kann? Das ist dann doch wohl gerade kein Wunder mehr. Die Wunder sind nicht dazu da, dass wir sie erklären, sondern sie sind schockierende Begegnungen mit der Majestät Gottes selbst.

2 Umkehrung des Gottesbildes

Aussagen über Gott und über Jesus, der wie Gott handelt, zeigen oft genug geradezu verwirrende Umkehrungen gegenüber der Tradition.

Denn häufiger scheint das Evangelium sich selbst zu widersprechen: Wie unangenehm das Kommen des Herrn sein kann, zeigt Lk 12,39, wo das Kommen des Herrn ungeniert mit dem des Einbrechers verglichen wird (vgl. Offb 16,15). Ein Einbrecher ist nicht lieb, sondern jeder Einbruch ist eine ärgerliche Angelegenheit. Jesus hat keine Scheu zu sagen: Wenn ich komme, dann wie der Dieb in der Nacht; 1 Thess 5,2 (Der Tag des Herrn kommt wie der Dieb in der Nacht) nimmt darauf ebenso Bezug wie Offb 3,3 (Wenn du nicht wachst, komme ich wie der Dieb). Bereitsein ist alles. Und schon früh hat man den

«Dieb» verbunden mit der Aufforderung zu wachen. Zumeist wird das Wachen als «Wachen und Beten» gedeutet. Doch vor allem handelt es sich um ein charakteristisch christliches Bildfeld.

»Selig sind die Sklaven, die der Herr wachend antrifft, wenn er kommt. Amen, ich sage euch, er wird so begeistert von euch sein, dass er euch zu Tisch bittet, sich selbst die Kellnerschürze umbindet und euch bedient» (Lk 12,37). Diese Begeisterung Gottes ist etwas Unerhörtes, und keine Religion der Welt bietet so eine Aussage über einen Gott, schon gar nicht über den Gott des Himmels und der Erde. Denn dieser Gott hat ein Herz, das begeistert sein will. Dass Gott sich so weit erniedrigt, besagt auch, dass er es gar nicht nötig hat, auf seine Würde peinlich bedacht zu sein, sondern vor lauter Freude die Grössenverhältnisse umkehren kann.

Nach Joh 13 praktiziert Jesus dieses ärgerliche Tun schon im Kreis der Jünger. Denn kein Mann ausser Sklaven hätte anderen die Füsse gewaschen; dafür hatte man Sklaven und Frauen.

Schon bei Jesus selbst und bei vielen seiner Jünger bis heute gibt es das, was man Eunuchentum um des Himmelreiches willen nennen könnte. Es ist die extreme Schande wie auch das Kreuz, das man auf sich nimmt. Dieser Weg des Ärgernisses hat – wie auch die Kreuzestheologie nach 1 Kor 1 – nur das eine Ziel: Frieden zu stiften, indem den Menschen aus der Hand geschlagen wird, womit sie sich aufplustern könnten. Denn bekanntlich gehört auch das dauerhafte Zusammensein mit einer «Traumfrau» zu den Gütern, die Neid und Unfrieden hervorrufen. So gesehen haben daher Füsse waschen und Eunuchentum dasselbe Ziel. Denn Gottes herrliche Gaben sind, da sie ungleich verteilt sind, ebenso oft Anlass zu Unfrieden, wo sie doch eigentlich (für alle!) Anlass zu Dank sein sollten. Füsse waschen und Eunuchentum bestehen darin, dass einer «mit Dank verzichtet». Und dann kommt dabei heraus, dass die ehrenvolle Privilegierung eines Menschen in radikale Liebe verwandelt wird. Jedenfalls ist Verwandlung der Name des Geheimnisses.

Christlich ist die Beseitigung von Selbstverständlichkeiten, die sonst in jeder Religion dieser Erde gelten: Dass Gott unsichtbar und die Wahrheit eine richtige Theorie ist. Denn nach dem Johannesevangelium ist Jesus nicht eine Sach-Wahrheit, sondern eine Person mit Gesicht. Und Gott ist als Mensch sichtbar geworden und wird entsprechend in sichtbaren Menschen angetroffen.

Die Aufhebung des Bilderverbotes durch Jesus Christus (durch seine Sendung bzw. Menschwerdung) hat das Ziel, dass die Christen selbst zu Bildern werden. Der einzig realistische Weg ist, dass wir uns das Sein-wie-Gott nicht mit Ungehorsam und Gewalt grabschen, sondern uns schenken lassen. Und wir können auch nur dann Bild Gottes sein, wenn wir einander ähnlich sind, weil wir harmonisch dasselbe lieben. Denn so ist der Kirchenbegriff des hl. Augustinus: Kirche ist die Gemeinschaft derer, die dasselbe lieben.

Aus dem Anspruch Jesu, in ihm sei Gott zu finden, ergibt sich, dass in den Evangelien dieser Grundsatz gilt: Jesus nachfolgen ist Gott nachfolgen (vgl. Dtn 4,3 den Baalen nachgehen, also ihnen dienen, so auch Dtn 4,3; Jer 2,8; Hos 5,11; auch oben zu Dtn 19,9; 28,9, oft in der kritischen Bedeutung: falschen Göttern – inklusive dem Antichrist – nachlaufen; die positive Variante: auf Gottes Wegen gehen).

Welche Konsequenzen diese Nachfolge Jesu in Zeit und Ewigkeit hat, das sagt Jesus dem reichen Jüngling in Mk 10. Der so genannte reiche Jüngling hatte gefragt, was er denn tun müsse, um das ewige Leben zu erlangen. Jesus antwortet: Geh, verkaufe deine Habe und gib sie den Armen, dann wirst du einen Schatz im Himmel haben. Also folge mir nach. Unmittelbar zuvor hatte Jesus die Anrede «guter Meister» aus dem Mund des reichen Jünglings abgelehnt, weil nur Gott gut sei. Doch was Jesus hier voraussetzt, bekräftigt seinen Anspruch auf Identität mit Gott auf einzigartige Weise. Denn kein Mensch kann sagen: Wer mir nachfolgt, hat das ewige Leben. Wer so vermessen redet, ist entweder tollwütig oder Gott. Denn das ist ein unglaublicher Anspruch: Wer es genauso macht wie Gott, der hat das ewige Leben. So wird Gott nachfolgen schon im Alten Testament zum Himmelsweg. Der Weg Jesu ist der Weg auf der Spur Gottes. Denn wer Jesus nachfolgt, geht hinter Gott her. Jesu Weg ist der leuchtende Pfad, der direkt in das Licht Gottes führt. Jesus ist so, wie er den Weg geht, selbst dieser Weg zu Gott. Jesus ist Weg und Wahrheit und Licht.

Damit verkündet er keine Theorie in Konkurrenz zu den Theorien anderer Lehrer. Sondern man muss als Schüler dieser Wahrheit nur dort sein, wo Jesus ist. Alle theologischen Ortsangaben des vierten Evangeliums («bei Jesus bleiben», «in Jesus bleiben» usw.) erhalten von daher ihre Bedeutung. Es geht insgesamt um sehr präzise Ortsangaben. Sie antworten auf die uralte Frage: Wo ist Gott? Und die Antwort heisst: Gottes Ort ist Jesus Christus. Wer in ihm bleibt, der bleibt in Gott, und das heisst: im ewigen Leben.

Wenn man überhaupt je danach gefragt hat, wie es zu dieser Christologie hat kommen können, dann war die schier selbstverständliche Antwort im Sinne liberaler Theologie: Es sei natürlich der «Erhöhte» gewesen, den man in dieser Rolle gesehen habe. Doch nichts weist speziell auf den Auferstandenen und Erhöhten. Viel stärkere und häufigere Hinweise legen die These nahe, es könne allein der irdische Jesus vor Ostern gewesen sein, der der Meinung war, in ihm und durch ihn handle Gott selbst (durch seine Weisheit).

Durchaus im Zusammenhang mit dieser Christologie steht eine jüdische Erwartung, dass Gott selbst über seinen eigenen Schatten springen wird und dass so aus dem unsichtbaren Gott, den niemand gesehen hat noch sehen darf, ein sichtbarer Gott in Menschengestalt wird, der unter den Menschen und mit ihnen lebt. Gott wird also durch sein eigenes Handeln und Wirken eine wesentliche Voraussetzung des Gottesbildes selbst aufheben. Denn das vorchristliche Judentum hegt bestimmte Erwartungen über das endzeitliche Sichtbarwerden des unsichtbaren Gottes. Am Ende werden die Menschen von der Unsichtbarkeit Gottes erlöst. Wie wenn sie zuvor gerufen hätten: «*Ab invisibilitate tua libera nos Domine*».

In Jesus spricht und handelt Gott. – Religion ist bei Jesus nicht etwas erst Sekundäres. Er trat nicht auf als Sozialreformer oder als antirömischer Revolutionär, auch nicht als Weisheitslehrer oder nur als charismatischer Wundertäter. Alle diese Hypothesen gibt es, und sie sind mir von meinen Neutestamentler-Kollegen in aller Welt her gut bekannt. Aber wenn auch nur eine von diesen Hypothesen zuträfe, wäre der religiöse Bezug, die Lehre von Heil, Dreifaltigkeit und Auferstehung in der Geschichte des frühen Christentums etwas Sekundäres. Ich bin vielmehr der Meinung, dass Jesus von Anfang an als Gott der Sohn aufgetreten ist. Ich sehe es nicht als Aufgabe des Exegeten an, diesen provozierenden Anspruch auf ein für jede Art von Rationalismus erträgliches Mittelmass zu reduzieren. Ebenso fern liegt es mir allerdings so zu tun, als sei das Neue Testament nur anachronistisch von späteren dogmatischen Formulierungen her zu lesen. Es gab wirklich eine unwiederholbare Geschichte des Glaubens. In dieser Geschichte gab es dramatische Veränderungen, gravierende Neuerungen, aber ich kann diese nicht sehen als eine einzige von Verrat, Verweltlichung des Kerns und sukzessiver Ideologisierung der Botschaft und Person Jesu. Schon das Neue Testament lehrt uns, auch die nachösterliche Zeit als eine vom Heiligen Geist bestimmte zu begreifen.

Aber wenn ich davon absehen würde, dass sich Jesus als Sohn Gottes verstanden hat und damit wirklich als den Ort, an dem Gott zu finden ist, dann kann ich nichts mehr von der späteren Geschichte verstehen. In der Exegese der vergangenen 60 Jahre hat man unter dem Einfluss Hegels und dann der Existenzphilosophie die Dimension der Zeit in der Rede von der eschatologischen Existenz total überschätzt. Es kommt jetzt darauf an, den *Raum* wiederzuentdecken. Rein ideologisch ausgerichtet hat man über Jahrzehnte das hebräische Denken gegen das griechisch-räumliche Denken ausgespielt. Jesus ist der Ort, an dem wir Gott finden. Das ist gleichfalls ein kostbares Element johanneischer Theologie. Die Jünger fragen nicht: Wann kommst du wieder? Sondern: Herr, wo wohnst du? Und dann geht es um den Tempel seines Leibes und darum, dass dort, wo Jesus ist, Geist und Wahrheit sind, «in» denen man Gott richtig anbetet, nicht mehr im Tempel von Jerusalem oder auf dem Garizim.

Jesu Würde nach Ostern wurde nach meinen Resultaten nicht im Rahmen einer sukzessiven Vergottung immer weiter gesteigert. Dieses hier bestrittene Modell setzt den Euhemerismus voraus. Dann wären die «hohen» christologischen Aussagen jeweils erst spät. Jesus wäre nach dem Vorbild einer USA-Musterkarriere des 19. Jahrhunderts vom Tellerwäscher zum Präsidenten, also vom Handwerker aus Nazaret zum Mitglied der Dreifaltigkeit aufgestiegen. Nein, in Wahrheit gibt es entsprechend auch keine erprobten Kriterien für die Echtheit oder Unechtheit von Jesusworten oder -erzählungen.

Die Konsequenz ist nicht der Weg eines Neo-Fundamentalismus oder einer reaktionären Dogmatik, sondern der Verzicht darauf, die von dem Ernst Troeltsch zum Kriterium der Wissenschaftlichkeit der Exegese erhobenen Kriterien erneut kniefällig zu verehren. Troeltsch war der Meinung, nichts dürfe aus dem Rahmen der physikalischen Gesetze herausfallen, alles sei im Rahmen der Kausalität zu erklären. Andere Arten von Regelverläufen als in der Naturwissenschaft gebe es nicht. Dann darf es auch keine Wunder geben und keinen Gott, der in dieser Welt etwas verändern könnte. Ich versuche immer wieder, gegen dieses monistische Diktat vorzugehen. Das geschieht mittels konsequent verstandener Phänomenologie, ganz begriffen im Sinne der hl. Teresia Benedicta a Cruce Edith Stein.

Vielmehr haben von Anfang an charismatische Widerfahrnisse (Wunder) und mystische Pyrophanien eine hohe Christologie begründet. So kam es, dass z. B. Aussagen über die Schöpfungsmittlerschaft nicht am Ende, sondern am Anfang des Weges der Kirche in die Welt stehen.

3 Jesu Forderungen als Zumutung

Wer wie Jesus handelt, ahmt Gott nach, wie es schon immer Ziel biblischer Ethik war. Hinter Gott hergehen ist das Urbild der Nachfolge Jesu, alttestamentlich heisst das «auf Gottes Wegen wandeln» (Dtn 19,9; 28,9), d. h. auf denen er zuerst gewandelt ist. –

Für die Menschen bedeutet diese Bild-Funktion des Sohnes: Er ist der Erstgeborene unter vielen Geschwistern. So ist er Urbild des neuen Menschen. Das betrifft alle Bereiche: Essen und Weintrinken, Schlafen und Beten, Judesein und den Weg zum Tod. –

Das Handeln der Christen ist aber explizit wahnsinnig. Neben dem, das nur unbegreiflich ist, steht das, was ausdrücklich gegen jeden gesunden Instinkt oder Menschenverstand gerichtet ist. Es ist auch nicht nur wie bei Jesu Humor, dass Menschen etwas sehr sonderbar sind – wie die Frau, die nach der Wiederauffindung der 2-Cent-Münze ein Fest mit ihren Nachbarinnen feiert.

Warum folgt Jesu Seligpreisung auf die Aufzählung seiner Wundertaten? – Offenbar sind die Wunder ein Weg zum Glauben, das Anstoss-Nehmen aber scheint die hauptsächliche Gefährdung des Glaubens zu sein. – «Selig, wer sich an mir nicht ärgert» (Mt 11,6) heisst also auf Deutsch: Selig wer die Zumutungen, die die Botschaft enthält, nicht zum Anlass nimmt, seinen Glauben aufzugeben. An Wunder zu glauben, ist demnach nicht schwer. Aber über Jahrhunderte festzuhalten an Jesu Verbot der Ehescheidung, an Jesu Aufforderung zum Verzicht auf Rache, das ist wirklich schwer. Alle Päpste des letzten Jahrhunderts und auch Papst Benedikt XVI. zeigen, dass es ebenso mutig wie schwierig ist, an diesen Geboten über Ehe und Gewaltgebrauch unbeirrt festzuhalten.

Die Bergpredigt enthält eine Reihe von Zumutungen. Dadurch wird entlarvt, dass die Ablehnung dieser Forderungen nichts weiter ist als praktischer Atheismus. Denn wer seine Feinde nicht liebt, hat vor allem keine Hoffnung.

Die Überforderung, die zum Beispiel die Bergpredigt darstellt, «hat System» in der Botschaft Jesu. Denn Gott lässt nicht nach zu betreiben, dass der Mensch ihm ähnlich werden solle. So kommt der Mensch ständig an seine Grenzen, die zum Beispiel darin bestehen, dass das Mass der Liebe zu Gott die Liebe ohne Mass sei (Bernhard von Clairvaux). Erträglich wird diese Lage nur, wenn Menschen wahrnehmen, dass sie von Gott zuvor masslos geliebt werden. So haben sie die Chance, sich in diese Liebe zu verlieben. Das ganze Neue Testament kennt nur eine einzige Intention, die Verähnlichung des Menschen mit Gott. Das beginnt in der Taufe, die Gleichgestaltung mit Jesus Christus ist. Und es setzt sich fort in der Ethik der frühen Christen, zum Beispiel im Gewaltverzicht und in der Feindesliebe, nicht zuletzt im Besitzverzicht, denn Gott besitzt und braucht nichts. Hier wird Jesu sichtbares Handeln sichtbar nachgeahmt. Und dass Gott seine Feinde liebt, kann man sehen: Er lässt regnen über Gute und Böse, Gerechte und Ungerechte. Christen werden Gottes Kinder genannt, wenn sie so dem himmlischen Vater ähnlich handeln. So wird Kindschaft, also Ähnlichkeit, wiedergewonnen.

Dass Jesus die seligpreist, die an ihm kein Ärgernis nehmen (Mt 11,6), muss wohl so wiedergegeben werden: «Selig, wer mich nicht für verrückt hält. Denn meine Botschaft ist eine Zumutung.» Normalerweise kann man sie nicht ertragen. Man braucht schon starke Nerven dafür. Ärgerlich sind z. B. Jesu Forderungen in Feldrede und Bergpredigt, etwa sich nicht zu wehren und grenzenlos zu leihen, sich nicht scheiden zu lassen und wie die Kinder zu sein.

Jesus hebt dieses Prinzip der genau entsprechenden Vergeltung in der Bergpredigt auf.

Oft bekommt man dann als Christ entgegengehalten, die alttestamentliche Grundregel sei «Auge um Auge, Zahn um Zahn». Doch weit gefehlt! Die Formel

«Auge um Auge, Zahn um Zahn» ist ein Programm zur Beschränkung jeder Rache auf die genau entsprechende Vergeltung. Die Vergeltung soll nicht mehr ewig hin und her gehen zwischen einzelnen Menschen, sondern auf das erste Hin und Her beschränkt werden. – Aber Jesus schafft sie ganz ab. Er bestreitet das Menschenrecht auf Gegenwehr. Und nach den drei ersten Evangelien wird das Menschenrecht auf Besitz beseitigt.

Die Ablehnung des Sorgens (Mt 6)

Und das ist nun wirklich erschreckend: Jesus lehnt jede Vorsorge und Fürsorge für die Existenzerhaltung ab; das gilt nicht nur für ihn selbst, sondern auch für die Jünger. Das aber widerspricht jeder Vernunft.

Die Sorge, die Jesus ablehnt, ist das konkrete und sehr buchstäbliche Sich-Kümmern. Jesus fordert dazu auf, sich frei zu machen von der Beschäftigung mit dem Erwerb von Nahrung und Kleidung, schliesslich soll jede Sicherung des Lebens entfallen. Denn die Jüngerinnen und Jünger sollen auch vor dem Tod keine Angst haben. Aber alle Freiheit dient dem Reifen des Herzens, der Freiheit für die Gerechtigkeit, die Gott fordert. Die Bergpredigt selbst ist die Magna Charta der Gerechtigkeit, die Gott fordert (Mt 6,33), weil sie notwendig ist, um an Gottes Herrschaft und Reich Anteil zu haben.

Der Sinn der Bergpredigt und gerade auch der Taufe nach Röm 6 (Mitgekreuzigtwerden) besteht darin, dieses Lassen zu lernen, bevor wir es müssen. Denn das könnte ein Stück Seligkeit schon jetzt bedeuten. Wenn man so lassen kann, wie Jesus es tut, dann kann man auch die Schöpfung so staunend wahrnehmen, wie er es kann. Dann besteht auch der Tod nur noch darin, dass nichts mehr von Gott trennt. – Die Seligkeit vor dem Tod wird sehr genau in den Seligpreisungen der Bergpredigt beschrieben.

Den geforderten Verzicht auf Vorsorge kann man auch als Herausforderung Gottes deuten (was in Mt 4,7 abgelehnt wird). Gott erscheint aber hier als einer, der herausgefordert sein will. So ist das Gottesbild hier: Gott wird ernähren und kleiden, wo man für nichts sorgt; er wird auferwecken, wo man das Leben riskiert; er wird auf dem Meer gehen lassen, wenn man – im Glauben – sich um die Wellen nicht kümmert.

Bei der Beschneidung wird nur ein (im Übrigen unnützes) Stückchen Körper geopfert, die Taufe geht viel weiter. Denn sie ist ihrer Substanz nach genau das, was man heute als «Schein-Hinrichtung» bezeichnet – ein international geächteter krimineller Akt. Paulus spricht in Röm 6 von der Wassertaufe als einem Mitgekreuzigtwerden. Denn das Untertauchen des Kindes (und des Täuflings allgemein) steht für Ersäufen. (Luther «Ersäufen des Alten Adam»), und der byzantinische Ritus hat noch viel davon. Und Gekreuzigtwerden ist eine Strafe. Wie bei der Beschneidung endet die Zeremonie auch hier im Guten, aber im Kern geht es um etwas, das dem Tod ähnlich ist. Es war Merkmal der religiös unmusikalisch gebliebenen Aufklärung aller Jahrhunderte, diese provozierenden Aspekte entweder zu übersehen oder herunterzuspielen. Da besteht dann ein Scheingegensatz zwischen «seelisch-geistigem» Gehalt und den physischen Folgen.

Wer die zeichenhaften Züge in der gelebten Existenz der Nachfolge Jesu abschafft, weckt die Illusion, als sei Christentum hauptsächlich auch sowieso und im Ganzen nichts, das auffällt, nichts, das ein Ärgernis darstellen könnte. Denn die allgemeine Correctness besteht doch gerade darin, nicht aufzufallen. Man nennt das Toleranz – und das Gegenteil, eben wenn jemand im Ganzen seines Lebens Zeichen setzt, für wie wichtig er den Himmel hält, dann nennt man das Intoleranz. Wer möchte, dass sich christliche Religion in nichts und gar nichts von dem unterscheidet, was alle leben, der wird darauf drängen, diese besonderen Zeichen zu beseitigen. Wer so auffällt, braucht sich um den Spott nicht zu sorgen.

Das hier geschilderte Problem besteht heute in voller Schärfe. Denn wo und wann immer ein Christ sagt «ich glaube», lautet die Gegenfrage: «Und wie hältst du es mit der Toleranz?». Diese Gegenfrage führt sofort in eine Falle. Diese sieht so aus: Entweder man bekennt sich zu einem Glauben, dann bedeutet das Anspruch auf Wahrheit. Da die Wahrheit nur eine sein kann, bedeutet das automatisch die Nicht-Wahrheit anderer Bekenntnisse. Oder man verzichtet auf den Wahrheitsanspruch, dann ist es irgendwie egal, welcher Religion man anhängt. Das friedliche Nebeneinander ohne Streit und Entzweiung ist dann gewährleistet. Unsere Zeitgenossen sind nun in einem unglaublichen Mass harmoniesüchtig. Und jeder, der eine profilierte Meinung hat oder zu haben wagt, grenzt sich aus, und dann hört der Spass auf, der doch darin bestand, dass jeder für sich selbst Recht hatte und dass keiner einen Anspruch auf Wahrheit anmeldete. Sowie das gestört wird, ist der Gläubige zugleich der Arrogante und der Feind aller. Denn von einer Wahrheit überzeugt zu sein gilt als moralischer Defekt.

Damit aber ist einer nicht mehr «lieb», denn Überzeugtsein von der Wahrheit gilt als Verletzung des Liebesgebotes.

Und ganz schnell ist so derjenige, der glaubt, als einer entlarvt, der nicht tut, was er sagt, und mithin scheinheilig ist. So wird also Liebe erwartet, und zwar im Sinne des zweiten Hauptgebotes Jesu. Aber zugleich wird das erste Gebot abgelehnt. Der Defekt dieser Einstellungen beruht also darauf, dass entgegen der Aussage Jesu sie nicht als «gleich» gelten, sondern dass das eine Gebot gilt (Mitmenschlichkeit) und das andere eben nicht (die Wahrheit des Credo). Dass es früher oft umgekehrt war, erleichtert die Sache nicht. Aber ebenso kann auch nicht gelten, dass das Credo nur so weit gilt, als es den (andersgläubigen) Nächsten nicht stört oder gar beunruhigt. Denn Jesus will stören, und sein Bild vom Schwert meint wirklichen Ärger. Denn das Schwert bedeutet Unerwünschtes und Schmerzhaftes.

Festzuhalten ist auch für unser weiteres Überlegen: Oft gilt als anstössig oder als Ärgernis, wenn jemand mehr (zum Beispiel von sich) behauptet, als er durch sichtbare Taten im Augenblick evident machen kann. Vielleicht ist auch Jesus nur so lange wirklich anstössig (und nicht im besten Sinne «erbaulich»), wie ihm jemand nicht zutraut, dass er «echt» ist. Denn das ist das Problem des Teufels (und der Leser) zu Beginn der synoptischen Evangelien in den Versuchungsberichten. Aber wenn Jesus doch echt ist, wie freilich erst die Auferstehung zeigt, dann ist er nicht mehr anstössig, sondern dann ist Versöhnung zwischen Gott und Mensch.

Der Heiland in schiefem Licht

Gottfried Bachl

Um dem Thema (der Tagung) zu entsprechen, will ich von vier Punkten der Jesus-Geschichte aus auf ihn blicken. Das Charisma, das mit dem Mann aus Nazaret in der Welt erschienen ist, hat global gewirkt, ist bis heute in ungewöhnlicher Weise fruchtbar, zugleich Frieden stiftend und bereit, auch im Konflikt zu bestehen, vertraut und fremd, populär und alleingelassen. Aber wie steht es mit dem Stil Jesu? Wie hat er sich mitgeteilt? Was war das Tempo seiner Sendung? Wie gehen die Theologen mit ihm um? Deshalb also: Der Funktionär Jesus – Jesus oder Prometheus? – Jesus, ein fahrlässiger Wegweiser? – Jesus, der verschwindende Sohn.

Der Funktionär Jesus

Jesus, die Hauptperson der christlichen Gottesgeschichte, ist bei den meisten der frühen und der späten Theologen eine fest verplante Grösse. Von Ewigkeit her steht fest, was mit ihm geschehen soll, wie sein Leben verlaufen muss, welche Aufgaben er zu erfüllen hat. Im Brief an die Epheser wird Gott gepriesen, weil er uns Weisheit und «herrliche Gnade» geschenkt hat, allem voraus, was sich im Himmel und auf Erden an Gutem begeben kann. Und diese vorausgehende Bestimmung zeigt sich «in seinem geliebten Sohn. Durch sein Blut haben wir die Erlösung, die Vergebung der Sünden nach dem Reichtum seiner Gnade.» (Eph 1,6*–7) Der Brief nennt sehr prägnant das Ziel, auf das die Lebensgeschichte Jesu ausgerichtet ist: die Erlösung des Menschengeschlechts auf dem Weg des Blutes, im Erleiden des Kreuzes. Die Klarheit dieses Konzepts hat in den christlichen Gemeinden überzeugend gewirkt. Daher finden wir es in vielen Formeln des Bekenntnisses, aber auch in der ausführlichen theologischen Lehre, die nach der fundamentalen Struktur des Glaubens sucht. So schreibt Tertullian im dritten Jahrhundert: «Christus, der gesandt wurde, um zu sterben [*mori missus*], musste notwendigerweise auch geboren werden, damit er sterben konnte.»[1] Oder

1 Tertullian, *De incarnatione* 20.

etwas später Papst Leo der Grosse: «Und es gab für den Sohn Gottes keinen anderen Grund, geboren zu werden, als dass er ans Kreuz geschlagen werden konnte.»[2] Jesus ist direkt und ausdrücklich allein dazu geboren, das blutige Schicksal der Passion zu tragen und damit die heilige Leistung der Erlösung zu vollbringen. Karl Barth sagt es in seiner Kirchlichen Dogmatik in bündigster Form. Jesus ist für ihn schlechterdings der Vollbringer der Aufgabe, die mit dem Leiden verbunden ist. «Er ist also nicht Mensch und dann auch noch Träger der Amtes, so daß er das vielleicht auch nicht, so daß er vielleicht auch Träger eines ganz anderen Amtes sein könnte. Er ist vielmehr Mensch, indem er Träger dieses Amtes ist. Er *ist*, indem er in dessen Vollstreckung, in der Ausübung von dessen Funktionen, in der Inanspruchnahme von dessen Vorrechten in der Erfüllung von dessen Verpflichtungen begriffen ist. Es gibt keine neutrale Menschlichkeit Jesu, in der er die Wahl hätte, das zu lassen, was er tut, oder an dessen Stelle etwas Anderes zu tun. Er *ist*, indem er in einer bestimmten, und zwar immer in derselben Richtung *tätig* ist.»[3] Die vier Evangelisten, so Barth, seien doch gänzlich uninteressiert an allem, was dieser Mensch ausserhalb seines Christusamtes gewesen sein und getan haben mochte. Das Bild einer selbständigen Persönlichkeit mit ihr eigenen Spielräumen wird uns nicht geboten. Nicht nur die stringente Ausrichtung auf das Kreuz bestimmt alles, was Jesus sein konnte, sondern auch die einmalige, alle menschlichen Formen übersteigende Gleichung, dass in Jesus Person und Aufgabe völlig identisch sind. Wer in ihm nach einer Dimension sucht jenseits oder hinter seinem öffentlichen Tun, seiner Aufgabe und praktischen Arbeit für das Reich Gottes, wird nichts finden. Jesus ist christlich interessant als der Träger der Retter- Funktion. Nichts sonst? Nein, wirklich nichts sonst.

In der Religionsstunde hat einmal ein elfjähriges Mädchen die Frage präzise gefasst, im zweifelnden Ton: Hat denn Jesus nie Urlaub gemacht? Wir haben damals die restliche Zeit des Unterrichts damit verbracht, dass wir nach ähnlichen Ausdrücken gesucht haben. Manchmal hat die Klasse gelacht, wenn zum Beispiel gesagt wurde: Hat Jesus auch ein Privatleben gehabt, wie hat er seine Freizeit verbracht? Wäre Jesus, wenn er lang genug gelebt hätte, ein Rentner geworden? Hat Jesus neben den heiligen Sachen, die ihm Gott aufgetragen hat, auch was getan, was ihm selbst eingefallen ist und Freude gemacht hat, oder hat er nur gegottet? Auf diese und ähnliche Fragen antwortet die Theologie, die aus den meisten Büchern zu mir spricht, indem sie entweder solche Vermutungen lächerlich macht, oder mit Entschiedenheit behauptet, Jesus habe seinen Gang

2 Leo der Grosse, *Sermo* 72, 2.

3 Karl Barth, *Kirchliche Dogmatik* III, 2 §44.1, Zürich 1992, 66.

auf das Kreuz in der grösstmöglichen Entschlossenheit angetreten, daneben oder dahinter habe in ihm nichts Platz gehabt. Romano Guardini schreibt unermüdlich vom Willen Jesu zum Opfer. Das war seine feste Absicht, denn Jesus ist nichts anderes als «die Vollzugsform des Erlösungswillens Gottes»[4]. Man hat dafür auch einen besonderen Begriff geschmiedet und spricht von der Proexistenz Jesu, seinem Für-Sein, in dem die gesamte Lebensenergie aufgebraucht wird. Seine Persönlichkeit geht restlos auf in ihren Pflichten.

Vor meinen Augen erscheint in Pasolinis Film «Der Menschensohn» ein sich ununterbrochen bewegender, über die Hügel Galiläas rennender Jesus. Er scheint wenig Zeit zu haben, ist immer auf Tempo 200 gestellt, ohne Musse und persönliche Intimität. Die Sendungsöffentlichkeit saugt ihn ganz auf, es scheint, als dürfe kein gemütlicher Rest bleiben. Alles ist unter das Regime der Zwecke geraten. Und der Zweck aller Zwecke in dieser Religion heisst: Erlösung, Rettung. Ich habe oft den Eindruck, vor meinen Augen bewege sich nicht die Person Jesus, das konkrete Individuum, sondern die Idee der Erlösung, ein heiliges Abstraktum. Er selbst schrumpft zum Gedankenbild, wird zum Inbegriff eines Programms. Seine Spontaneität, das ursprünglich gestikulierende Ich ist daher nicht interessant und kann guten Gewissens weggelassen werden.

Jesus kommt einem vor wie der Dienstbote der Erlösung. Der Gedanke, dass er nur in dem besteht, was er für andere tut – im Himmel für den Vater, auf Erden für die Menschen, mündet in die Enteignung der Person. Diese wird verwandelt in das reine Für-etwas-da-Sein. Im Beispiel gesprochen: Der Bürgermeister Hans Wagner wird von den Bürgern seiner Gemeinde ausschliesslich und radikal als amtlicher Funktionär betrachtet und behandelt. Alles andere bleibt weg, dass er einen Namen, eine Biografie, Familie, Freunde, Gedanken, Wünsche, Triebe, ein Schicksal hat. Der totale Funktionär ist nichts als dieser, er hat keine unveräusserte Seite, kein Sein für sich. So kann auch Jesus in seinem religiösen Amt verschwinden, als der Erlösungsbeauftragte, der Heiland, der Sohn, der Gekreuzigte. Und die betende Gemeinde bewacht diese Funktion, hält ihn, *ihren* Jesus, darin fest.

ceterum censeo. Man könnte dagegen sagen: Das göttliche Du setzt einen Mehrwert, der durch keine Tätigkeit aufgewogen oder eingeholt werden kann. Der Träger einer Funktion ist das Du, und das Gelingen der Aufgabe ist gerade mit diesem *über alle Aufgaben hinaus* verbunden und garantiert. Wo dieses Verhältnis nicht in aller Konsequenz wahrgenommen wird, verschwindet Gott in der Falle der Funktion. Statt diesen schiefen Begriffen von der Funktion her das

4 Romano Guardini, *Der Herr.* Betrachtungen über die Person und das Leben Jesu Christi, Würzburg [9]1951, 261.

Feld zu überlassen, könnte man eine Sprache finden, die das Du als die entscheidende Qualität versteht, in der das freie Handeln Gottes, in diesem Christus, an der sündigen Welt, sachgemässer angedeutet werden kann. Der rettende Christus kann nicht von seiner Aufgabe her definiert werden. Die Motivation der Gottheit, die Menschwerdung zu unternehmen, geht aus ihrer überzwecklichen Liebe selbst hervor. Wenn es im ersten Kapitel des Johannesevangeliums heisst: «wir haben seine Herrlichkeit gesehen» (1,14), kommt dieses alles überbietende Sein zur Sprache. Es ist keine lästerliche Ungehörigkeit, wenn man aufmerksam der Frage nachgeht, ob im Klima der christlichen Erlösungspredigt nicht häufig die *Sünde der Funktionalisierung* begangen wird. In den Versen der Passionslieder gibt es Sätze, die schlicht in diese Richtung klingen. Also: Gibt es eine religiös verkappte Sucht, alles Tun und Sein des Messias auf das Wohlergehen der Geschöpfe zu beziehen und daran zu messen?[5]

Jesus oder Prometheus?

Die Alternative drängt unsere Gedanken in eine Richtung, in der sich die Theologie nicht lange aufhält. Sind das vergleichbare Grössen? Man wird einwenden, dass ein grosser Unterschied besteht, weil Prometheus eine mythische, Jesus aber eine historische Gestalt ist. Diese Differenz ist wohl zu beachten, sie kann aber einen Vergleich nicht verhindern. Es bleibt in jedem Fall einer Bemühung wert, nach der massgeblichen Struktur der Gestalten zu suchen. Es ist nicht zu übersehen, dass in dem Gegenüber sehr aufschlussreiche Züge sichtbar werden, in denen der eine wie der andere seine Eigenart offenbart. Man denke an die Szenen der Versuchung Jesu in der Wüste, an die Geschichte vom Feuerraub des Prometheus in der olympischen Götterwohnung. Die Empfindlichkeit christlicher Autoren gegenüber allen Versuchen, den Messias Jesus in das grosse Netzwerk des Vergleichens einzuordnen, soll hier beiseite bleiben. Im selbstverständlichen Akt der religiösen Identifikation wird die Besonderheit der eigenen Tradition häufig in einem Mass betont, dass keine Motivation mehr bleibt, andere, fremde Elemente zu bemerken und zu beachten.

Beide, Jesus wie Prometheus, sind göttlich-gottnahe Wesen der zweiten Reihe. Sie stehen einem primären Sein gegenüber, dem olympischen Zeus, dem Jahwe vom Sinai. Nicht in einem neutralen Nebeneinander, sondern in einem höchst lebendigen, dramatischen Beziehung-Sein. Für den einen wie den anderen geht es um das Ganze, nicht um ein peripheres Moment ihrer Existenz. Beide fühlen sich dem Wohl der Menschheit verpflichtet, sie sind keine Caritasarbeiter

5 Vgl. Klaus Berger, *Jesus*, München 2004, 188 ff. über die Ferientherapie Jesu.

im kleinen Kreis. Beide haben ein Leben der agonalen Form geführt und ihr persönliches Wohl riskiert.

In diesem Rahmen aber sind auch die Unterschiede sichtbar, und in den Unterschieden wird manchmal die Überlegenheit des mythischen Titanen gesehen. Die Tradition hat in verschiedenen Perspektiven davon gesprochen. Ich versuche jetzt, einige dieser Überlegenheiten des Prometheus deutlich zu nennen.

Vergleicht man auf der Ebene der ethischen Weisung, kann man eine Reihe von Ähnlichkeiten sehen. Betrachtet man aber das Gottesverhältnis, wird der Unterschied sehr stark. Jesus trachtet mit allem Tempo dahin, die fugenlose Übereinstimmung mit dem Gott-Vater zu erreichen. Er passt sich ganz und gar an. Prometheus aber verkörpert die Unzufriedenheit mit dem Modell des Gehorsams. Der weise und listige Titan weigert sich, der Verteilung des Weltwissens, wie sie von Zeus verfügt ist, zuzustimmen, und handelt entsprechend: Das Sonnenfeuer steht allen Menschen zu und soll ihnen nicht nur versprochen, sondern wirklich gegeben, übergeben sein. Prometheus vertraut nicht der Überzeugungskraft seiner Argumente, er versucht es mit schlauer, freilich auch riskanter Täuschung, er klaut das nützliche Element. Hesiod erzählt: «[…] aber es hinterging ihn [Zeus] der treffliche Sohn des Japetos und stahl des unermüdlichen Feuers weitblickenden Schein drinnen im Mark eines Narthexrohres. Es biss ihm drinnen den Sinn, dem hochdonnernden Zeus, er ergrimmte in seinem Herzen, als er bei den Menschen sah des Feuers weitblickenden Schein.»[6] Diese Art des Götterneides ist auch hörbar in Gen 3,22: «Gott sprach: ‹Siehe der Mensch ist nun geworden wie unsereiner, wissend Gutes und Böses. Nun aber, dass er nicht seine Hand ausstrecke und nicht auch von dem Baum des Lebens breche und esse und dann ewig lebe›.»

Jesus wäre demnach zu schnell in die Knie gegangen, habe sich ganz und gar in das vorgegebene Sein und den vorausgehenden Willen der Vater-Macht eingefügt: sanftmütig und demütig von Herzen, statt starkmutig und aufrecht bis in den Himmel? Seine leise Haltung hätte ihn um das gebracht, was ihm die Rolle des Messias auferlegt hat.

War es nicht an der Zeit gewesen, eine Gotteswende in Gang zu bringen und die Messias-Kompetenz dafür aufzubrauchen? Grundsätzlicher noch: In den Szenen der Evangelien, die von den Versuchungen Jesu erzählen, ging es wohl um die Richtung seiner Aktion. Nach welcher Seite hat Jesus geredet und gehandelt? War er der Sprecher der Menschheit, oder lag sein Interesse doch ganz und gar auf der Seite Gottes, war er die Stimme der Nachdrücklichkeit, die aus dem Himmel herab noch einmal sagte, was schon gesagt, aber nun mit zeitlicher

6 Hesiod, *Theogonie* 565 ff.

Dringlichkeit zu wiederholen war? Ich muss jetzt gar nicht in den Zitaten wühlen, wir kennen die hauptsächlichen Züge in seinem Programm:

Die radikale Zeitlichkeit seiner Erscheinung, die kurzschliessende Rede von der Zukunft. Das Handwerk, in dem das konkrete Paradigma der Weltherstellung erscheinen könnte, ist ganz gleichgültig, es wird weder privat noch von seiner religiösen Sendung her irgendwie bedeutend. Jesus exerziert den grossen Austritt aus dem Welt-Kontinuum, alles Bisherige bleibt zurück. Der Prophet aus Galiläa setzt nicht fort, er beendet.

Mit seiner Ausstattung – bei Gott ist alles möglich – wären ihm alle Chancen offen, aber er nützt sie nicht oder nützt sie so, dass er sich ganz den göttlichen Fügungen überlässt.

Wer ist der Satan, der Jesus versucht? Es ist, als stünden in dem Streit zwei Kandidaten für das Messiasamt einander gegenüber und der siegreiche Jesus habe es an überzeugender Argumentation fehlen lassen. Hat er seine Chance nicht erkannt?

Er vermeidet die Hiobsprache, spricht mehr die Sprache der Freunde und der Rahmenhandlung des grossen Buches. Es war wohl nicht genug, den Teufel niederzuhalten und Überlegenheit zu bekunden. Jesus trachtet mit allem Tempo dahin, die Übereinstimmung mit dem Vater-Gott vollkommen darzustellen und die fugenlose Entsprechung zu ihm hin immer wieder und feierlich zu bekennen. Jesus vermeidet den Konflikt, den Prometheus frontal riskiert und dafür von Zeus persönlich bestraft wird, im Kaukasus an den Felsen genagelt, vom Adler zerrissen, der täglich seine Leber frisst.

Ein Prometheus-Bekenntnis aus der Überlieferung:
«Kaum hatte er [Zeus] sich auf den väterlichen/ Thron gesetzt, gibt er sogleich den Göttern Amt auf Amt,/ dem dies, dem jenes, und teilt ringsum ordnend ein/ sein Reich. Aufs Erdvolk aber, das unselige, nahm/ er keine Rücksicht; nein vernichten ihr Geschlecht,/ ihr ganzes, wollt/ ein andres zeugen er aufs neu. Und dem trat keiner sonst entgegen außer mir. Ich aber wagt' es, machte frei das Menschenvolk/ vom Los zerschmettert in des Hades Reich zu gehen./ Drum werd' ich unter solcher Leiden Not gebeugt/ zu dulden qual- und schmerzvoll, jammervoll zu schaun./ Den Menschen Mitleid schenkt' ich vordem. Mitleids ward/ ich nicht gewürdigt selber, nein erbarmungslos/ so schwebend aufgehängt, ein Schauspiel, Zeus zur Schmach.[7]

Wäre Prometheus die Alternative zu Jesus? Der Märtyrer im Kampf um die menschenfreundliche Einrichtung der Welt? Im Drama des Aischylos wird deut-

7 Aischylos, *Der gefesselte Prometheus* 229 ff.

lich, dass Prometheus mehr Weltplatz, mehr Weltzeit, mehr hiesigen Aufenthalt, mehr weltliches Gelingen einbringen will. Er stünde gegen Jesus, den ergebenen Knecht Gottes, der immer schärfer getrieben wird und selbst Tempo macht, kein Interesse entwickelt, die Weltlage zu verbessern, wenigstens zu entschärfen. Von ihm ist kein Programm der Weltverbesserung zu erwarten. In Betrieb ist rund um die Uhr das apokalyptische Katapult, die weithin wirkende Schleudermaschine. Unversöhnlich und vehement redet und handelt der Titan, Jesus wählt den anderen Ton. Prometheus zu Hermes:

«Du lärmst umsonst, der Woge gleich redest du mir zu./ Lass den Gedanken aus dem Spiel, dass ich vor Zeus/ Ratschluss in Furchtsein, weibischen Sinnes werden könnt/ und anflehn würde den mir höchst verhassten Gott/ in Weiberart rückwärts die Hände hochgereckt/ um Lösung meiner Fesseln. Niemals tu ich das.»[8]

Prometheus riskiert das frontale Gegenüber zum willkürlichen Gott. Im Vergleich mit ihm ist Jesus von schwachem Profil, es ist, als habe im göttlichen Sein ein Wandel, eine Mutation stattgefunden: die vollkommene Reduktion aller widerständigen Differenzen, die restlose Einbettung im Willen des Vaters. – Aber wozu ein Sohn bei so wenig Eigensein? Man könnte doch mit guten Gründen die Meinung vertreten, die Rolle des Messias, das Christus-Amt, müsse hoch definiert und stark besetzt sein, das Libretto des Stückes ein extremes Spiel bringen. Sollte nicht eben vom Sohn erwartet werden, dass an ihm zu lernen ist, wer Gott ist im wilden Zusammenhang der Welt? Der Messias Jesus hat in seiner Demut das Gott-Welt-Rätsel noch undurchsichtiger gemacht. Im Stichwort gesagt: Der sein Kind dem Schicksal ausliefernde Vater – ist das die Glorie der Liebe überhaupt, soll ich gar mein reales Verhalten daraus ableiten? Und die Vergöttlichung der Schmerzen, die gern gesehen und viel besungen werden – gibt es ein himmlisches Vergnügen daran? Die üppige Theologie des Kreuzes wendet alle Stimme dem verfügenden Vater-Gott und weist dem Sohn-Gott die gehorsamen Schmerzenslaute zu, eine schöne Verteilung der Rollen? Der an die Felswände des Kaukasus genagelte Prometheus streitet vernehmbarer mit dem Zeus seiner Passion als der Jesus auf dem Ölberg mit dem Gott Jahwe, vernehmbarer und für manche Jüngerschaften auch glaubwürdiger.

ceterum censeo. Wurde Jesus von der Gottesfinsternis überrascht? Sollte vielleicht die Geschichte laufen, wie sie gelaufen ist, mit dem Ziel, dass im Scheitern das Neue aufbrechen konnte, in dem der Mensch das Beste seiner selbst entdecken durfte? Das Evangelium als göttliches Programm der Einräumung, als Verlockung zur Mündigkeit? Manchmal dringt auch ein monotoner Gehorsamsjargon

8 A. a. O. 1000 ff.

auf uns ein. Der müsste nach allem, was in den Handbüchern zu lesen ist, leicht zu hören sein, aber viel öfter ist es eine Rede, hart und langsam in die Ohren gehend. Soviel Gehorsamsruf, soviel Kommando, alles Schwergewicht liegt darauf. Da nimmt man zuweilen Gott-Vater beim reichlichen Wort und fragt: Wie hältst du es denn mit dem Sohn, wie gehst du denn um mit ihm? Wir hören das Gloria auf deine väterliche Weltliebe (Joh 3,18), aber es fällt uns sehr schwer, «nach dem anderen greifen und ihn benützen» als deine verbindliche Order zu achten und uns auf diese Weise geliebt zu wissen. Wir haben es mit dem Verdacht in uns zu tun, *Sohn* sei in der Jesus-Sprache zwar wohl Hauptwort, wichtig und unentbehrlich, aber zum Zweck, dass Gott der Erste und der Oberste sein kann, in rein struktureller Hinsicht.

Wenn es zu dem Unternehmen *Welt* irgendeine vorausgehende Überlegung gab, dann musste zu dieser wohl auch eine Güterabwägung gehören: die gute Schöpfung in ihrem schlimmen Gang gehen lassen oder die Allmacht noch einmal ins Spiel bringen, weil die Kosten der Genesis zu hoch liegen. Also die Welt neu schaffen, wegen der Unerträglichkeit der ersten Konstruktion? Wenn man nicht zu früh in den theologisch gesäuberten frommen Jargon einbiegt, kommt es doch immer wieder zu Tag- und Nachtträumen, die sich an keine dogmengerechte Form halten. Könnte es eine Art Selbstbeschämung Gottes geben, die nur mit einem furchtbaren Realsymbol wie dem Kreuz gutgemacht werden kann? Das hiesse: Jesus leidet am Schöpfer und öffnet ihm einer neue Zukunft, er unternimmt es, den Urheber des Ganzen zu rehabilitieren. In diese Richtung würde die Sprache auch spielen, und man verstünde ihr Pathos des Neuen. Es klingt wenig plausibel, wenn dieselbe Botschaft das eine Mal feierlich den Erfolg des Unternehmens verkündet: «und siehe, es war sehr gut» (Gen 1,31), und anders herum die totale Renovierung verspricht: «Seht, ich mache alles neu.» (Offb 21,5). Aber vielleicht wäre eben dieses das Gottes-Kunststück, das Alte wie das Neue im *actus purus* seines Handelns zusammenzufassen. Auf diesem Weg könnten die beiden Sinn-Gestalten einander ergänzen. Jedenfalls: In der Bibel ist ausdrücklich die Rede von der *Reue Gottes*: Joël 2,13

Jesus, ein fahrlässiger Wegweiser?

Der Philosoph Paul Karl Feyerabend beschreibt über seine Haltung gegenüber den so genannten Führern der Menschheit, keiner könne von ihm erwarten, dass er die albernen Spiele ernst nehme, die sie zu ihrer eigenen Unterhaltung erfunden haben. Das müsse man auch Christus anlasten, der in seinen Worten und Aktionen seine Interessen gesucht habe, seinen Wünschen und Absichten gefolgt sei. Er habe eine bestimmte Lebensform entwerfen und die Öffentlichkeit dafür gewinnen wollen. Darum müsse man sehr wohl beachten, wie dieser Prophet in der Öffentlichkeit seiner Zeit versucht habe, seine Ideen durchzusetzen. Jesus, so Feyerabend, habe mit seinen Mitteln versucht, die Aufmerksamkeit der Leute zu erzwingen. Er habe einen historischen Prozess in Gang gesetzt, in dessen Verlauf Millionen von Menschen gefoltert wurden, kleine Kinder seien verbrannt worden, weil sich ein Inquisitor für ihre Seelen verantwortlich fühlte. So müsse auch die Inquisition Christus zugerechnet werden, denn er sei wie alle Personen, die Ideale erfinden und verbreiten, in der Pflicht gestanden, zwei Regeln zu beachten: Er hätte erstens erkennen müssen, *dass seine Ideen missbraucht werden, es sei denn, sie haben einen eingebauten Schutz.* Feyerabend nennt dazu zwei Beispiele: Voltaires habe seine Ideen mit diesem Schutz ausgestattet, daher sei er mit seinem Programm gegen allen Missbrauch immun gewesen, obwohl sich in seinen Schriften auch antisemitische Äusserungen finden. Bei Nietzsche fehle dieser Schutz, daher auch der Missbrauch seiner Ideen durch die Nationalsozialisten. Zweitens müsse ein Verbreiter von Normen und Idealen sich darüber im Klaren sein, dass eine Botschaft, die unter bestimmten Umständen hilfreich ist, unter anderen tödlich sein kann.[9]

Man liest diese Sätze und ist sofort von der Neugier gefangen, wie denn dieser Schutzschalter aussehen solle und wo ein überzeugendes Paradigma zu finden sei. Feyerabend nennt Voltaires Ideen, ohne konkrete Angaben zu liefern, aber schon die blosse Behauptung dieser Möglichkeit gibt Anlass zu aufregenden Fragen. Ich nenne einige. Ist die wirksame Sicherung gegen den Missbrauch von Ideen, geistigen, religiösen Programmen überhaupt möglich, ist das nicht eher ein fromm-naiver Wunsch? Soll man sich das wünschen? Gäbe es in der Tat eine logische Schaltung in der Welt der Gedanken, die einen Missbrauch dauerhaft ausschliesst, ohne dass eben diese Schaltung wieder auf einen Missbrauch hinausläuft, im Sinn einer gewaltsamen Dogmatik? Das müsste unausweichlich die Einrichtung eines Gedankenkontrollamtes mit globaler Kompetenz zur Folge haben. Oder eine elektronische Wächterwanze, die jedem Weltbürger am Tag seiner Mündigkeit implantiert wird?

Wer trägt die Beweislast: Die Erfinder von Botschaften oder die praktischen Durchsetzer dieser Botschaften? Feyerabend verlegt alle Verantwortung in die erste Instanz und erreicht damit nicht den ganzen Vorgang der Ideenbewegung. In diesem geschieht auch die positive, negative, jedenfalls verändernde Arbeit am Stoff der Überlieferung, in ursprünglicher, unvertretbarer Art. Der Rezeptor ist verantwortlich für die Art seiner Lektüre und für die Konsequenzen die er

9 Vgl. Paul Karl Feyerabend, *Über Erkenntnis.* Zwei Dialoge, Frankfurt a. M./New York 1992, 20–21.

daraus zieht. Man kann sich dazu ein konkretes Bild machen durch das Studium der Geschichte, die alle Tage eben darin besteht, dass ein grosses Programm von den einen entworfen und von den anderen so oder so interpretiert, realisiert und korrumpiert wird.

Ein naheliegendes Beispiel aus dieser Geschichte ist die Aneignung des Evangeliums Jesu durch Adolf Hitler und seine Bewegung. Im direkten Griff nach dem Wort des Erlösers eignet sich der Führer die Botschaft an:[10] «In grenzenloser Liebe lese ich als Christ und Mensch die Stelle durch, die uns verkündet, wie der Herr sich endlich aufraffte und zur Peitsche griff, um die Wucherer, das Nattern- und Otterngezücht hinauszutreiben aus dem Tempel […]» Er sei jedenfalls der Überzeugung, dass zwischen der Peitsche von Jesus und einem Gummiknüppel kein grosser Unterschied bestehe, die Gewaltmittel heute hätten die gleiche heilige Arbeit zu tun wie der zornige Tempelsäuberer. Jesus Christus erscheine in den Reden Hitlers als Germane, strenger Gesetzgeber, grösster arischer Führer, vor allem aber als Antisemit. Wenn Christus heute durch die Welt ginge, würde er da nicht sagen: Habe ich den Juden deshalb so als Otterngezücht gebrandmarkt, damit ihr von ihm lernen sollt? Seid ihr noch nicht schlecht genug? Wollt ihr den Lug und den Trug noch mehr steigern? Nichts lernen sollt ihr vom Juden, sondern ihn verneinen. Jesus wird zum Märtyrer des Antisemitismus gemacht, der für seinen ungeheuren Kampf gegen das jüdische Gift am Kreuz verbluten musste. Christus sei, so Hitler wörtlich, die grösste Kampfnatur gewesen, die je gelebt habe, und der Nationalsozialismus, weil er diesen Kampf fortsetze, nichts anderes als eine praktische Befolgung der Lehre Christi.

In den Argumenten, die in der Theodizee-Debatte für und wider formuliert werden, spielt die These eine grosse Rolle, dass es der allmächtigen, liebenden Gottheit nicht zustehe, den von ihr abhängigen Geschöpfen eine dramatische gefährliche und leidvolle Daseinsgestalt zuzumuten. Gott dürfe nicht wehtun. So wäre die Schaffung eines schmerzintensiven unübersichtlichen Universums quasi ein Beweis gegen die Existenz Gottes. Paulus hatte wahrscheinlich diesen gottfeindlichen Einwand im Auge, wenn er in Röm 8,18 schreibt: «Ich bin überzeugt, dass die Leiden der gegenwärtigen Zeit nichts bedeuten im Vergleich zu der Herrlichkeit, die an uns offenbar werden soll.» Ein starkes Wort, diese unvermittelte Behauptung, die Leiden in der Welt seien nichts. Es muss über eine hohe Mauer tragen. Jesus aber wäre weder der Leichtsinnige noch der Zensor, sondern der, dem alle ansehen, dass er den Sprung kann.

10 Vgl. Michael Rißmann, *Hitlers Gott.* Vorsehungsglaube und Sendungsbewußtsein des deutschen Diktators, Zürich/München 2001, 29–31.

ceterum censeo. Mit dem Vorwurf Feyerabends ist an Jesus nichts zu gewinnen, was ihn näher brächte, wenigstens verständlicher machte. Die Erfahrung, dass wir alle, die Menschen in dieser Welt, samt der alphabetischen Ausrüstung, in der wir stecken, in den Wirbel der Deutungen und der Lesarten geworfen sind, ist ziemlich alt. Es mag eine Ermüdung an den Buchstaben im Spiel sein, wenn die Träume von der Eindeutigkeit so leicht entstehen, als hätte Jesus den absoluten Text gebracht, an den keine Arbeit mehr verschwendet werden muss. Aber man hat nicht den Eindruck, dass er mit dem fertigen Wort gekommen ist. Der Logos im weiten Land der Sprache hat um seinen Sinn zu kämpfen, im betäubenden Wirbel der Bedeutungen. Die Enttäuschungen Jesu bestehen meistens in der Frustration, dass ihn seine Freunde nicht verstehen. Er lockt seine Freunde nicht weg aus der vielstimmigen Sprachsituation. Vielmehr will er helfen, sich darin zu bewähren. Mir scheint, man könnte in den Evangelien lesen, dass für den Propheten aus Nazaret drei Dinge besser sind als alle Missbrauchsverordnungen, nämlich *verstehen, übersetzen* und *Differenzen lebend aushalten.*

Jesus, der verschwindende Sohn

Das trinitarische Spiel spielen im christlichen Himmel nicht wie in der griechischen Szene der olympische Herr und eine der Gottfrauen, sondern der biblische Gott-Vater und der Gott-Sohn und als Medium ihrer Verbindung der Geist. Der Unterschied zwischen den göttlichen Wesen kann alle Vorstellung übertrumpfen, sodass man bald nicht mehr weiss, wovon die Rede ist, ob überhaupt etwas Denkbares vorliegt. Die Gestalten bewegen sich jedenfalls, in symbolischer Weise verändern sie ihren Ort. Die Worte Vater – Sohn – Geist nennen eine personale Struktur. Joseph Ratzinger beschreibt in seiner vorpäpstlichen Phase dieses Personenspiel so: Der Sohn ist als Sohn, und soweit er der Sohn ist, ganz und gar nicht aus sich und so eben ganz eins mit dem Vater. Da er nichts neben ihm ist, nichts Eigenes behauptet, das nur er wäre, nichts nur ihm Gehörendes dem Vater entgegenstellt, keinen Vorbehaltsraum des bloss Eigenen behält, darum ist er ganz dem Vater gleich. Die Logik ist zwingend: Wenn es nichts gibt, worin er bloss Er ist, kein abgegrenztes Privatim, dann fällt er mit jenem zusammen, ist ‹eins› mit ihm. Gerade diese Totalität des Ineinander will das Wort ‹Sohn› ausdrücken. ‹Sohn› bedeutet für Johannes das Sein-vom-andern her.»[11]

Sie werden fragen, was denn sonderbar sein soll an diesem Jesus-Sohn? Wird er nicht beschrieben im hohen Pathos der Beziehungssprache, über die hinaus

11 Joseph Ratzinger, *Einführung in das Christentum*, München 1968 u. ö., 146.

es nichts Theologiewürdigeres geben kann? Es ist gerade dieses eminente Beziehungswort *Sohn*, an dem das Problem entsteht. Ratzinger legt den Lesern seines Buches nahe, das Ensemble der Beziehungskategorien für die Lösung des Problems zu halten, wie denn der Sohn als höchst eigenartige Wirklichkeit zugleich der völlige Niemand sein kann. Aber er bietet wohl nicht die Lösung, sondern eher die Aporie. Denn was immer die beiden Grössen – Vater und Sohn – miteinander anstellen mögen, lieben können sie sich wohl nicht, denn in diesem Ineinsfall muss die Liebe unmöglich werden. Der Ort und die Bedingung ihres Geschehens ist die Differenz, die reale Zwei. Ratzinger billigt dem Sohn nicht zu, zum Vater hin ein wirkliches Gegenüber zu sein, das schenken, sich geben kann. Wenn in dieser Form von Liebe gesprochen werden soll, kann sie nichts anderes sein als die Selbstliebe des Vaters. Also ein anderes Wort für die theologische Prägung: *Deus Pater id est fons et origo totius deitatis* = Gott Vater, das heisst: Quelle und Ursprung der ganzen Gottheit, also: das höchst positive Selbstverhältnis des Urgrundes aller Dinge. In dieser enteignenden Zuordnung verschwindet Jesus im Vater. Wer soll er denn nun sein? Die eigene Spontaneität fehlt ihm. In der ewigen Zeugung des Sohnes durch die ewige Potenz des Vaters entsteht nichts eigenes Anderes, es geschieht keine wirkliche Übereignung. Der Vater lässt es nicht zu einem realen Gegenüber kommen, sondern behält den Sohn ganz und gar für sich, der Sohn wird nie in das eigene Sein entlassen. Im Blick auf die mythischen Göttergeschlechter, von denen Hesiod erzählt, könnte man sagen: Der Sohn ist ganz ungefährlich geworden, er ruht im *kolpos*, im Bauch des Vaters. Wie im Mythos wird das zweite, das jüngere Sein, das nachfolgende, möglicherweise konkurrierende Sohn-Sein im ersten, älteren Vater-Sein versenkt, verschlossen, aufbewahrt. Was tut aber ein wahrer Vater? Er löst die Zündung des Samens aus. Er bewacht vom ersten Augenblick an das Wachstum dieses anderen Lebens, das nicht er ist, er freut sich, wenn dieses andere in sich stark wird, ein Jemand, ein Eigener. Im Gegenüber zu diesem Anderen lebt er. Das Gegenüber ist aber immer ein Draussen, der Vater hütet sich, den Sohn zurückzubinden, gerade die unterscheidende Andersheit ist es, an der sich seine Zeugungskraft erweist. Nirgendwo kann das stärker der Fall sein als in den göttlichen Verhältnissen. Der Sohn wird wohl mehr sein als ein flüchtig geatmeter Schatten im Vater.

ceterum censeo. Muss der Gedanke des Einen und Einzigen der alles überbietende und bestimmende Spitzenwert sein? Ist der logische Triumph dieser Idee unausweichlich, weil damit die Wahrheit des Göttlichen auf dem Spiel steht?

Genügt der Hinweis auf die Macht der Logik, die das monotheistische Konzept erzwingt, sodass man sich ganz auf diese Wirkung verlassen kann?

In der Taufszene am Jordan ist zu hören, dass dem Messias recht wenig Zeit gegeben wird für seine Arbeit; ein Minimum nur, um aufwecken, den Alarm hörbar machen und den grossen Trost ansagen zu können. Von Jesus geht ein starker Impuls aus, den Namen hochzuhalten, das ewige Signal der dreifach ineinanderschlagenden Flamme des Seins.

Daher die Vermutung: Vielleicht könnte man die drei Konzepte Polytheismus – Trinitarismus – Monotheismus als elementare, nicht mehr überbietbare Formen des Gott-Seins betrachten, im gehörigen Respekt vor dem Mysterium der Gottheit. Weil es wohl notwendiger ist, zu erkennen, dass das höhere, tragende Sein in allem atmet, als alle zwei Jahre eine fertige Trinitätskonstruktion zu liefern. Die Aporie des trinitarischen Seins ist in der vorläufigen Phase der Gotteserfahrung nicht in die endgütige Formel aufzulösen. Das wird mit dem Eingang in das Reich Gottes möglich sein. Aus diesem Grund ist jeder Vorgriff auf das Kommende, jede gewaltsame Herstellung des Kommenden nicht nur unmöglich, sondern durchaus unsittlich, unfromm, blasphemisch. Es könnte sein, dass das Verschwinden des Sohnes im Vater verbunden ist mit seinem Geliefertwerden.

Im Verlauf der globalen Religionsgeschichte hat sich im Brennpunkt der Gottesfrage das Verhältnis von Götter-Vätern und Götter-Söhnen verschieden gestaltet. Der altgriechische Rhapsode Hesiod hat das eindrucksvoll in seinen Mythen besungen. Mir scheint, dass das christliche Schema der Dreieinigkeit in diese Tradition gehört. Es ist keine total neue Erfindung der theologischen Kirchenväter, sondern die erfolgreiche Variation einer Formel, die schon längst in Bewegung war, als Freundschaft, Rivalität, Liebe, als Hierarchie. In der christlichen Bibel ist der Vater-Gott ewiger Ursprung alles göttlichen Seins. Dieses Verhältnis kann nicht umgedreht werden, es prägt das Leben der Religion fundamental. Die christliche Sicht des Göttlichen bringt einerseits den Sohn auf die gleiche Höhe, wie sie der Vater innehat (*homousios*), andererseits bleibt er dem Primat des Vaters untergeben. Diese Operation im Gottes-Konzept wurde durch das Konzil von Nikaia (325) in einem ersten Schritt durchgeführt. Gleichheit in der Ungleichheit sollte es sein und damit die Voraussetzung geschaffen werden, dass der göttliche Unterschied nicht in die Schlacht der Generationen ausartet, sondern im Modus des Seinsfriedens, in vollkommener Übereinstimmung gelebt werden kann.

Es könnte auch sein, dass die Vater-Sohn Formel von Nikaia nach dem Muster der alten Zeit entworfen wurde. Dieses räumt doch ebenfalls dem Vater, dem Sultan, dem Pharao den ersten Platz ein und garantiert dem Sohn einen Status der Wesensgleichheit, weil dieser selbstverständlich, quasi natürlicherweise in seinen Rang gehört.

In dieser vierfältigen Perspektive erscheint Jesus. Er gibt sich nicht fraglos preis, er will erkannt und verstanden werden, auch wenn sein Wort unseren Widerstand provoziert.

Totenerweckungen und Heilungen Jesu: Theologische Ärgernisse im Spiegel der Literatur

Volker Garske

«Die Hälfte deiner Aufgabe ist erfüllt, Iwan, und bewältigt: du liebst das Leben. Jetzt musst du dich bemühen, auch die zweite Hälfte zu vollbringen, dann bist du gerettet.»

«[...] Worin besteht sie denn, diese zweite Hälfte?»

«Darin, dass du deine Toten auferwecken musst, die in Wirklichkeit vielleicht niemals gestorben sind.»

Aljoscha und Iwan aus: Fjodor Dostojewskij, Die Brüder Karamasow. Roman (1879/80)

1 Zum Stand der exegetischen Forschung zur Auferweckung der Tochter des Jaïrus (Mk 5,21–24.35–43) und des Jünglings von Naïn (Lk 7,11–17)

Die aktuelle historisch-kritische Exegese misst den neutestamentlichen Totenerweckungen keinen historischen Wert bei. Sie sind aus nachösterlicher Perspektive geschrieben und unter Verwendung typischer antiker Gattungsmotive mit mythischen Zügen poetisch ausgeschmückt worden. Aufgrund konkreter Namen, Datenangaben und spezieller Motive dürfte mit einer hohen Wahrscheinlichkeit besonders für die Erzählung von der Tochter des Jaïrus (Mk 5,21–24.35–43) die These zutreffen: «Einzelne Totenerweckungen Jesu dürften auf Heilungswunder zurückgehen, die im Nachhinein gesteigert wurden.»[1] Aus der Annahme, dass zu

1 Bernd Kollmann, *Neutestamentliche Wundergeschichten*. Biblisch-theologische Zugänge und Impulse für die Praxis, Stuttgart u. a. 2002, 95; vgl. Rudolf Pesch/Reinhard Kratz, *So liest man synoptisch*. Anleitung und Kommentar zum Studium der synoptischen Evangelien, Bd. II: Wundergeschichten. Teil I: Exorzismen – Heilungen – Totenerweckungen, Frankfurt a. M. 1976, 91 ff.

«Beginn der Überlieferung [...] eine Heilungswundererzählung gestanden haben [wird], die von der Heilung der todkranken zwölfjährigen Tochter des Synagogenvorstehers Jaïrus durch Jesus zu berichten wußte»[2], ergibt sich für die Exegese diese Konsequenz: Die unter der Oberfläche der Totenerweckungen durchschimmernden Heilungen gehen – bei aller poetischen Ausschmückung – im Kern auf den historischen Jesus zurück.[3]

Die Forderung des Religionsdidaktikers lautet: Wenn an der Tatsache, dass Jesus Menschen wie die Tochter des Jaïrus und den Jüngling aus Naïn (Lk 7,11–17) geheilt hat, kaum Zweifel bestehen, muss der Religionsunterricht mit Blick auf die Forschung deutlich machen, inwieweit der Nazarener Menschen therapieren konnte. Wie hat man sich den Heilungsvorgang zu erklären, wenn es sich dabei nicht um einen magischen Zaubertrick Jesu und um eine göttliche Durchbrechung der Naturgesetze handelt, wie die historisch-kritische Exegese betont.[4] Welches realistische Krankheitsbild verbirgt sich hinter der Metaphorik der Totenerweckungen, und mit welchem Ziel und Anspruch ging Jesus gegen diese Notlagen an?

Fragt man nach der Motivation der Evangelisten, unter Rückgriff auf alttestamentliche und hellenistische Traditionen die Totenerweckungen Jesu in das Evangelium kreativ einzuflechten, so lässt sich zunächst übereinstimmend festhalten: Die Erzählungen sind zeichenhafte Glaubenszeugnisse, nach aussen und innen ausgestellte Bilder urchristlicher Predigten. Sie sind demnach Träger der Glaubensbotschaft, dass Jesus von Nazaret tatsächlich der erhoffte Messias ist, von dem man in Israel die Auferstehung der Toten erwartet hat.[5] Im Rahmen der Missionspredigt sollen die fantastisch anmutenden Bilder eines Jesus, der Tote erweckt, konkurrierende Messiasprätendenten und Wundercharismatiker aus dem Felde schlagen und Werbung für den «eigenen» Messias betreiben.

Markus beerbt wie Lukas bei der Erweckung der Jaïrus-Tochter besonders die alttestamentliche Tradition der Wunderpropheten Elija und Elischa (vgl. 1 Kön 17,17–24; 2 Kön 4,18–37). Zugleich überbietet Markus diese prophetische Linie, denn Jesus tritt an die Stelle Jahwes und ist daher «mehr als

2 Rudolf Pesch, *Das Markusevangelium*. I. Teil. Einleitung und Kommentar zu Kap. 1,1–8,26, Freiburg i. Br. u. a. [5]1989, 312.

3 Vgl. Gerd Theißen/Annette Merz, *Der historische Jesus*. Ein Lehrbuch, Göttingen [2]1997, Kap. X: Jesus als Heiler: Die Wunder Jesu.

4 Vgl. a. a. O. 281. Vgl. zur umfassenden didaktischen Erörterung Volker Garske/Ulrike Gers, *Die Tochter des Jairus (Mk 5,21–24.35–43) und Der Jüngling von Nain (Lk 7,11–17)*. Interpretationen – Unterrichtsmodell, Paderborn 2009.

5 Vgl. Kollmann (wie Anm. 1) 16 f.

ein Prophet».[6] Bei der zum lukanischen Sondergut zählenden Auferweckung des Jünglings misst Lukas, der im stärker hellenistisch geprägten Milieu schreibt, seinen Jesus nicht nur mit diesen Propheten, sondern darüber hinaus und unausgesprochen mit hellenistischen Gottheiten und göttlichen Menschen. Die literarische Welt der Hellenen kannte Erzählungen von heilenden Göttern und Gottmenschen wie Serapis und Asklepios. Markus und Lukas «wollen zum Glauben an Jesus animieren und bedienen sich einer in der antiken Welt üblichen Form der Werbung»[7].

Natürlich mag es bisweilen legitim sein, die redaktionelle Tätigkeit der Evangelisten zu untersuchen und durch einen Vergleich etwa mit der Elija-Erzählung das spezifische Überbietungsschema zu eruieren. So liesse sich die urchristliche Glaubenspropaganda unter historischen Gesichtspunkten erarbeiten. Für eine anthropologisch gewendete Theologie und eine entsprechende Korrelationsdidaktik greift dieser historisierende Ansatz, den Manipulationen von christologischen und theologischen Aussagen auf die Spur zu kommen, zu kurz; die agierenden Figuren mit ihren Erfahrungen, ihrer geschlechtsspezifischen Konstellation (Vater–Tochter bei Mk bzw. Mutter–Sohn bei Lk) einschliesslich der Krankheitsbilder, die sozialen und psychologischen, also die menschlichen Seiten der Erzählung geraten kaum in den Blick.

So sehr die Erzähler Markus und Lukas im Rahmen der Missionspredigt Werbung für ihren Messias Jesus nach aussen betreiben, so sehr bemühen sie sich nach einstimmigem Urteil der Exegese auch innergemeindlich um ein nachhaltiges Glaubensangebot. Dabei spielt für die Forschung die Frage eine Rolle, wie man den «Tod» der jugendlichen Figuren zu interpretieren hat. Rationalistische Exegeten wie Paulus oder Wilcox glauben, dass es sich im Falle der Tochter des Jaïrus um einen Scheintod handelt. Der Scheintod war in der Antike ein bekanntes und von Ärzten breit erörtertes Problem.[8] Wilcox unterstellt der Tochter des Jaïrus ein Koma, Paulus eine hypnoide Starre, «wie sie bey einer Morgenländerin von zwölf Jahren in den Entwicklungsperioden leicht eintreten konnte»[9]. Eine derartige psychosomatische Reaktion wird einerseits von Exegeten wie Pesch und Kratz nicht ganz ausgeschlossen,[10] sie halten jedoch wie

6 Vgl. Pesch (wie Anm. 2), 289.

7 Kollmann (wie Anm. 1), 65. Vgl. François Bovon, *Das Evangelium nach Lukas.* 1. Teilband: Lk 1,1–9,50, Zürich 1989, 358 ff.; Pesch/Kratz (wie Anm. 1), 89 f.; Gerhard Schneider, *Das Evangelium nach Lukas.* Kapitel 1–10, Gütersloh 21984, 167 f.

8 Vgl. Kollmann (wie Anm. 1), 90.

9 Zit. nach a. a. O. 17. Vgl. a. a. O. 90.

10 Vgl. Pesch/Kratz (wie Anm. 1), 92.

Kollmann eine symbolisch-eschatologische Deutung für plausibler.[11] Da Jesus die Diagnose eines Schlafes stellt, bevor er die Kammer des Mädchens überhaupt betreten hat, dürfte mit dem Schlaf der im apokalyptisch orientierten Judentum geläufige Todesschlummer als «Wartezeit» zur Auferstehung gemeint sein.[12] Das ergibt im christologischen Rahmen des Evangeliums natürlich Sinn: Jesus besitzt schon zu Lebzeiten Macht über den Tod, weil für die Urchristen Jahwe diese Überlegenheit an Jesus zu Ostern erwies. Dieses österliche Bekenntnis «montieren» die Erzähler demonstrativ auch in ihre Wundererzählungen.

Bei den älteren psychosomatischen Erklärungsansätzen spielen immerhin das Lebensalter des Mädchens und seine Entwicklung eine Rolle für die Auslegung, dafür tritt die wichtige eschatologische Dimension zurück. Die kerygmatische Interpretation betont dagegen das Glaubensangebot für damalige und heutige Hörer/Leser: «So weist diese Geschichte energisch von sich selbst weg und fragt den Leser, ob er in seinem Sterben, wo vermutlich kein ‹Wunder› zu erleben ist, Gott den Sieg auch über seinen Tod zutraut.»[13] Diese Position wird nun wieder von anderen historisch-kritischen Exegeten hinterfragt, insofern die innergemeindliche Funktion der Erzählung mit der eschatologischen Werbung allein nicht erschöpft ist. Theißen kritisiert beispielsweise diese exegetische Engführung wie folgt: «Der Wunderglaube ist unbedingter Protest gegen konkretes menschliches Leid […] und dieser Protest kann uns heute ganz unmittelbar ansprechen. Die Exegese geht freilich meist andere Wege. Sie versteht die Wundergeschichten als Glaubensgeschichten. Ihr Skopus zielt auf Innerliches, auf den Glauben an Jesus. Die krasse Leibhaftigkeit der Wunder wird durch Hinweis auf religionsgeschichtliche Parallelen als weniger wichtig abgetan.»[14]

Ein Religionsunterricht, der Schüler im Sinne der kerygmatischen Richtung «energisch von der Geschichte wegweist» und mit den Erzählungen «lediglich» den Glauben an die Auferstehung der Toten reklamiert, reduziert die Geschichten im Sinne Theißens unverhältnismässig stark zu blossen Verkündigungstexten. Dieser Unterricht würde jene Stimmen der historisch-kritischen Exegese einfach ausblenden, die für die sozialgeschichtliche Dimension der innergemeindlichen Werbung plädieren und die «krasse Leibhaftigkeit» ihres Inhalts und damit die menschliche Seite der Wundererzählungen würdigen.

Den Urchristen galten nämlich die Totenerweckungen nicht einfach als Mut- und Trostgeschichten mit Blick auf das Jenseits. Grundsätzlich verstanden sie die Auferstehungen als symbolische Handlungsimpulse, um insbesondere

11 Vgl. Kollmann 2002 (wie Anm. 1), 90 f.

12 Vgl. Pesch/Kratz (wie Anm. 1), 92; vgl. Kollmann (wie Anm. 1), 90.

13 Eduard Schweizer, zit. nach Kollmann (wie Anm. 1), 21.

14 Gerd Theißen, zit. nach Kollmann (wie Anm. 1), 154 f.

in den unteren sozialen Schichten der diesseitigen Not entgegenzuwirken. Je nach Erzählung und je nach Erzählstrang setzt eine solche ethische Handlungsorientierung andere Schwerpunkte: Die Geschichte vom Jüngling aus Naïn z. B. verpflichtete die Gemeindemitglieder zu einer bewussten Beschäftigung mit (offensichtlich gerade jungen) Sterbenden – und mit Witwen[15], die nach dem Tod ihrer Söhne mittellos bleiben und ein Dasein auf unterster sozialer Stufe ertragen mussten. Entscheidend ist nun aber auch, dass eine solche Erzählung bereits zu Zeiten der Urgemeinde nicht nur einer Witwe, sondern eben auch einem jungen Mann «Hoffnung auf den *Übergang von einer tödlichen Existenz in ein neues Leben*»[16] machte, insofern die Erzählung am Ende ein neues Mutter-Sohn-Verhältnis präsentiert – und das im Namen Gottes: «Diese *Theologie der Beziehung* verbindet auch die Menschen miteinander. Was Jesus mit dieser Mutter erreicht, ist eine neue, *erlöste Beziehung zwischen Eltern und Kindern* [...]»[17] Das gilt in analoger Weise für die Tochter des Jaïrus: «Wenn man weiß, wie sehr der Wortschatz der Auferstehung in der Urgemeinde für die Beschreibung der christlichen Existenz verwandt worden ist, darf man in der Jairustochter die *Erfahrung junger Christinnen* sehen [...]»[18] Wenn am Ende die Zwölfjährige als (heiratsfähiges) «Mädchen» und eben nicht mehr als «Kind» (so noch V. 39) aufsteht und umhergeht, sieht Pesch in diesem symbolischen Wechsel der Altersangabe einen Entwicklungsschritt: «Ein zwölfjähriges Mädchen, so will die begründende Altersangabe wohl sagen, kann selbständig aufstehen und umhergehen.»[19] Was im Umkehrschluss doch heissen muss, dass das Wunderbare dieser Erweckung/Heilung doch in der Entwicklung der Persönlichkeit einer jungen Frau, im hohen Mass ihrer selbstständigen Lebensführung zu finden ist – dieser Aufstand, mit Theißens Worten: dieser Protest machte sie als Identifikationsfigur für junge Christinnen so attraktiv, und diese Erfahrung eines neuen, selbstbewussten Standpunktes war es wert, im urchristlichen Existenzial der Auferstehung verdichtet zu werden.

Es geht bei den neutestamentlichen Totenerweckungen daher nicht nur um werbende Missionspredigten der Urchristen, nicht nur um antike und aktuelle kerygmatische Angebote, nicht nur um urchristliche Auseinandersetzungen mit der Synagoge, nicht allein um Fragen der Sterbebegleitung und der gerechten Altersversorgung damals wie heute. Die theologische Zumutung, Rahmenthema dieses Buches, lautet: Es geht im Namen Jesu und seines Gottes bei den

15 Vgl. Bovon (wie Anm. 7), 360

16 Ebd.; Hervorhebung durch Verf.

17 A. a. O. 366; Hervorhebung durch Verf.

18 A. a. O. 445; Hervorhebung durch Verf.

19 Pesch 1989 (wie Anm. 2), 311.

Totenerweckungen immer auch um eine neue, erlöste Beziehung zu sich selbst und zwischen Eltern und Kindern, und es geht insbesondere um eine neue, erlöste Existenz junger Menschen an der Schwelle zum Erwachsenendasein.

Die Erzählungen deuten damit an, dass die Verhältnisse vor der wunderbaren Erfahrung im Umgang mit Jesus für die Beteiligten unerlöst gewesen sein müssen und dass aufseiten des Kindes eine gewisse Unselbständigkeit vorgelegen haben muss. Beziehung und Unselbständigkeit müssen für die Kinder so belastend gewesen sein, dass darin die Ursache der Erkrankung zu suchen ist. Folgt man nun den Spuren der existenzialen und psychologischen Auslegung, gelangt man zu folgendem Fazit: Als thematischer Schwerpunkt kristallisiert sich in Mk 5 ein Vater-Tochter-Konflikt heraus, der im Kern die weibliche Sexualangst impliziert (vgl. die Sexualproblematik im ersten Teil der Schachtelperikope) und letztlich in einer Depression gipfelt. Demgegenüber erhellt die Naïn-Geschichte (Lk 7) das jungentypische Problemfeld eines von der Mutter vereinnahmten Sohnes, der als Ersatzpartner und Vaterersatz im Familienverbund so zu funktionieren hat, dass auch ihm am Ende nur die unbewusste Flucht in depressive Verhaltensmuster bleibt.[20]

Es mag den Eltern der Christenheit und den allein kerygmatisch (eventuell sogar fundamentalistisch) orientierten Theologen ein Ärgernis sein: Wenn Gott sein Volk besucht (vgl. Lk 7,16), dann tut er dies gemäss den Erzählungen von der Tochter des Jaïrus und dem Jüngling von Naïn mit dem Ziel der Lösung sehr realer Komplikationen, die zwischen einem Elternteil und dem gegengeschlechtlichen Kind und in der Psyche der Beteiligten erwachsen sind. Wird der Interpretationsakzent einzig auf den Messias als den «Herrn über Leben und Tod» gelegt, hätte die Metaphorik einer Erweckung vom «Tod» nichts mit Selbstwerdung, gelingender Kommunikation und Befreiung aus der Depression und Selbstverachtung im Kontext der Familie zu tun. Die Zumutung Jesu: Es geht ihm gemäss diesen Erzählungen um die Überwindung von Ohnmacht und Marginalisierung psychosomatisch und psychisch Verletzter auf der Basis des Wachstums eigenen Vertrauens.[21]

Korrelativ denkende und symboldidaktisch orientierte Lehrer tun also gut daran, den Schülern den Gott Jesu am Ort der Beziehung zu sich selbst und den Eltern zu erschliessen.[22] Um derartige Korrelationen von Beziehungserfahrungen

20 Vgl. Garske/Gers (wie Anm. 4), 19 ff., dort mit weiterführender Literatur.

21 Vgl. Peter Eicher, *«Dein Glaube hat dich gerettet.»* Zur Entwicklung der Selbstheilungskraft, in: Blickpunkt Ehe-, Familien- und Lebensberatung (April 2006), 11–23, 15.

22 Vgl. exemplarisch Egon Spiegel, *Bibeldidaktik im Rahmen einer Korrelativen Symboldidaktik*, in: Gerhard Hotze/Egon Spiegel (Hg.), *Verantwortete Exegese.* Hermeneutische Zugänge – exegetische Studien – systematische Reflexionen – ökumenische Perspektiven – praktische Konkretionen (FS Franz Georg Untergaßmair), Münster 2006, 541–552.

vorsichtig anzubahnen, übernehme ich aus der Literaturdidaktik einen pädagogisch sinnvollen Zwischenschritt: Anstatt direkt eigene Familienverhältnisse zu reflektieren, begeben sich die Schüler in literarische Welten, um sich dort im Schutz der Rollen und Figuren den von den Dichtern gedeuteten Motiven der Totenerweckungen anzunähern. Im Vorfeld solchen Unterrichts gehe ich daher der Frage nach, wie deutschsprachige Dichter von den erwähnten Totenerweckungen sprechen. Ich wähle im Folgenden Beispiele, die in der Forschungsliteratur zu den Wundern wenig bis keine Berücksichtigung fanden[23] und die auf je eigene Weise erzählen, dass und wie der Wundertäter Jesus zum Stein des Anstosses, zum Ärgernis wird: einmal spöttisch, distanziert und verzweifelt aus atheistischer Position (Georg Büchner), ein anderes Mal sozial-politisch engagiert mit den Augen eines gläubigen Kirchenkritikers (Heinrich Böll), dann mit Gewinn für die eigene Seele aus der Perspektive einer tiefenpsychologisch orientierten Poetologie (Patrick Roth), und schliesslich eher resigniert und ratlos aus dem Blickwinkel einer sich der Kirche abwendenden Katholikin (Ulla Hahn).

2 Neutestamentliche Totenerweckungen und Heilungen im Spiegel der Dichtung

2.1 Georg Büchner: Lenz (1839)

1835/36 arbeitet der Vormärz-Dichter Georg Büchner (1813–1837) in Straßburg an der Novelle «Lenz». Büchner beschreibt darin einen Aufenthalt des Sturm-und-Drang-Dichters Jakob Michael Reinhold Lenz in den Vogesen bei einem befreundeten Pfarrer mit Namen Oberlin.[24] Lenz ist erkrankt, die Novelle spricht vom «Wahnsinn», nach damaligem Vokabular der Medizin war es eine «Melancholie», die Sekundärliteratur attestiert Lenz aus heutiger Sicht eine Mischung aus Depression und Schizophrenie. Die Initialzündung für diese Prosa dürfte jedoch einige Jahre früher erfolgt sein. Bereits 1831 bis 1833 kommt der Medizinstudent Büchner in Straßburg in Kontakt mit den Brüdern Stoeber, deren Familie ihm einen Bericht über Lenz zukommen lässt.

Dieses Material über den erkrankten Lenz stammt ursprünglich vom Pfarrer Oberlin, Lenz' Gastgeber aus den Vogesen. Es dürfte der Eckpfeiler des Prosagebäudes gewesen sein. Oberlin glaubte wie sein in der Lektüre ebenfalls

23 Vgl. Hans-Rüdiger SCHWAB, *«Herr, wir konzipieren zu materiell» – Das religiöse Wunder*, in: Heinrich SCHMIDINGER (Hg.), *Die Bibel in der deutschsprachigen Literatur des 20. Jahrhunderts*. Bd. 1: Formen und Motive, Mainz 1999, 478–509.

24 Vgl. zum Folgenden Gerhard SCHAUB, *Georg Büchner. Lenz*. Erläuterungen und Dokumente, Stuttgart ^{2}1991.

genannter Freund Lavater an übernatürliche Offenbarungen und an die entsprechende eigene Möglichkeit, im wörtlichen Sinne Tote zum Leben zu erwecken. Büchner lagen Dokumente vor, nach denen der in der Bergwelt zum Wundertäter stilisierte Oberlin erfrorene und ertrunkene Mädchen zum Leben erweckt haben soll. Oberlin selbst nahm an, dass die Totenerweckung durch Massage und künstliche Beatmung zu erfolgen habe. Lavater glaubte eher an die magische Kraft der Gebete.[25]

Aus dem Oberlin-Bericht geht des Weiteren hervor, was Büchner später in seine Novelle montiert: Lenz bricht gegen väterlichen Wunsch sein Theologiestudium ab, die darauf einsetzenden Schuldkomplexe haben nach Auskunft der Literaturwissenschaft ohne Zweifel Auswirkungen auf seinen Gesundheitszustand. Lenz flieht vor väterlichen Ansprüchen, der Leistungsgesellschaft, des bürgerlichen Lust- und Triebverzichts ins Gebirge; im Gepäck auch eine unerfüllt gebliebene Liebe zu Friederike Brion, der ehemaligen Geliebten Goethes. Auch der durch die Zurückweisung verursachte Minderwertigkeitskomplex spielt eine wichtige Rolle unter den Ursachen und Anlässen der Depression.[26]

Büchner reflektiert und kritisiert nun das ihm historisch durch Pfarrer Oberlin vorgegebene Wunderverständnis. Mit «blasphemische[r] Brisanz»[27] lässt er seine literarische Figur des Lenz eine Totenerweckung praktizieren. Lenz' Erinnerung an die versagte Liebe und aufkommende religiöse Zweifel gehen dabei Hand in Hand:

> «Dann flehte er, Gott möge ein Zeichen an ihm tun; dann wühlte er in sich, fastete, lag träumend am Boden.
>
> Am 3. Hornung [Februar] hörte er, ein Kind in Fouday sei gestorben, das Friederike hieß; er fasste es auf wie eine fixe Idee. Er zog sich in sein Zimmer und fastete einen Tag. Am 4. trat er plötzlich ins Zimmer zu Madame Oberlin; er hatte sich das Gesicht mit Asche beschmiert und forderte einen alten Sack. Sie erschrak; man gab ihm, was er verlangte. Er wickelte den Sack um sich, wie ein Büßender, und schlug den Weg nach Fouday ein. Die Leute im Tale waren ihn schon gewohnt; man erzählte sich allerlei Seltsames von ihm. Er kam ins Haus, wo das Kind lag. Die Leute gingen gleichgültig ihrem Geschäfte nach; man wies ihm eine Kammer; das Kind lag im Hemde auf Stroh, auf einem Holztisch.
>
> Lenz schauderte, wie er die kalten Glieder berührte und die halbgeöffneten gläsernen Augen sah. Das Kind kam ihm so verlassen vor und er

25 Vgl. a. a. O. 38.

26 Vgl. a. a. O. 36 ff.

27 A. a. O. 45.

sich so allein und einsam. Er warf sich über die Leiche nieder. Der Tod erschreckte ihn, ein heftiger Schmerz fasste ihn an: diese Züge, dieses stille Gesicht sollte verwesen – er warf sich nieder; er betete mit allem Jammer der Verzweiflung, dass Gott ein Zeichen an ihm tue und das Kind beleben möge, wie er schwach und unglücklich sei; dann sank er ganz in sich und wühlte all seinen Willen auf einen Punkt. So saß er lange starr. Dann erhob er sich und fasste die Hände des Kindes und sprach laut und fest: ‹Stehe auf und wandle!› Aber die Wände hallten ihm nüchtern den Ton nach, dass es zu spotten schien, und die Leiche blieb kalt. Da stürzte er halb wahnsinnig nieder; dann jagte es ihn auf, hinaus ins Gebirg.

Wolken zogen rasch über den Mond; bald alles im Finstern, bald zeigten sie die nebelhaft verschwindende Landschaft im Mondschein. Er rannte auf und ab. In seiner Brust war ein Triumphgesang der Hölle. Der Wind klang wie ein Titanenlied. Es war ihm, als könnte er eine ungeheure Faust hinauf in den Himmel ballen und Gott herbeireißen und zwischen seinen Wolken schleifen; als könnte er die Welt mit den Zähnen zermalmen und sie dem Schöpfer ins Gesicht speien; er schwur, er lästerte. So kam er auf die Höhe des Gebirges, und das ungewisse Licht dehnte sich hinunter, wo die weißen Steinmassen lagen, und der Himmel war ein dummes blaues Aug, und der Mond stand ganz lächerlich drin, einfältig. Lenz musste laut lachen, und mit dem Lachen griff der Atheismus in ihn und fasste ihn ganz sicher und ruhig und fest. Er wusste nicht mehr, was ihn vorhin so bewegt hatte, es fror ihn; er dachte, er wolle jetzt zu Bette gehn, und er ging kalt und unerschütterlich durch das unheimliche Dunkel – es war ihm alles leer und hohl, er musste laufen und ging zu Bette.»[28]

Die Literaturwissenschaft kommentiert diese Passage aus gutem Grund unter Hinweis auf Jesu Totenerweckungen nach Mk 5, Lk 7 und Joh 11.[29] Wie lässt Büchner hier seinen Anti-Helden vorgehen? Zunächst ist wichtig: Das tote Kind heisst Friederike, sodass man in der verzweifelten Tat Lenz' den Versuch erkennen kann, «die einstige Seligkeit mit der lebenden Friederike wieder vom Tode zu erwecken»[30]. In der Verzweiflung und Trauer über den endgültigen Tod des Mädchens spiegelt sich – vielleicht unbewusst für Lenz – das unwiderrufliche Ende der Beziehung. Darüber hinaus verweist die Texterläuterung auf die Pro-

28 Georg Büchner, *Lenz. Der Hessische Landbote,* zit. Ausgabe: Stuttgart 1991 (¹1839), 23 ff.

29 Vgl. Schaub (wie Anm. 24), 45.

30 Reinhold Grimm, zit. nach Schaub (wie Anm. 29).

phetenbücher Jona und Daniel, um die Büssergeste Lenz' zu deuten. Tatsächlich zählen das von Lenz vehement eingeforderte Zeichen, das Fasten und das In-Sack-und-Asche-Gehen, zu alttestamentlichen Textmotiven rund um den Themenkomplex der Busse. Es fehlt jedoch in den beiden neutestamentlichen Totenerweckungen.

Was der literaturwissenschaftliche Kommentar verschweigt: In 1 Kön 17,8–24 findet sich der eigentliche Bezugstext der neutestamentlichen Totenerweckung, zugleich eine wichtige Referenz Büchners. Elija geht auf Befehl Gottes nach Sarepta, wird dort auf wunderbare Weise von Vögeln und einer Witwe versorgt, deren Sohn wenig später so schwer erkrankt, dass die Witwe annimmt, Gott strafe sie für ihre Sünden. Elija fordert Gott (wie Lenz bei Büchner) heraus und streckt sich (wie Lenz bei Büchner) über den Leichnam, bis der Tote zum Leben erwacht (was Büchners Lenz nicht vermag). In 2 Kön 4,18–37 finden wir die – ebenfalls von der Germanistik nicht gesehene – zweite alttestamentliche Referenzstelle für Lk und Mk – und für Büchner. Dem Propheten Elischa wird in Schunem (wie dem Lenz) ein Obergemach hergerichtet. Eines Tages bringt ihm eine Magd ihren verstorbenen Sohn, dessen Geburt der Prophet einst geweissagt hatte. Er folgt der Frau ins Gemach, betet und wirft sich (wie Lenz) über das Kind, bis es (in Kontrast zu Büchners Fiktion) von den Toten aufersteht. Zudem übernimmt Büchner aus Mk 5 wörtlich Jesu Geste und den Befehl: «Steh auf!»

Büchner verquickt also alt- und neutestamentliche Motive. Das Bussmotiv ist ihm deshalb wichtig, weil Lenz sich schuldig fühlt angesichts der Enttäuschung des eigenen Vaters. Das von Gott geforderte Zeichen soll belegen, dass Gott ihm den Abbruch des Theologiestudiums und damit die Sünde gegen den Vater verziehen habe. Als das Vorgehen ohne Folgen bleibt, stürzt sich Lenz in Spott und Hohn bis hin zum bitteren Finale: Der Atheismus ergreift ihn. Übrigens bleibt diese Blasphemie für Büchner nur deshalb ohne juristische Folgen, da er die Gotteskritik mit den Worten eines Kranken formuliert. Während Büchners Verleger Gutzkow noch wegen verächtlicher Darstellung des Glaubens von der Polizei ins Gefängnis geworfen wurde, entgeht Büchner der Verhaftung.

Fazit:

- Büchner spottet mit seinem Anti-Helden über das wortwörtliche Wunderverständnis der Pfarrer Oberlin und Lavater. Wie in der kerygmatischen Deutung steht im Mittelpunkt des Wunders der Wundertäter: Er beweist bzw. bewiese mit seiner Tat die göttliche Offenbarung, die Totenerweckung ist bzw. wäre ein göttliches Zeichen.

- Wie in der kerygmatischen Deutung der Evangelien bleibt auch bei Büchner Leben und Schicksal der Verstorbenen für die vermeintlichen «Erwecker» ohne Interesse. Wer sie waren, wie sie lebten, was zu ihrer Erkrankung führen konnte, das alles bleibt ohne Belang.
- Lenz reduziert die Erweckung auf einen magischen Zaubertrick, gekoppelt an ein zweifelhaftes Gottesbild gemäss dem antiken Do-ut-des-Prinzip: Ich gebe (in Gebet und Bussgesten), damit du, Gott, mir ein Zeichen gibst.
- Als diese Rechnung nicht aufgeht, schlägt Lenz' Stimmung um und endet in atheistischem Gelächter. Jetzt werden ihm Gott und der missverstandene neutestamentliche Wundertäter Jesus zum Ärgernis. Wer sich wie Büchner als Schriftsteller dem Schicksal der Geringsten, dem Gemeinen, dem «Hundsstall»[31] verschrieben hat, wie er im Kunstgespräch zwischen Lenz und Kaufmann unmissverständlich kundgibt, dem muss das unbehandelte Leiden der Menschen zwangsläufig zum «Fels des Atheismus» werden, wie es Büchner einer Figur seines Revolutionsdramas «Dantons Tod» (1835) in den Mund legt.[32]
- Der Grund für diese atheistische Position: Jesu Totenerweckung konnte von Büchner (und in der Folge von seinem Anti-Helden Lenz) kaum als dichterisch ausgeschmückte Heilungsgeschichte verstanden werden. Und damit bleiben für ihn auch die therapeutischen und sozialen Dimensionen der Heilungen Jesu im Kontext der Familienangelegenheiten aussen vor. Wie hätten Christen unter Berufung auf die nicht länger biblizistisch-wörtlich, sondern als komplexes Heilungsgeschehen verstandenen neutestamentlichen Totenerweckungen dazu beitragen können, dass ein Mensch wie Lenz, dessen Leben unter Schuldvorwürfen und väterlichen Ansprüchen erstickte, an Leib und Seele hätte gesunden können? Inwiefern hätte es mit Hilfe der Religion gelingen können, Lenz' Minderwertigkeitskomplex so zu brechen, dass jener selbst nach einer enttäuschten Liebe zum Leben hätte zurückfinden können? Im Bewusstsein der Selbstakzeptanz und Annahme von Gott hätte Lenz Gott nicht herausfordern und eine magische, misslingende Totenerweckung beschwören und inszenieren müssen. Man male sich nur für Sekunden aus, Lenz wäre dem Mädchen wirklich zugeneigt gewesen und hätte Interesse an Friederikes Gesundung um ihrer selbst willen bekundet, anstatt sie im Allmächtigkeitswahn als Mittel zum Zweck zu instrumenta-

31 Büchner (wie Anm. 28), 14.

32 «Merke es dir, Anaxagoras: warum leide ich? Das ist der Fels des Atheismus. Das leiseste Zucken des Schmerzes, und rege es sich nur in einem Atom, macht einen Riss in der Schöpfung von oben bis unten.» Georg Büchner, *Dantons Tod.* Ein Drama, zit. Ausgabe: Stuttgart 1991, 48 ([1]1835).

lisieren. Keine Frage, ein derartiges Bibel- und Wunderverständnis dürfte zum Stein des Anstosses werden – für konservative Eltern vom Schlage des Vaters von Lenz, der seinen Sohn zur Marionette eigener Lebensideale und zur Kompensation eigener beruflicher oder familiärer Defizite funktionalisiert. Und könnte es nicht sein, dass mit Gott auf Du und Du stehende selbsternannte Erlöser wie Oberlin ihren Ruf und ihre mächtige Stellung im Volk einbüssen müssten, wenn bekannt würde, dass die Religion mehr mit Psychologie und Familienkonflikten zu tun hat als mit Magie?

- Es bleibt theologisch problematisch, dass Büchner sowohl die alttestamentlichen Motive der Totenerweckung wörtlich begreift als auch alt- und neutestamentliche Szenen undifferenziert miteinander kombiniert. Dass allerdings Jesus gemäss unseren Erzählungen kein Gehen in Sack und Asche verlangte, dass er die gesamte Do-ut-des-Mechanik ablehnte, dass Jesus an dem Schicksal der Erkrankten und ihrem Recht auf Freiheit von Bevormundung (durchaus wie Büchner) interessiert war – von alledem erfahren wir im «Lenz» leider nichts. Notabene: Büchner interpretiert die Angabe «12-jähriges Mädchen/Kind» (Mk) und «junger Mann» (Lk) wörtlich und realisiert nicht, dass es um antike Altersangaben mit grossem Symbolwert geht. Sie weisen auf depressive Jugendliche, die unter dem Druck elterlicher Bevormundung nicht erwachsen werden können und sollen. Und so entgeht ihm für die Totenerweckungsszene exakt jene soziale und psychologische Dimension, die er im Kontext des Krankheitsbildes seines depressiven Anti-Helden feinfühlig skizzieren kann.

2.2 Heinrich Böll: Gruppenbild mit Dame (1971)

Zeit- und Ortswechsel: aus den Vogesen hinüber in die Kölner Rheinebene des Jahres 1970. Heinrich Böll (1917–1985) beginnt mit der Abfassung des Romans «Gruppenbild mit Dame», der die Grundlage für die Begründung der Verleihung des Literaturnobelpreises im Jahr 1972 schafft. Bölls Ziel: Er will die «Heiligen von der Wand holen» und «den alten Begriff der Heiligkeit fragwürdig [...] machen»[33]. Dazu setzt er bei den Evangelien an, mit dem Stammbaum Jesu beginnend: für Böll – gemessen an bürgerlicher Moral – eine Reihe unheiliger Menschen. Wie geht Böll vor? Er parodiert das formale Verfahren der katholischen Amtskirche zur Seligsprechung und legt ein säkularisiertes Seligsprechungsprotokoll vor.

33 Heinrich Böll, zit. nach Volker Garske, *Christus als Ärgernis.* Jesus von Nazareth in den Romanen Heinrich Bölls, Mainz 1998, 194.

Der Erzähler, der sich dem Leser als wissenschaftlich arbeitender Verfasser (kurz: «Verf.») vorstellt und betont, nur um der Wahrheit willen zu recherchieren, rekonstruiert aus einer Vielzahl von Berichten und Zeugenaussagen die Lebensgeschichte der Leni Pfeiffer, geborene Gruyten. Durch die Rekonstruktion des Schicksals der Frau zeichnet Böll zugleich ein Epochenbild Deutschlands von 1922 bis 1970. Leni ist zum Zeitpunkt der Recherche also Ende Vierzig. Informanten belegen, dass sie als Tochter eines unter dem NS-Regime aufgestiegenen Bauunternehmers geboren wird, in katholischen Schulen und einem klösterlichen Pensionat unter dem Einfluss einer jüdischstämmigen Nonne aufwächst, bis sie nach einer miserablen Schullaufbahn (besonders im Fach Religion) als Kontoristin arbeitet. Mit Beginn des Zweiten Weltkrieges stirbt ihre grosse, unerfüllt gebliebene Liebe, ihr Vetter Erhard, an der Front. Sie heiratet die flüchtige Bekanntschaft Alois Pfeiffer, der kurze Zeit später ebenfalls im Krieg bleibt. Besonders bedrückt sie der Tod ihrer Freundin und Lehrerin, der Nonne Rahel, die von den Schwestern im Kloster unter dem Vorwand eines Verstecks vor den Nazis isoliert worden war – eigentlich mochten die Christinnen den modernen Erziehungsstil (einschliesslich der sexuellen Aufklärung) dieser Nonne Rahel nicht.

Für unseren Kontext nun entscheidend: Leni arbeitet im Krieg in einer Kranzbinderei und lernt dort den russischen Kriegsgefangenen Boris kennen und lieben. Von ihm bekommt sie noch vor Kriegsende einen Sohn, Lev, der später bei einem Arbeitseinsatz in einer Kohlengrube stirbt. Nach dem Krieg lehnt Leni jede Integration in die Leistungsgesellschaft der Bundesrepublik ab. Die Identifikation mit dem Wirtschaftswunder bleibt aus. Stattdessen vermietet sie das Elternhaus billig an Gastarbeiter und ist von einem Türken schwanger.

Das dichte biblische Verweisungsnetz stilisiert diese im Bewusstsein der Mitmenschen meist als «Kommunistenhure» und «Türkenflittchen» verschriene Frau zu einer humanen Nachfolgerin des Nazareners. Das literaturwissenschaftliche Urteil fällt früh schon eindeutig aus: Von einer «rheinischen Madonna», einer «häretischen Marienlegende», von einer «säkularisierten Heiligenvita» und «Seligsprechung» war da die Rede, ohne jedoch Jesus von Nazaret näher in den Blick zu nehmen.[34] Das aber ist nötig, um zu begreifen, wie «häretisch» Böll tatsächlich vorgegangen ist.

Leni wurde wegen «erwiesener Unreife und Unfähigkeit, die Sakramente zu begreifen», von der Kommunion ausgeschlossen, «lebt seit dem 14. Lebensjahr

34 Vgl. Garske (wie Anm. 33), 183; dort auch mit weiterführender Literatur zum gesamten Kapitel. Die Romanzitate sind entnommen aus: Heinrich Böll, *Gruppenbild mit Dame*, Köln [14]1986.

unkirchlich dahin», «hat kein Gebetbuch und geht nicht zur Kirche» (19 f.), verweigert die Beichte. Als sie verspätet zur Kommunion gehen darf, «bekam [sie] dieses blasse, zarte, trockene, nach nichts schmeckende Ding auf die Zunge gelegt – ich war drauf und dran, es wieder auszuspucken. Und wo verflucht noch einmal blieb der Wein? Warum gab man ihn ihr nicht?» (35) Wie Leni, so vermisste auch Böll bei den Sakramenten den sinnlichen Bezug. Den aber stellt der Autor in einem ganz anderen Kontext wieder her. Wir kommen nach literaturwissenschaftlichem Urteil zum Sinnzentrum des Romans, zu der nach Zeugenaussagen so genannten «Stunde der Tasse Kaffee». Der Gärtnereibesitzer Pelzer, kein wirklich überzeugter Nazi und heimlicher Leni-Verehrer, schildert sie im Winter 1943/44 so:

> «[...] und was tut unsere Leni am ersten Tag, wo der Russe bei uns auftaucht? Sie schenkt dem Russen eine Tasse von ihrem Kaffee ein [...] und bringt sie rüber an den Tisch, wo er in den ersten Tagen mit Kremp [einem echten Nazi!] zusammen im Kranzkörperkommando arbeitete. Das war für Leni eine Selbstverständlichkeit, jemand, der weder ne Tasse noch Kaffee hatte, eine Tasse Kaffee anzubieten – aber glauben Sie, die hat geahnt, wie politisch das war?» (184)

Der Nazi Kremp erkennt die politische Dimension. Er reagiert auf diesen Akt der Humanität gegenüber diesem «Untermenschen» mit Gewalt, schlägt Leni mit seiner Beinprothese den Kaffee aus der Hand. Pelzer fährt in seinem Bericht fort:

> «Was tut sie? Sie hebt die Tasse auf [...] sie hebt sie auf, geht zum Wasserhahn, spült sie sorgfältig – es war schon provozierend, wie sorgfältig sie das tat – [...] aber sie spülte sie, als wärs ein heiliger Kelch, dann tat sie, was vollkommen überflüssig war, trocknete die Tasse auch noch sorgfältig mit einem sauberen Taschentuch ab, ging zu ihrer Kaffeekanne, schüttete die zweite Tasse, die drin war, [...] ein und bringt es seelenruhig dem Russen, ohne den Kremp auch nur anzusehen. Nicht stumm tat sies. Nein, sagte auch noch: ‹Bitte sehr.›» (185)

Typisch Böll: Er zieht aus der Messliturgie Elemente ab (hier der Eucharistie) und versetzt sie in den Alltag der Menschen, eine bewusst vom Autor vorgenommene Brechung des Liturgisch-Sakramentalen zugunsten einer – in der Forschung mittlerweile zum festen Begriff etabliert – «Sakramentalität des Alltags».[35] Damit nicht genug: Die Zeugen berichten weiter, dass diese «Darbringung» (ebenfalls ein liturgischer Begriff) der Tasse Kaffee «wie ne Spritze auf nen ausgemergelten Körper» wirkte und dass «der Boris [...] einfach zum Menschen

35 Vgl. Garske (wie Anm. 33), 87 ff.

gemacht, zum Menschen erklärt wurde» (185 f.). Menschwerdung – ein Begriff mit christologischen Wurzeln bei Böll: Jenseits der offiziellen Sakramente konnte eine Mahlzeit, eine Tasse Kaffee oder eine gemeinsam gerauchte Zigarette körperliche und psychische Genesung, Heilung, Menschwerdung bewirken. Böll sah für die heilende Kraft der humanen Gesten das Vorbild in Jesus von Nazaret. In einem Interview verweist er auf dieses konkrete Hoffnungspotenzial für alle Verzweifelten:

> «Diese Hoffnung lasse ich mir nicht nehmen. Diese Isolation, diese Verzweiflung muss doch heilbar sein, nicht durch Dogmen, nicht durch Prinzipien – und, was wichtig ist, nicht, indem man andere verletzt. Im NT steckt eine Theologie – ich wage das Wort – Zärtlichkeit, die immer heilend wirkt: durch Worte, durch Handauflegen, das man ja auch streicheln nennen kann, durch Küsse, eine gemeinsame Mahlzeit – das alles ist nach meiner Meinung total verkorkst und verkommen durch eine Verrechtlichung, man könnte wohl sagen durch das Römische, das Dogmen [...] daraus gemacht hat, Katechismen; dieses Element des NT, das zärtliche, ist noch gar nicht entdeckt worden [...] es gibt doch gewiss Menschen, die durch eine Stimme, einfach durch das Tonmaterial einer bestimmten Stimme geheilt werden können, oder durch eine gemeinsame Mahlzeit.»[36]

Neutestamentliche Heilungsgeschichten, transferiert auf Menschen, die gar nicht mehr im offiziellen Katholizismus zuhause sind, bilden die Basis der Menschwerdung in der Kommunikation zwischen der «Schlampe» Leni und einem «Untermenschen». Diese Menschwerdung hat soziale und psychologische Konsequenzen. Es entsteht fortan in der Gärtnerei eine Solidargemeinschaft, man gibt der nun kaffeelosen Leni spontan etwas vom eigenen Kaffee, der Besitzer Pelzer spuckt selbstbewusst und verächtlich vor dem Nazi aus und dokumentiert so Lenis Unterstützung. Doch Böll ist noch nicht am Ende mit dieser urchristlichen Agape. In der «Stunde der Tasse Kaffee» kommt es zu einer Totenerweckung eigener Art. Der «Verf.» bezeichnet diesen Vorgang als «Lenis Geburt oder Wiedergeburt» (188). Leni erfährt eine «Selbstfindung durch das Wagnis, dem stigmatisierten Fremden zu helfen.»[37] Das ist einerseits richtig, andererseits aber nur die halbe Wahrheit. Der «Wiedergeburt» in der «Stunde der Tasse Kaffee» geht – von Böll bewusst konstruiert – ein «Tod» voraus, genauer Lenis von Zeugen beschriebene Depression im Kontext ihrer Ehe und der vorausgegangenen unerfüllten Liebe zu Erhard.

36 Heinrich Böll, zit. nach Garske (wie Anm. 33), 91.

37 Edgar Bracht, zit. nach Garske (wie Anm. 33), 209.

Rückblick: Nachdem sich Leni dem gutaussehenden, aber wenig einfühlsamen Alois in einer Liebesnacht hingibt und anschliessend sofort seiner Verwandtschaft vorgestellt wird, kehrt sie drei Tage später zu ihrer eigenen Familie zurück: Eine Zeugin: «Da war sie also, Leni, ‹am dritten Tage wieder auferstanden›» (123) – auferstanden wovon? Das herbeigesehnte sexuelle Erlebnis war für Leni ob der ungelenken Art des Freundes eine einzige Enttäuschung (bitter ironisch verlegt es Böll ausgerechnet in einen Festungsgraben!), das patriotische und neureiche Geschwätz Alois' lässt keinen Zweifel an ihrem Fehltritt. Die «Auferstehung», das Ende der enttäuschenden Affäre also, ist allerdings nur ein Intermezzo. Nach der schnell vollzogenen Trauung zwingt Alois Leni gewaltsam zum Sex. Nach seinem, Erhards und Rahels Tod versinkt Leni 1941/42 in depressive Schweigsamkeit, Teilnahmslosigkeit und Distanziertheit, sie verzichtet auf Geselligkeit. Erst in der Begegnung mit Boris verebbt die depressive Grundstimmung, Leni blüht nach Zeugenaussagen regelrecht auf.

Die Böll'sche Konstruktion wird klar: Eine unerfüllt gebliebene Beziehung, die gefühllose Ehe und schliesslich der Verlust der Mutter und des untertauchenden kriminellen Vaters, dann das Verschwinden der Freundin – Ereignisse, die kontrastiv zum Auferstehungsbild unter der Metaphorik des Todes und Sterbens subsumiert werden. Sterben wird entschlüsselt als ein sozialer Vorgang (Mobbing, Isolation) mit psychischen Konsequenzen (Depression), dagegen avancieren die Liebe und tiefe Verbundenheit mit einem Partner zur «Auferstehung», also zu Garanten der Befreiung und Gesundung (unter Berufung auf Heilungen im Neuen Testament). Böll kommentiert solchen Sterbeprozess mitten im Leben wie folgt:

> «Sterben als Dauervorgang [...] lebend tot sein, das [...] hat mich sogar schon als Kind erschrocken gemacht. Die Angst vor fix und fertigen Menschen [...] Fertig, darin steckt nämlich auch: fertig-gemacht-werden, jemanden umbringen, sich selbst umbringen. Aber man kann sich ja auch regenerieren.»[38]

Zum Beleg für den Zusammenhang von Wiedergeburt und Heilungsgesten spielt Böll im Anschluss an die «Stunde der Tasse Kaffee» das neutestamentliche Motiv der Handauflegung gleich mehrfach ein. Zunächst wird es mit sexuell-erotischen Konnotationen aufgeladen. Leni versetzt «wie bei ner Himmelfahrt» Boris «in Glückseligkeit», «erotisch und politisch ne Kühnheit» (191). Leni und Boris werden fortan in einer Kapelle miteinander schlafen, was von Zeugen sinnreich als «Einkehrtage» umschrieben wird. Böll zum Zusammenhang von Heilung, Zärtlichkeit und Erotik:

38 Heinrich Böll, zit. nach Garske (wie Anm. 33), 68 f.

> «Ich kann mir nicht vorstellen, wie es im Bewusstsein derer aussieht, die die Menschen fröhlich auffordern, Kinder zu zeugen, und sich gleichzeitig nicht klar werden wollen, dass die Zeugung eines Kindes ohne sexuelle Erregung mindestens des Mannes gar nicht möglich ist. Ich weiß, darüber spricht man nicht, aber dann sollte man auch nicht über Liebe, Ehe, Familie sprechen, sollte sich gar nicht einmischen. Immerhin hat Christus die Menschen berührt, gestreichelt, geküsst, sie mit Speichel bestrichen: Heil und Heilung hat er gebracht. Küssen, streicheln, berühren, Speichel waren für ihn Mittel der Kommunikation.»[39]

Über Leni heisst es ganz analog sehr früh schon im Roman:

> «Wenn es um Brot oder Wein ging, um Umarmungen, Handauflegen, wenn Irdisch-Materielles im Spiel war, hatte sie keine Schwierigkeiten. Bis auf den heutigen Tag macht es ihr nicht die geringsten Schwierigkeiten, daran zu glauben, dass jemand, indem man ihn mit Speichel bestrich, geheilt werden kann. Aber wer bestrich schon jemand mit Speichel? Sie heilte nicht nur den Sowjetmenschen und ihren Sohn mit Speichel, durch bloßes Handauflegen versetzt sie den Sowjetmenschen in Glückseligkeit und beruhigte ihren Sohn. Wer aber legte schon jemand die Hand auf?» (33 f.)

Hierin versteckt sich eine emblematische Anweisung an den Leser. Was hier früh im Roman vorangestellt wird, wird später breit entfaltet: Lenis Sinn für zärtliche Gesten beispielsweise und ihr Glaube an psychosomatische Heilungen. Insofern ist diese frühe Charakterisierung ein Sinnbild für die gesamte Recherche, die der «Verfasser» (also der Erzähler im Roman) führt: Er kommt immer wieder zu diesem Ergebnis einer von Leidenschaften und Empathie geprägten Frau, die sich auf Jesus beruft.

Fazit:

- Böll beweist ein Gespür für die psychologische, existenzielle und soziale Dimension der neutestamentlichen Heilungsgesten und entspricht damit dem oben zitierten progressiven theologischen Forschungsstand. Er kombiniert die Heilungen mit dem Auferstehungsmotiv, das er, anders als Büchner, nicht wörtlich interpretiert, sondern als existenzielle Chiffre der Befreiung aus Mobbing, Isolation, Minderwertigkeit und depressiven Grundstimmungen im Familienkonflikt.

39 Ders., zit. nach Garske (wie Anm. 33), 216.

- Anders als bei Büchner verzichtet diese existenzielle Lesart auf den Spott eines Lenz, «Totenerweckung» ist hier kein magischer Moment, vielmehr ein sozialer und existenzieller Akt der Humanität. Böll interessieren die familiären Lebensumstände der Menschen, das politische, zeitgeschichtliche Kolorit, vor dessen Hintergrund «Auferstehung» geschieht. Damit hat er auch Interesse an der Frage, woran, an welchen sozial-psychologischen Mechanismen Menschen mitten im Leben, hier bei Leni mit Anfang 20, «sterben» können, ohne physisch tot zu sein. Für Böll konnte der Nazarener Menschen therapieren mittels einer Reihe von Zärtlichkeiten, Gesprächen, Mahlzeiten und besonders in der Vermittlung von religiös begründetem Selbstbewusstsein, die allesamt heilsame Rückwirkungen auf die psychische Stabilität haben.
- Insofern die «Auferstehung» Lenis konsequent diesseitig interpretiert wird, sind auch heute für Böll Therapien (bei nicht organisch bedingten Krankheitsbildern) im Sinne Jesu möglich. Durch Mobbing und andere soziale Ursachen provoziertes Leiden an depressiven Grundstimmungen aus der Perspektive der Evangelien erscheinen ihm geradezu als eine Beleidigung Gottes. Der von Büchner beschworene «Fels des Atheismus» ist für Böll kein Thema, der Heiler Jesus für ihn kein Ärgernis.
- Das Häretische an Bölls Ästhetik: Sein Humor, das «von der Gesellschaft für Abfall Erklärte in seiner Erhabenheit zu bestimmen»[40], erfüllt sich in der Romanwelt gerade unter Berufung auf das Existenzial der Auferstehung und auf Jesu Heilungen. So gelingt es ihm unter der Hand, die «unkirchlich dahinlebende» Leni, das «Türkenflittchen», in eine Reihe mit Frauen wie Tamar, Rut, Rahab oder Batseba aus dem matthäischen Stammbaum Jesu zu stellen. Böll dokumentiert damit, dass es damals wie heute ohne Menschen wie diese Frauen keine Religion im Sinne Jesu geben kann.

3 Patrick Roth: Johnny Shines oder die Wiedererweckung der Toten. Seelenrede (1993)

Der Schlüssel zum Verständnis des Romans liegt zum einen in der Gattungsbezeichnung «Seelenrede», die der Autor (geb. 1953) als programmatische Erläuterung im Untertitel vorgibt, und zum anderen im Schlusssatz, mit dem sich die Erzählerin dem Leser als Johnnys Schwester Sharon offenbart, die er in der

40 Ders., zit. nach Garske (wie Anm. 33), 73.

Kindheit getötet hatte.[41] Für viele Kritiker und auch theologisch ambitionierte Interpreten wirkte dabei irritierend, dass die Erzählerin – obgleich tot – Johnny in der Nacht zum 21.12.1992, also unmittelbar vor der Wintersonnenwende, in seiner Gefängniszelle aufsucht, ihn verhört und dem Leser die Ergebnisse in Form der «Transkription einer Gesprächsaufzeichnung»[42] übermittelt. Danach hatte man den 37-jährigen Johnny eingesperrt, da er behauptete, in der letzten Nacht eine Frau, Hallie Doniphan, getötet, zerstückelt und gegessen zu haben. In der Unterredung mit der Erzählerin erläutert Johnny die Hintergründe seiner Tat.

Er referiert, sich unter Beerdigungsgesellschaften gemischt, Särge zerhackt und den Verstorbenen (meist Frauen) unter Berufung auf Mt 10,8 befohlen zu haben, aus dem Reich der Toten aufzuerstehen. Der Mord an Hallie Doniphan, so Johnny, hatte folgende Vorgeschichte: Sie wandte sich nach der letzten erfolglosen Auferweckungsinszenierung an ihn mit der Bitte, eine seit vielen Jahren verstorbene Freundin ins Leben zurückzuholen. Johnny erzählt weiter, dass die Unterhaltung mit Hallie Doniphan ihn zu der Erkenntnis führte, dass jene Verstorbene niemand anderes gewesen sei als seine Schwester Sharon, die ja zugleich seine Interviewpartnerin in der Zelle ist. Er berichtet, wie Hallie ihn gegen seine anfänglichen Ausflüchte dazu brachte, sich der Mordnacht genau zu erinnern.

Demnach tötete der damals dreizehnjährige Johnny seine um ein Jahr jüngere Schwester Sharon in einer Nacht des Jahres 1969. Johnny, geweckt durch Geräusche im Haus, gelangt an eine nicht verschlossene Waffe seines Vaters, wird in dessen dunklem Arbeitszimmer von einer Person überrascht und erschiesst sie in Todesangst. Es ist seine Schwester. Die Eltern täuschen der Öffentlichkeit einen Raubmord vor und zwingen Johnny, über diese Tat nie wieder ein Wort zu verlieren, was dieser auch schafft – bis Hallie Doniphan an ihn herantritt. Johnny beendet seine Erinnerungen an den Doniphan-Dialog mit dem Hinweis auf sein kannibalisches Ritual. Diese Tötung parallelisiert Roth bewusst mit einer Legende, die der Vater Johnny einst, allerdings

41 Vgl. Michael Braun, *Erinnerung und Mythos in Patrick Roths Seelenrede «Johnny Shines»*, in: Michaela Kopp-Marx (Hg.), *Der lebendige Mythos*. Das Schreiben von Patrick Roth, Würzburg 2010, 113–127, 120; dort auch mit Hinweisen auf Roths literarische Vorlage der Seelenrede bei Ignatius von Loyola. Vgl. Dies., *Schuld, Erkenntnis und Erlösung – Die Geschichte des «Johnny Shines»*. Eine Tiefeninterpretation, in: a. a. O. 43–111, 52.

42 Andreas Mauz, *«Johnny Shines oder Die Wiedererweckung der Toten»*. Ein close reading, in: Georg Langenhorst (Hg.), *Patrick Roth – Erzähler zwischen Bibel und Hollywood*, Münster 2005, 89–108, 92. Mauz bietet ein gutes Beispiel, wie trotz guter Textanalyse der psychologische und theologische Kern der Sache verfehlt wird. Mauz' Verzweiflung ist förmlich mit Händen zu greifen.

nur unvollständig, über den jungen Jesus erzählte. Jesus wurde ihr gemäss von vier Königen entführt, in eine Löwengrube geworfen und dort zum Mord am jungen Judas gezwungen, um schliesslich erst wieder aus der Grube entlassen zu werden, nachdem er Judas zum Leben erweckt haben sollte. Was der Vater Johnny einst verschwieg, ergänzt nun Hallie Doniphan: Die Wiedererweckung des Judas gelang tatsächlich, allerdings erst nachdem Jesus das Herz seines getöteten Kontrahenten verspeist hatte. Dieses Finale wirkte auf Johnny insofern handlungsauslösend, als er sich in demselben Ritual an Hallie verging.

Die Erzählerin kommentiert vor dem Leser Johnnys Bericht über den bestialischen Mord an Hallie Doniphan nüchtern mit dem Hinweis auf Polizeiaussagen, wonach man weder eine Frau solchen Namens habe ausfindig machen noch ihre Leiche habe finden können. Sie betont abschliessend, dass Johnny nach seiner Freilassung plötzlich seine Erweckungsversuche bei Beerdigungen aufgegeben habe. Dafür jedoch wurde ihm ein Wunder zugeschrieben: Als im Zuge der Aufräumarbeiten nach einem Erdbeben kurz vor der Jahrtausendwende der zerstörte Sarg Sharons geborgen wird, fehlt die Leiche.

Die Erzählung liess zunächst viele Leser ratlos zurück.[43] Ihre Deutungsansätze mussten hilflos erscheinen, da sie die tiefenpsychologische Lesart, die Roth anvisiert, kaum entfalteten. Das Gespräch, das wie ein Verhör beginnt, entwickelt sich nämlich dank dem «großem therapeutischen Geschick»[44] der Erzählerin Sharon zu einem «sokratisch-mäeutische[n] Selbstgespräch»[45].

Die Prämisse dieser tiefenpsychologischen Deutung lautet, dass das *gesamte* erzählte Geschehen eine intrapsychische Dimension erhält.[46] Alle äusseren Ereignisse sind symbolisch als Handlungsmotive eines inneren «Bühnenstückes» ein und derselben Person zu deuten. Auf dieser «Subjektstufe» der Interpretation werden auch die Figuren nicht als real zu unterscheidende Gestalten bewertet, ihre Charaktere und Beziehungen beschreiben vielmehr den innerseelischen konflikthaften, aber am Ende heilsamen Prozess der Individuation.[47] Im Idealfall vernimmt der Mensch gerade in einer Krise das Unbewusste, das

43 Vgl. Georg Langenhorst, *Johnny Shines.* Hinführung, in: ders. (wie Anm. 42), 82–84. Vgl. dagegen den treffenden Ansatz von Schwab (wie Anm. 23), 508, und die tiefenpsychologisch ausgezeichnete Interpretation von Kopp-Marx (wie Anm. 41), auf die ich mich im Folgenden besonders stütze.

44 Mauz (wie Anm. 42), 97.

45 Braun (wie Anm. 41), 127.

46 Vgl. Kopp-Marx (wie Anm. 41), 80. Vgl. Patrick Roth, *Ins Tal der Schatten.* Frankfurter Poetikvorlesungen, Frankfurt a. M. 2002. Vgl. zum Folgenden auch Siegfried Elhardt, *Tiefenpsychologie.* Eine Einführung, Stuttgart [16]2006.

47 Vgl. Kopp-Marx (wie Anm. 41), 51.58.

ihm helfen möchte, ihn bei der Entfaltung einer ganzheitlich ausgerichteten, authentisch-integren Persönlichkeit zu unterstützen. Das Unbewusste nutzt für seine Botschaften häufig archetypische Traumbilder, die dem Betroffenen Defizite und Entfremdungen anzeigen und schliesslich zur Neuausrichtung des Lebens anleiten sollen. Häufig verdrängen Menschen aus Angst vor dem Neuen die Signale des Unbewussten, die sich in Träumen, Gebeten, Meditationen, psychosomatischen Krankheitsbildern und auch psychoanalytischen Gesprächen mitteilen. Dabei kann es passieren, dass ängstlich verleugnete, negativ bewertete Persönlichkeitsanteile (der so genannte Schatten) auf Dritte projiziert und an ihnen bekämpft werden. Erkennt und versteht man aber den eigenen Schatten im anderen, akzeptiert man die Anstösse des Unbewussten zur Wandlung und greift sie produktiv auf, kommt man seinem Selbst immer näher. In religiös untermalten Erzählungen wie den Mythen kann der Leser diese Annäherung an das Selbst als von Gott geschenkte Wiedergeburt deuten: Selbstwerdung und Gottesoffenbarung sind wie die zwei Seiten derselben Medaille.

Johnny repräsentiert unser Ich, jenen seelischen Anteil, der quälende Schuldgefühle (ausgelöst durch den Mord an seiner Schwester) aus dem Bewusstsein verdrängt und durch eine aggressive Projektion auf äussere Objekte kompensiert (vgl. das Zerhacken der Särge von ihm nicht nahestehenden Toten, die von unbekannten Beerdigungsgesellschaften betrauert werden). Nicht ohne unterschwelligen Vorwurf durchbricht Johnny das Trauer- und Abschiedszeremoniell, um mit dieser Inszenierung von dem abzulenken, was seine eigentliche psychische Aufgabe wäre. Beides, Verdrängung und Selbstwerdung, bezieht Roth auf das ambivalente Bild der «Totenerweckung»: «Er glaubt, er muss draußen auferwecken, und findet erst ganz spät heraus, dass das Auferwecken eine Sache ist, die sich innen abspielen muss.» Statt theatralisch unter Berufung auf Mt 10,8 und den Propheten Elischa (147) Särge aufzubrechen, im übertragenen Sinn also in religiöser Hybris die Welt erlösen zu wollen, muss Johnny nach Roth lernen, «innen sich aufzubrechen».[48] Wie ist das gemeint?

Johnnys Obsession dient der Kompensation von Minderwertigkeit und Selbstablehnung: Er sucht sich unbewusst Verstorbene, die an seine eigene Lebensgeschichte oder an seinen Charakter erinnern. Hallie macht Johnny das heimliche Ziel seines blinden Aktionismus klar: «[…] und wür-

48 Patrick Roth, zit. nach Wilfried Köpke, *Literarische Erweckungsversuche*, in: Langenhorst (wie Anm. 42), 85–88, 87.

dest endlich geliebt sein, über alles geliebt.»[49] Sie durchschaut Johnnys Allmachts- und Retterfantasie als Ausdruck mangelnder Selbstachtung. Johnny glaubt fest an eine biblisch legitimierte Erwählung. Doch Hallie lässt keinen Zweifel an der Aussichtslosigkeit dieses Prädestinationswahns: «Das ist es ja. Es rührt sich nichts. Du musst das alles aufgeben. [...] Du gehst falsch vor.» (94)

Dem wahnhaften Streben nach äusserer Anerkennung und einem Gottesbeweis wohnt die Angst vor dem eigenen physischen Tod inne, wie Hallie mit einer rhetorischen Frage offen legt: «Ist dein Wiedererwecken nichts als die Angst vor dem Tod?» (98) Sie entsteht in jenem Moment, als er den Kontakt zum unbewussten weiblichen Anteil, der Anima (Sharon), abbricht und nachfolgend die Aussöhnung mit seinem Schatten (dem Mord) verweigert.[50] Beides ist jedoch nur mit Hilfe einer ehrlichen und schmerzhaften Erinnerung (Hallie Doniphan) an verdrängte Kindheitserlebnisse möglich. Hallie gibt die entsprechende Perspektive vor: «Ich habe ein Talent: ich kann mich an alles erinnern, und schaff auch alles aus dem Erinnern.» (117)[51] Erst die Konfrontation also mit dem eigenen ungeliebten Schatten und die Annahme der bis dato negierten Anima decken unheilvolle Lebensmuster auf und führen am Ende dazu, dass Johnny an «Beerdigungen» vorbeigehen kann, ohne «auferwecken» zu wollen. Im übertragenen Sinn: Er benötigt den alten Erwählungsgedanken und das narzisstisch gepflegte Prestige nicht länger[52], ist innerlich gereift und – in religiöser

49 Patrick ROTH, *Johnny Shines oder die Wiedererweckung der Toten*. Seelenrede, Frankfurt a. M. 1993, 94. Der zweite angeführte Grund liegt auf derselben Ebene: Kurz vor dem Mord entdeckt Johnny Tagebuchnotizen seines Vaters über das Ende des Zweiten Weltkrieges, da er als Militärpfarrer in Deutschland mit dem Schicksal der KZ-Häftlinge konfrontiert wurde. Der Anblick der Leichen lässt ihn an Gott zweifeln, sodass Johnny in Gedanken alle Toten auferweckt, «als würdest du dem Vater selbst den Retter spielen wollen, Tröster, Helfer. Dem Vater nicht nur – allen Menschen.» (134). Psychologisch handelt es sich um eine Vater-Imago, um die Übernahme eines Traumas, das das Theodizeeproblem enthält und das Johnny mit religiösen Allmachtsfantasien überdeckt: Er will Gott nötigen, sich ihm verständlich zu offenbaren.

50 Vgl. KOPP-MARX (wie Anm. 41), 69. Vgl. zur schillernd-ironischen Symbolik des aus der Landschaft Israels abgeleiteten Namens «Sharon»: BRAUN (wie Anm. 41), 124 f. Der Name erinnert an das Wirkungsgebiet des Propheten Elischa, an dessen erfolgreicher Totenerweckung sich Johnny lange Zeit abarbeitet, da er Elischas Wunder wörtlich versteht und daher nicht imitieren kann.

51 Zeichensetzung gemäss Original.

52 Vgl. den sprechenden Namen Shines. Indem Selbstwerdung und Gottesoffenbarung eins sind, erhält der Aaronsegen (Num 6,22 ff.), den Roth in die Beerdigungsliturgie montiert, tiefsten Sinn: «The Lord bless him and keep him [...] the Lord make his face to shine upon him» (64): Johnny hat am Ende seinen Schatten integriert; zur Ambivalenz des Namens, der sowohl an das

Metaphorik gesprochen – auferstanden. Im Akt des Erzählens in Form eines Selbstgesprächs gibt sich Johnny selbst über diese Wandlung Rechenschaft. Nun muss geklärt werden, worin die Reifung seiner Person genau besteht.

Die Abspaltung der Anima (Mord an der Schwester) geht auf die strikte und unhinterfragte Befolgung von Befehlen des Überichs zurück (Johnnys Eltern). Die Eltern verheimlichten, vertuschten die Tat, und besonders die Mutter setzte Johnny unter Druck: «Weißt du, wie dich die Menschen sehen werden von heut an, wenn du etwas sagst?» (142) Sie symbolisieren somit jenen normierenden, kontrollierenden und äusserst klug und rigide vorgehenden Teil in uns, der auf Öffentlichkeitswirkung bedacht ist und daher unsere unangenehmen, sowohl aggressiven als auch «weiblichen» Seiten am liebsten ausblenden möchte. Wir hören die Überich-Stimmen der Moral, die uns Schuldgefühle machen und vor uns drohend ausmalen, was passiert, «wenn das rauskommt». Johnny bekennt freimütig: «[…] weggeschlossen hab ich, was wegzuschließen war […] ausgelöscht.» (142) Dabei gelingt Individuation nur, wenn gerade diese Totalidentifikation mit den Inhalten des Überichs hinterfragt und relativiert wird. Johnny muss daher mit Hallie alle Details der Mordnacht durchgehen. Sie macht ihm Mut: «Du wirst jedes Detail, denke ich mir, gebrauchen können, wenn du sie wieder lebendig machen willst.» (100)

Ihm wird auf diesem Wege bewusst, dass er unwillkürlich in jener Nacht «nur beschützen wollte, was jetzt gestohlen war» (143). Johnny spielt auf die hohe Geldsumme an, die sich in der Mordnacht im Haus befand. Sein Vater, der Gemeindepfarrer, liess das Geld zum Wiederaufbau der Kirche sammeln, die sein Sohn versehentlich in Brand steckte, was wiederum nur seine Schwester wusste, die ihn aus der brennenden Kirche kommen sah. Hallie führt Johnny folglich zu der Einsicht, dass er aufgrund eines unrealistischen Schuldkomplexes und aus überzogener Verantwortung heraus so nervös und unvorsichtig reagierte, als er die ihm unbekannte Person erschoss. Er wollte lediglich das Geld für die Kirche beschützen. Das erklärt auch, warum Johnny kurz vor dem Mord in Gedanken alle KZ-Häftlinge erwecken möchte. Er will wiedergutmachen, was er sich an vermeintlicher Schuld (Gott und dem Vater gegenüber) aufgeladen hat. Dabei wird auch sein Beitrag am Kirchenbrand im Zuge der Erinnerung relativiert: Johnny wollte von seinem Vater wissen, wie man Gott hören könne, und folgte vergeblich dem Rat zum Gebet. Der Vater macht den Sohn daraufhin für den

---

Leuchten (engl.: *to shine*) als auch an den Schatten (gr.: *shias*) erinnert: vgl. Kopp-Marx (wie Anm. 41), 85. Vgl. zur analogen Namenssymbolik «Hallie Doniphan» (lat.: *donum* = Geschenk; gr.: *phainesthai* = erscheinen): Gerhard Kaiser, *Resurrection*. Die Christus-Trilogie von Patrick Roth. Der Mörder wird der Erlöser sein, Tübingen 2008, 50. Vgl. auch Kopp-Marx (wie Anm. 41), 63.

misslungenen Versuch verantwortlich: «Wenn du IHN nicht hörst, ist es, weil du dich von anderen Dingen ablenken lässt.» (117). Daraufhin unternimmt Johnny den verhängnisvollen Versuch, Wachs von einer hohen Kerze am Altar zu gewinnen, um sich die Ohren zu verstopfen. Da er zusätzlich noch die Augen schliesst, kann er jedoch den versehentlich bei dieser Aktion ausgelösten Brand erst viel zu spät bemerken. So empfindet er den Brand als Strafe Gottes für seinen Wissensdrang. Erst die Erinnerung an die Brandnacht macht ihm das Furcht erregende Gottesbild seiner Kinderzeit bewusst, das durch den Vater vermittelt wurde. Es kann nun im Prozess der Bewusstwerdung revidiert werden. Das Fazit dieser «Nachtmeerfahrt»[53] ist eindeutig: Johnny handelte stets in bester Absicht, wenn er das Gefühl, unvollkommen zu sein, kompensieren wollte. Konnte er den im Mund des Vaters so oft geführten Gott nicht wahrnehmen, musste es wohl an ihm selbst liegen – also galt es, sich etwas einfallen zu lassen (Wachsmotiv), bis diese Anstrengung im Fiasko endete (Brand) – was wiederum Vorwürfe erzeugte (Rache Gottes), denen er erneut durch besondere Vorsicht entgegentrat (Verantwortung für die Geldsumme) – bis diese Massnahme im Mord endete, an dem der Vater eine gehörige Mitschuld trug, da er den Safe, in dem sich die zweite Waffe befand, nicht wieder verschloss; dieser selbst kann retrospektiv entlastet werden, da er die erste Waffe ebenfalls zum Schutz des Geldes an sich nahm. Der Mord an der Schwester bildet folglich den Kulminationspunkt, an dem die Wiedergutmachungstendenzen in religiösen Wahn umschlagen. Der Leser erkennt: Der Mord an der Schwester, die Abspaltung der Anima an der Schwelle zum Erwachsenwerden, erfolgt eher schicksalhaft-tragisch.[54] Und genau diese Einsicht, die Aussöhnung mit Schuld- und Minderwertigkeitskomplexen ist ein Ziel der Erinnerung an die «Ermordung Sharons». Wozu benötigt Roth dieses Motiv?

Sharon betritt in der Mordnacht unvorhergesehen das dunkle Zimmer – Johnny wähnte sie schlafend, auch das entlastet ihn –, um ihren kleinen Vogel zu füttern. Dieser Sperling, der aus dem Nest gefallen war und von Sharon liebevoll umsorgt wurde, ist kurzfristig schon einmal in das neue Zimmer gebracht worden – mit fatalen Folgen. Nichts wäre Sharon geschehen, hätte sie ihren Vogel in der Nacht bei sich im Kinderzimmer behalten. Es ist äusserst aussagekräftig, dass der Mord in jener Nacht geschieht, die die letzte sein soll, in der Bruder und Schwester in einem Zimmer schlafen. Dann, so haben die Eltern beschlossen, sei die Zeit der Trennung gekommen. Die

53 Kopp-Marx (wie Anm. 41), 74; vgl. Kaiser (wie Anm. 52), 30.

54 Vgl. Braun (wie Anm. 41), 107.

Symbolik der räumlichen Trennung der Geschwister wird von Johnny selbst kommentiert:

> «Es war doch ein Abschiednehmen [...] Wir waren traurig. Wussten: hier ging etwas zuende. Das Kindsein würde aufhören, wenn wir uns trennten. Nicht nur die Spiele draußen [...], auch drinnen, das gegenseitige Bis-in-die-Nacht-Erzählen und auch das Wecken, Trösten, würde nicht mehr sein. Sharon sagte: ‹Ich werde dich doch besuchen.› ‹Das wirst du nicht›, hab ich gesagt. ‹Du wirst vergessen, wirst müde sein. Morgen wird das alles aufhören.›» (129)

Die Schwester steht demnach für Trost, Empathie, Mitleid, Fürsorge, Warmherzigkeit, symbolisiert aber zugleich als Hüterin des Geheimnisses vom Kirchenbrand eine nur schwer einzuschätzende Gefahr der Entlarvung der Wahrheit, die das Ich vor dem Überich gleichsam versteckt: «Verraten hat sie mich nie. Gedroht hat sie mir damit wohl einige Male. Ich wusste nie, wie ernst sies meint. [...] In der Hand hat sie mich gehabt.» (125 f.) Da Johnny gleich mehrfach vor Hallie bekennen muss, dass seine Schwester ihn sehr geliebt habe und in der Rückschau die Angst vor ihr unberechtigt gewesen sei, steht Sharon für den nachsichtigen, liebenden, uns ganz annehmenden Teil, dem das Ich leider zeitweilig nicht bedingungslos vertraut. In dem Moment, als die Kindheit ins Jugendalter übergeht und man jetzt den Regeln und Werten der Erwachsenen folgen muss (u. a. Leistungsbetonung, Verstandeseinseitigkeit, Perfektionszwang), kommt das Ich unbewusst den Normen (Eltern) entgegen und spaltet diese «weibliche» Seite (u. a. Gefühle, Lebenslust, Geborgenheit, Mut zum Spielerischen, Zweckfreien, Selbstannahme trotz Fehler) von sich ab, nicht bemerkend, dass diese unbewusste Entscheidung eine Reihe von entfremdenden Komplexen (das Böse) nach sich zieht. Die Abspaltung geschieht nicht bewusst und folgt einem vom «Täter» kaum zu verantwortenden Plan. Ein hochkomplexes Geflecht von Ursachen, die überwiegend in den äusseren Umständen unserer (religiösen) Sozialisation zu finden sind, bedingen den Mord an der Anima – nicht zuletzt das Bild von einem Gott, der wie ein Ungeheuer eine tödliche Bedrohung darstellt und den man nur durch eine Überkompensation an religiöser Leistung beschwichtigen kann. Die Getötete existiert aber als Schatten im Unbewussten weiter, um zum Heil des Menschen angenommen und integriert zu werden. Diese heilsame Integration umschreibt Roth mittels des archetypischen Bildes vom kannibalischen Mahl.

Der vollständigen Legende nach kann Jesus die Löwengrube erst wieder verlassen, als er das Herz des Judas verspeist und ihn dadurch wiedererweckt hat. Wie Johnnys Tat, so ist auch der Mord Jesu unglücklichen Umständen geschuldet. Jesus ahnt nicht, dass seine Bitte um einen friedvollen Ausgang der

Begegnung in der Grube von Judas nicht gehört werden kann, da dieser wie Johnny Wachs in den Ohren hat. Weil Jesus sich von Judas bedroht fühlt, tötet er ihn aus Angst vor dem eigenen Tod.

Die kleine Episode dürfte in der Tat der theologische und psychologische Schlüsseltext[55] der gesamten Erzählung sein. Die Analogie zwischen dem Verhältnis der Geschwister und dem von Jesus und Judas: Beide Kindheitsgeschichten spiegeln zunächst die kaum vom Ich rational zu verantwortende Abspaltung und Verdrängung der bedrohlich wirkenden, unangenehmen Seiten in uns, des Schattens, den wir am und im anderen bekämpfen. Judas und Sharon eint ihre Möglichkeit, trotz ihrer grundsätzlichen Friedfertigkeit das Ich verraten und vor dem Überich anklagen zu können. Beide werden daher aus Angst getötet. Um die Angst vor dem Schatten zu besiegen, gibt es nur die Chance der Aussöhnung und Integration. Im archetypischen Bild des Verspeisens des Getöteten, das an das Sakrament des «Gott-Essens» in vielen Religionen erinnert, hält Roth die Beruhigung der Angst, theologisch: die Erlösung fest. Religionswissenschaftlich betrachtet, symbolisiert der orale Akt eine Verschmelzung, ist «Zeichen der Versöhnung, Befriedung und Wegzehr – als eines Mittels der Unsterblichkeit. Auf einer tieferen, *subjektalen* Ebene bedeutet der Akt des Essens zugleich eine Verschmelzung mit dem weiblichen Archetypus in der eigenen Psyche»[56]. Die Vereinigung des männlichen Bewusstseins mit dem weiblichen Seelenanteil besitzt nun aber eine theologische Pointe, auf die Roth bereits mit einem der Mottos hinweist. Roth zitiert aus dem Buch Sohar, einer Hauptschrift der Kabbala: «Wer einen Pfad geht, wo Männliches und Weibliches sich nicht zusammenfinden, von dem sondert sich die Schechina.» Die Schechina ist ein Flügelwesen (mit meist weiblichen Zügen) und symbolisiert Gottes Gegenwart unter den Menschen. Ihr Ursprung liegt im Exodus, in der Wüstenerfahrung des Volkes Israel (hebr.: *shakan* = zelten, wohnen; vgl. das Offenbarungszelt).[57] Und so schliesst sich der Kreis: Nur wer seine Angst überwindet und Zugang zur eigenen Seele gewinnt, wird zum Selbst gelangen. Für ihn ist auch theologisch «Wintersonnenwende»: Zeit des Auferstehens, des Heilwerdens, des Ganzwerdens im Namen

55 Vgl. Braun (wie Anm. 41), 120.

56 Eugen Drewermann, *Der Krieg und das Christentum*. Von der Ohnmacht und Notwendigkeit des Religiösen, Regensburg 1982, 332. Vgl. Kaiser (wie Anm. 51), 39 ff. «Subjektal» geht auf Harald Schulz-Hencke zurück und ist gleichbedeutend mit dem psychoanalytischen Begriff «subjektstufig» (s. o.). Die geträumten Bilder sind symbolisch zu verstehen, denn sie bilden Aspekte und Vorgänge der eigenen Seele ab. Subjektal sind die geträumten Bilder, wenn sie von der Träumenden Person unmittelbar auf sich selbst, und nicht auf ein konkretes Äusseres bezogen werden.

57 Vgl. Kopp-Marx (wie Anm. 41), 55.

Jesu und seines Gottes. Aus dem Ungeheuer der Kindheit hat sich im Prozess der Erinnerung und des Erzählens ein Gott mit weiblichen Zügen entwickelt, der Johnnys Angst vor dem Tod genommen und ihm geholfen hat, eigene Fehler zu akzeptieren und zu vergeben. Im Sinne des Exodus und der Kabbala «zeltet» er fortan in Johnnys Seele.

Fazit:

- Zunächst lässt Roth auf der äusseren Ebene der Handlung Johnny wie Büchner seinen Lenz an das wörtliche Verständnis der Totenerweckung glauben. Johnny fühlt sich wie Lenz berufen, mittels magischer Rituale ein göttliches Zeichen zu setzen. Auf der psychischen Ebene stehen solche Erweckungsversuche für eine bis zum Wahn reichende Bigotterie.
- Johnny gewinnt, anders als Lenz, dann jedoch ein Verständnis für die psychische Motivation seiner Fehldeutung und klärt den Zusammenhang zwischen religiösem Eifer und Selbstverachtung. Roth zeigt auf der inneren Ebene der Handlung, dass sich beim Ich (Johnny, ähnlich dem Lenz) Schuldkomplexe ablagern, die den Normen des Überichs (das problematische Eltern- und Gottesverhältnis) geschuldet sind und aus denen sich das Ich durch die Annahme der Anima befreien kann (psychologisches Verständnis der Totenerweckung).
- Roth interpretiert also das neutestamentliche Motiv der Totenerweckung tiefenpsychologisch als Bild für die Genesung von einer psychischen Verletzung. Er kann sich dabei auf das urchristliche Existenzial der Auferweckung berufen, das kontrastiv dem Tod mitten im Leben, an der Schwelle zum Erwachsenwerden entgegenstellt wurde. Der Autor entwirft damit eine Theologie der Beziehung: Die Aussöhnung mit verdrängten Anima-Anteilen, insbesondere die Beruhigung der Angst vor dem Tod, führen zu einem «erlösten», integren Lebensstil, der in Gottes Namen auf die Werte der Erwachsenen wie Aktionismus, Grössenwahn und Allmachtsfantasien verzichten kann, weil sich das Ich auch ohne sie akzeptiert und geliebt fühlt. Zum Ärgernis dürfte Roths Deutung der neutestamentlichen Totenerweckungen folglich für jene Christen werden, die in der vermeintlichen Erlösungsbedürftigkeit anderer ein willkommenes Alibi sehen, um sich unter der Maske der Gottberufenen an der eigenen seelischen Arbeit, den sprichwörtlichen Leichen im Keller, vorbeimogeln zu können.

4 Ulla Hahn: Das verborgene Wort (2001)

Abschliessend noch einmal ins Rheinland, ins Köln der 50er und 60er Jahre: Ulla Hahn (geb. 1946) lässt in ihrem 2001 erschienen Roman «Das verborgene Wort»[58] die 1945 geborene Erzählerin Hildegard Palm auf deren Kindheit und Jugend im katholischen Köln zurückblicken. Von frühester Kindheit an werden ihr Geschichten zur Rettungsinsel im harten Alltag der Nachkriegszeit. Dabei greift Hahn, selbst im katholischen Milieu aufgewachsen, die Erzählung von der Tochter des Jaïrus auf. Hildegard erinnert sich, wie die neutestamentlichen Wundergeschichten den Wildwestromanen und Detektivgeschichten ähnelten:

> «Doch alles wurde wieder anders, als ich mein erstes Gebet- und Gesangbuch bekam, schmiegsames, schwarzes Leder, Goldschnitt, zwei Seidenbändchen, hell- und dunkelblau. Auf der Rückseite mein Name [...] Es waren nicht die Geschichten, die Hexer, Holmes und Märchen den Rang abliefen. Erkannte Jesus, dass die Tochter des trauernden Vaters nur schlief, lag der Fall wie bei Schneewittchen. Scheintot. [...] Jesus verwandelte Wasser in Wein, mit fünf Broten und zwei Fischen machte er 5000 Menschen satt; ‹Tischlein, deck dich›, sagte das Schneiderlein; Sterntaler regnete es Geld ins Hemd, und die Müllerstochter spann Stroh zu Gold. Die Geschichten waren es nicht. Es waren die Sätze. ‹Ich bin das Brot des Lebens›, sagte Jesus [...] Das war schiere Magie.» (92 f.)

Wenig später kommt Hildegard in den Kommunionunterricht. Hier erfährt sie, wie die biblische Totenerweckung zu verstehen ist: «Tote warfen die Bahre von sich und wandelten auf und davon. Tatsachen. Keine Märchen. Nicht ohne Mühe hatte mir der Pastor den Unterschied beizubringen versucht. Die Wunder in den Märchen waren Erfindung. Die in der Bibel Tatsachen.» (122) Dann ergreift Hildegard derselbe Do-ut-des-Mechanismus wie Büchners Lenz:

> «Nicht nur Jesus konnte Wunder wirken. Im Prinzip konnte es jeder, nur heilig musste man sein. Um heilig zu sein, durfte man nicht sündigen. Ich half der Mutter beim Abwaschen, der Großmutter beim Kartoffelschälen, gab dem Bruder den größeren Happen vom Fleisch, stopfte mir jedes Widerwort in die Kehle zurück, jeden giftigen Gedanken gegen den Vater jagte ich aus dem Gehirn. Ich wollte heilig sein. Wunder wirken. Wenigstens eines. Ich wollte den Großvater heilen.» (122)

Aber der geliebte Grossvater stirbt. Kurz zuvor hatte Hildegard den Wunderglauben schon stark bezweifelt. Nun, nach seinem Tod, wirft sie in einem Akt

58 Ulla Hahn, *Das verborgene Wort.* Roman, Stuttgart 82006.

der inneren Befreiung «einen Stein hoch in den Himmel, dem lieben Gott ins Gesicht. Ich warf und heulte, schrie, warf und schrie, bis der Grossvater am Ende recht behielt: Es tat gut.» (156)

Steine in Gottes Gesicht – das erinnert an Lenz' aggressiv in den Himmel gereckte Faust. Nicht ohne Ironie lässt Hahn die Erzählerin ausführen, wie sie dem Opa ihren ersten «Buchstein» ins Grab warf: «Sein Poltern hätte Tote wecken können.» (156) Doch wie bei Büchner bleibt auch hier in Hahns Erzählung das magisch verstandene Wunder der Totenerweckung aus, stattdessen nehmen Zorn und Spott Besitz von der Heldin. Die «Buchsteine» nämlich sammelte Hildegard einst mit dem Grossvater am Rheinufer. Auf ihnen «fand» der Opa imaginierte Erzählungen wie in einem Buch, die er seiner faszinierten Enkelin vortrug. Noch kurz vor seinem Tod beschwört der Grossvater den Wert der fiktionalen Literatur: «Wer Boochstein läse kann, hatte er mir zugezwinkert, dä kann alles verstonn.» (152) Wer jedoch «Buchsteine», etwa mythisch inspirierte biblische Literatur von der Auferweckung der Jaïrus-Tochter, nicht mit Gewinn für sein Leben lesen kann, weil er sie wie Hildegards Pfarrer wörtlich missversteht, der kann im Grunde auch von der Religion nichts «verstonn».

Fazit:

Ulla Hahn benennt die Ursachen für die Abkehr Hildegards von den biblischen Erzählungen und damit von der Kirche: Das wörtliche (Miss-) Verständnis der Erzählungen seitens der offiziellen katholischen Theologie, im Roman manifestiert im Erstkommunionunterricht und im Pfarrer, versperrt den Zugang zur Religion. Die magisch interpretierten Erweckungen berühren konsequenterweise, da sie sich heute in diesem Sinne nicht wiederholen lassen, nicht mehr. Einmal zum Ärgernis geworden, legt man sie womöglich bis ans Lebensende ad acta – und damit auch ihre existenziell so bedeutsamen sozialen und psychologischen Implikationen, die in diesem Aufsatz vorgestellt wurden.

Kann man die Menschen lieben, wenn man sie für böse hält?

Ein verstörender Aspekt der Jesus-Tradition als Herausforderung kirchlicher Sünderpastoral

Joachim Kügler

Der Umgang mit Menschen, die als Sünder bzw. Sünderinnen betrachtet wurden, war nach dem Zeugnis der synoptischen Tradition elementar für das Auftreten des historischen Jesus[1] und hat offensichtlich auf seine Umwelt überwiegend abstossend gewirkt.

So ist in Lk (Q)[2] 7,34 die Erinnerung an den Vorwurf erhalten, dass Jesus ein Freund der Zöllner und Sünder sei: «Der Menschensohn ist gekommen, essend und trinkend, und ihr sagt: Siehe, ein Mensch, ein Fresser und Weinsäufer, ein Freund von Zöllnern und Sündern.»

Um zu verstehen, was Jesus bewog, sich in «schlechte Gesellschaft»[3] zu begeben und damit eine Grundtendenz anderer jüdischer Bewegungen seiner Zeit zu missachten[4], ist der Rahmen seiner Botschaft von der Königsherrschaft Gottes zu beachten.

1 Heil und Gericht in der ältesten Jesus-Tradition

Die Ankunft Gottes als König in seinem Reich ist für die Menschen die Chance der Rettung. Sie ist die Chance auf ein gelungenes Leben. Sie ist das Angebot der Barmherzigkeit Gottes an jeden und jede.

1 Um der erkenntnistheoretischen Redlichkeit willen sei hier festgehalten, dass der historische Jesus selbstverständlich nur ein «Annäherungswert» sein kann. Wenn ich also hier und im Folgenden von «Jesus» spreche, dann darf dies nur als Kurzform für die älteste erkennbare Jesus-Tradition verstanden werden.

2 Eine genaue Rekonstruktion des Logienquellentextes ist nun leicht zugänglich bei: Paul Hoffmann/Christoph Heil (Hg.), *Die Spruchquelle Q*: Studienausgabe, Griechisch und Deutsch, Darmstadt ³2009. In meiner deutschen Übersetzung weiche ich jedoch gelegentlich ab.

3 Vgl. den berühmten Beitrag von Adolf Holl, *Jesus in schlechter Gesellschaft*, Stuttgart 1971.

4 Vgl. Christoph Heil, *Die Absonderung Israels von Sündern und Heiden*, in: Joachim Kügler (Hg.), *Prekäre Zeitgenossenschaft*. Mit dem Alten Testament in Konflikten der Zeit (bayreuther forum TRANSIT 6), Berlin 2006, 150–168.

Gott gleicht einem Hirten, der das eine verlorene Schaf sucht und nach Hause bringt. Gott gleicht der Hausfrau, die auf der Suche nach dem verlorenen Geldstück das ganze Haus durchfegt und nicht eher ruht, bis sie die Münze gefunden hat. Gott gleicht einem barmherzigen Vater, der seinem verlorenen Sohn entgegengeht, willkommen heisst und ein grosses Fest feiert wegen seiner Heimkehr. Vergessen ist, dass der Sohn seinen Vater für tot erklärt hat, indem er sich sein Erbe hat auszahlen lassen, vergessen auch, dass dieser Sohn sein Erbe verschleudert hat. Vergessen, dass er kein Recht hat, von seinem Vater noch irgendetwas zu erwarten.

Weil Gott sich so als guter Vater zeigt, wird das Leben der Menschen heil. Zumindest denen, die diese Zuneigung Gottes annehmen, wird die Möglichkeit eines neuen Lebens eröffnet. Das menschliche Leben erscheint im Lichte des Gottesreiches nicht mehr als ein von Not und Leid gequältes Dahinvegetieren, sondern als gelungenes Leben in der Würde der Gotteskindschaft. Deshalb sind Krankenheilungen und Dämonenaustreibungen zentrale Bestandteile des Wirkens Jesu. Sie sind – zusammen mit den Sündermählern[5] – performative Zeichen der heilsamen Königsherrschaft Gottes, so etwas wie «Sakramente» dieser Basileia. Moderner kann man auch von Basileia-Happenings sprechen. Ihre Funktion ist nicht einfach ein blosser Hinweis auf die Basileia, sondern liegt vielmehr im Vollzug ihrer erlösenden Gegenwart: Punktuell und situativ geschieht hier die Ankunft Gottes bei seinen Kindern, und zwar ohne dass von diesen eine Vorleistung erwartet würde.

Das darf freilich den Blick nicht dafür trüben, dass der Gott Jesu kein harmloser «Teddybär» ist. Auch wenn bei Jesus die Rede vom Gericht Gottes in den Hintergrund tritt, so teilt er die grundsätzliche Situationsanalyse des Busspredigers Johannes. Michael Wolter hat vollkommen recht, wenn er feststellt:

> «Der Weg zum historischen Jesus führt über Johannes den Täufer. Die meisten neueren Jesusbücher stellen ihrer Darstellung des Auftretens und der Verkündigung Jesu darum auch eine Darstellung des Auftretens und der Verkündigung Johannes des Täufers voran. Dies hat seinen guten Grund darin, daß die Taufe Jesu durch Johannes (Mk 1,9) als das chronologisch erste der in den Jesusgeschichten der Evangelien berichteten Ereignisse gelten kann, deren Historizität außer Frage steht. Daraus läßt

5 Vgl. dazu Joachim KÜGLER, *Hungrig bleiben!?*. Warum das Mahlsakrament trennt und wie man die Trennung überwinden könnte, Würzburg 2010, 13–23; sowie DERS., *Zusammen essen ist das Wesen des Christentums*. Das Mahlsakrament zwischen Abgrenzung und Integration, in: Johanna RAHNER/Mirjam SCHAMBECK (Hg.), *Zwischen Integration und Ausgrenzung*. Migration, religiöse Identität(en) und Bildung – theologisch reflektiert (Bamberger Theologisches Forum 13), Berlin 2011, 107–122.

> sich erschließen, daß Jesus zu einem bestimmten Zeitpunkt seines Lebens die prophetische Verkündigung des Täufers kennengelernt hat, daß er sich von ihrem Inhalt überzeugen ließ und daß er wie andere Juden auch sich nach Ablegung eines Sündenbekenntnisses dem als ‹Taufe der Umkehr zur Vergebung der Sünden› (/.../ Mk 1,4par. Lk 3,3) gedeuteten Tauchritus im Jordan unterzogen hat.»[6]

Wenn Jesus sich nun tatsächlich von Johannes hat taufen lassen – und daran ist kaum zu zweifeln –, dann teilt er zumindest prinzipiell die apokalyptische Weltsicht des Täufers. Dann sieht er wie der Täufer auch ganz Israel in Sünde und Schuld verstrickt und rechnet mit dem unmittelbar bevorstehenden Strafgericht Gottes.

Natürlich dürfen auch die Unterschiede zwischen Jesus und dem Täufer nicht übersehen werden. Es steht ja fest,

> «daß Jesus einige Zeit danach eigene Wege zu gehen begann, die sich von denen seines Täufers deutlich unterschieden: Jesus wirkte anders als Johannes nicht in der ‹Wüste› (Mk 1,4parr.), d. h. in unbewohnten Gebieten, sondern im galiläischen Kulturland, also dort, wo die Menschen lebten, und er zog dann nach Jerusalem. Er teilte nicht die Nahrungsaskese des Johannes (vgl. Mk 1,6b par. Mt 3,4b; Lk 7,33 f.par. Mt 11,18 f.; s. auch Mk 2,18 parr.), und er übernahm auch nicht den Kleidungscode des Täufers (vgl. Mk 1,6a par. Mt 3,4a). Anders als Johannes trat Jesus den Menschen als charismatischer Heiler und Exorzist gegenüber, als Weisheits- und Gesetzeslehrer, als Erzähler von Gleichnissen über die Landwirtschaft, über Gott und über die Menschen, und er fiel vor allem auch dadurch auf, daß er geradezu programmatisch Gemeinschaft mit religiös und sozial Marginalisierten praktizierte.»[7]

Vor dem Hintergrund einer prinzipiell mit dem Täufer gemeinsamen apokalyptischen Grundeinstellung erscheint die Ankunft Gottes in seinem Königreich, von der Jesus spricht, als das Angebot der Rettung vor und aus dem verdienten Gericht. Dabei ist festzuhalten, dass das Gerichtshandeln Gottes in der alttestamentlich-jüdischen Tradition insofern immer Heilshandeln ist, als es Gerechtigkeit durchsetzt. Wenn man freilich von einer allgemeinen Schuldhaftigkeit aller

6 Michael WOLTER, *«Gericht» und «Heil» bei Jesus von Nazareth und Johannes dem Täufer*, in: Jens SCHRÖTER/Ralph BRUCKER (Hg.), *Der historische Jesus.* Tendenzen und Perspektiven der gegenwärtigen Forschung (BZNW 114), Berlin/New York 2002, 355–392, 357. Vgl. auch Helmut MERKLEIN, *Gericht und Heil.* Zur heilsamen Funktion des Gerichts bei Johannes dem Täufer, Jesus und Paulus, in: DERS., *Studien zu Jesus und Paulus II* (WUNT 105), Tübingen 1998, 60–81.

7 WOLTER (wie Anm. 6).

ausgeht, kann die Gerechtigkeit Gottes nur mehr als Strafgericht erscheinen, das letztlich alle zu vernichten droht. Als Heilshandeln kann Gottes Richten nur erscheinen, wenn es zumindest für manche die Möglichkeit gibt, mit dem Leben davonzukommen. Dies ist bei Johannes dem Täufer insofern der Fall, als er jenen, die das Angebot der Umkehrtaufe annehmen, zumindest eine Chance auf Rettung eröffnet.

Jesu tritt zwar nicht als Bussprediger auf. Im Zentrum seiner Botschaft steht nicht das Gericht, sondern die Rettung. Das heisst aber gerade nicht, dass Jesus die Menschen nicht für böse und schuldbeladen hält. Ganz im Gegenteil: Vermutlich ist seine Sicht des Menschen sogar noch skeptischer als die des Täufers. Gerade die Gemeinschaft mit den als Sünder Ausgegrenzten deutet daraufhin, dass Jesu Wahrnehmung Israels von einer generellen Sündhaftigkeit ausgeht, angesichts derer die Unterschiede zwischen den «Gerechten» und den Sündern ihre Bedeutung verlieren. Vermutlich spricht Jesus deshalb nicht mehr vorrangig vom Gericht, weil er eine Rettung der Menschen durch Umkehr nicht mehr für möglich hält. Der Mensch wäre rettungslos verloren, würde nicht Gott umkehren. Gott muss einen neuen Anfang machen, vom Menschen ist nichts mehr zu erwarten. Er hat sich heillos verrannt. Deshalb bedeutet der Umkehrruf Jesu zunächst eine Glaubensaufforderung, und nicht zuerst eine Aufforderung zur Praxisänderung. «Denkt um [*metanoeite*], und glaubt an das Evangelium» (Mk 1,15) ist darum die präzise Zusammenfassung des Umkehrrufes Jesu. Das neue Handeln, um das es Jesus natürlich auch geht, ist der zweite Schritt, der aus dem Glauben folgt. Wer sich auf die Basileia Gottes einlässt, lebt natürlich auch anders, aber das ist nur möglich, weil die Annahme durch Gott dafür zuerst den Raum schafft. Ohne Gottes Umkehr zu den Menschen wäre ein neues Leben nicht möglich.

In der Gegenwart vollzieht sich also Gottes Heilshandeln als Ermöglichung eines neuen Lebens. Insofern gilt das, was später die johanneische Theologie formuliert, auch schon für den historischen Jesus: Wer glaubt, ist vom Tod ins Leben hinübergegangen. Im Unterschied zur *realized eschatology* im Johannesevangelium hält Jesus jedoch an einem zukünftigen Gericht fest.[8] Die Betonung der gegenwärtigen, punktuell-situativen Verwirklichung der Königsherrschaft darf ja nicht übersehen lassen, dass die endzeitlich-universale Vollendung der Basileia mit dem Vollzug des Strafgerichts an jenen einhergeht, die die Botschaft Jesu und damit das Heilsangebot Gottes abgelehnt haben.[9]

8 Der Gedanke an ein zukünftiges Gericht fehlt im Johannesevangelium selbstverständlich nicht ganz, da er von der Endredaktion wieder eingebracht wird.

9 Vgl. Wolter (wie Anm. 6), 386–388.

2 Die allgemeine Bosheit der Menschen

Vor dem Hintergrund der apokalyptischen Weltsicht Jesu und der damit verbundenen Grundannahme von der allgemeinen Schuldhaftigkeit der Menschen wird verständlich, dass Jesus seine Gesprächspartner einfach als böse bezeichnen kann, ohne eine konkrete sündhafte Tat zu benennen. So heisst es in Lk (Q) 11,9–13:

> «Und ich sage euch: Bittet, und es wird euch gegeben werden; sucht, und ihr werdet finden; klopft an, und es wird euch geöffnet werden; denn jeder Bittende empfängt, und der Suchende findet, und dem Anklopfenden wird geöffnet [werden]. Welchen Vater aber von euch wird der Sohn um einen Fisch bitten, und er wird ihm anstelle eines Fisches eine Schlange geben? Oder auch wird er um ein Ei bitten und er wird ihm einen Skorpion geben? Wenn nun ihr, *die ihr böse seid*, wisst, euren Kindern gute Gaben zu geben, um wie viel mehr wird der Vater, [der] aus (dem) Himmel, geben heiligen Geist den ihn Bittenden.»

«Ihr, die ihr böse seid» – ein hartes Urteil, das ganz nebenbei fällt und wie selbstverständlich in der Argumentation Jesu vorausgesetzt werden kann. Hier zeigt sich eine apokalyptisch geprägte Skepsis, die den Menschen als grundsätzlich böse einstuft. Um Missverständnisse auszuschliessen, ist zu betonen, dass diese Einschätzung bei Jesus nicht schöpfungstheologisch gemeint ist. Jesus hält vielmehr am uranfänglichen Gutsein der Schöpfung, also auch des Menschen, ebenso fest wie an der Güte Gottes, die ja die Basis seiner gesamten Botschaft ist. Erst in der Gnosis wird man dann aus der faktischen Bosheit des Menschen auf eine wesensmässige Schlechtigkeit des Menschen und der gesamten Schöpfung schliessen. Diese wird dann aber bekanntlich auch nicht mehr einem guten Gott, sondern einem bösen Demiurgen zugeschrieben. Von all dem ist Jesus weit entfernt. Wenn er seine Gesprächspartner einfach als böse anspricht, dann geht es nicht um eine wesensmässige Schlechtigkeit des Menschen, sondern um den faktischen Unheilszustand, in dem alle leben. Deshalb wäre es sicher übertrieben von einer «negativen Anthropologie Jesu»[10] zu sprechen. Seine Einschätzung der Menschen beruht auf einer bestimmten Einschätzung ihrer faktischen Existenzbedingung, insbesondere auf der generellen Annahme, dass ganz Israel (und natürlich erst recht die anderen Völker) sich in einem Zustand der Heillosigkeit befindet und seine Gottesbeziehung heillos zerrüttet ist.

10 Diese Formulierung habe ich leider beim Vortrag in Zürich verwendet und damit viele Missverständnisse ausgelöst. Aufgrund der damaligen Diskussion habe ich versucht, die Sache hier präziser zu formulieren. Ich danke meinen kritischen Diskussionspartnern für ihren heilsamen Anstoss.

Diese Sicht eint Jesus und Johannes den Täufer. Beide Propheten sehen das Leben aller von Bosheit und Sünde dominiert. Israel befindet sich kollektiv in einem Zustand, in dem es sich nicht einmal mehr auf seine Erwählungsprivilegien berufen kann.[11]

Trotzdem spricht Jesus seinen Adressaten eine eingeschränkte Fähigkeit zum Guten nicht ab. Selbst die bösen, unter der Macht der Sünde lebenden Menschen sind fähig, wenigstens ihren Kindern Gutes zu tun. Um wie viel mehr dann der himmlische Vater, der die Güte selbst ist, so die Argumentation.

Als ein weiterer Beleg für die skeptische Sicht der *conditio humana* in der Jesus-Tradition kann eine Episode im Lukasevangelium dienen, die noch einmal die Verwurzelung Jesu in der apokalyptischen Tradition deutlich macht:

> «Anwesend aber waren irgendwelche eben zu der Zeit, meldend ihm über die Galiläer, deren Blut Pilatos mischte mit ihren Opfern. Und antwortend sprach er zu ihnen: Meint ihr, dass diese Galiläer, weil sie dies erlitten haben, grössere Sünder waren als alle Galiläer? Nein, sondern ich sage euch, wenn ihr nicht umkehrt, werdet ihr alle gleicherweise zugrunde gehen. Oder jene achtzehn, auf die der Turm am Siloam fiel und sie tötete, meint ihr, dass sie mehr Schuld hatten als alle Menschen, die Jerusalem bewohnen? Nein, sondern ich sage euch, wenn ihr nicht umkehrt, werdet ihr alle ebenso zugrunde gehen.» (Lk 13,1–5)

Diese Überlieferung findet sich zwar nur im Sondergut des Lukas, aber mit Ausnahme der erzählerischen Einleitung, die die Spruchtradition anekdotisch verortet, dürfte sie trotzdem auf den historischen Jesus zurückzuführen sein.[12] Sie setzt die verbreitete Überzeugung voraus, dass Sünde und unheilvolles Geschick sich entsprechen als Zusammenhang von Tun und Ergehen, und entgrenzt diesen radikal. Nicht nur jene, die so plötzlich ums Leben gekommen sind, waren Sünder, sondern alle Galiläer und alle Bewohner Jerusalems (gemeint ist ganz Israel) sind in Schuld verstrickt und haben dasselbe Schicksal verdient.

Der Zustand des Menschen wird bei Jesus also nicht verharmlost. Die heillose Wirklichkeit wird gerade nicht durch die «rosarote Brille» gesehen. Jesus liebt die Menschen nicht, weil er sie für gut hält. Er hält sie für böse und liebt sie trotzdem. Und der Gott, von dem er spricht, genauso: Gott schenkt seine Barmherzigkeit nicht, weil die Menschen es sich verdient hätten. Verdient hätten sie das Gericht seines Zorns. Gott aber ist gut und schenkt seine Liebe, weil die Menschen anders keine Chance hätten. Er bietet seine Barmherzigkeit an, weil

11 Vgl. Helmut MERKLEIN, *Jesus, Künder des Reiches Gottes*, in: Walter KERN/Hermann J. POTTMEYER/Max SECKLER (Hg.), *Handbuch der Fundamentaltheologie*. Bd. 2: Traktat Offenbarung, Tübingen/Basel ^{2}2000, 115–139, 116–118.

12 Vgl. Jürgen BECKER, *Jesus von Nazaret*, Berlin/New York 1996, 63–65.

er ein guter Vater ist. Nicht weil die *Menschen* gut sind, werden sie gerettet, sondern weil *Gott* gut ist. Der Aufruf zur Umkehr ist also bei Jesus zunächst keine Aufforderung zu moralischer Besserung, sondern dazu, sich von Gottes Güte retten zu lassen.

Dazu gehört aber die Einsicht in die eigene Heillosigkeit. Nur wer weiss, dass Rettung nötig ist, wird sie auch annehmen. Wer sie aber ausschlägt, ist verloren. Allen, die das Gnadenangebot, das Gott ihnen durch Jesus macht, ausschlagen, droht das verdiente Strafgericht. Vor allem jene sind in Gefahr, die sich selbst für gerecht halten und deshalb meinen, Vergebung nicht nötig zu haben. Es ist deshalb kein Zufall, dass Jesus auch sich selbst nicht für gut hält. Bei Markus ist die Erinnerung daran festgehalten, dass Jesus sich entschieden dagegen wehrt, als gut angesprochen zu werden: «Warum nennst du mich gut? Niemand ist gut ausser dem einen, Gott» (Mk 10,18). Es mag für die menschliche Vorstellung von einem Messias problematisch sein, dass Jesus sich nicht nur der Sündentaufe des Johannes unterzogen hat, sondern darüber hinaus sich selbst nicht als gut bezeichnen lässt.[13] Aber in der Konzeption Jesu hat das seine Logik: Gerade der Mensch, den Gott als seinen Repräsentanten erwählt hat, darf sich nicht über die anderen erheben. So wie Gott sich nicht von den Schuldigen abgrenzt, darf auch Jesus sich nicht als der einzige Gute von den Bösen absondern, sondern muss sich mit ihnen solidarisch erklären, so wie auch Gott dies tut.

Solidarität mit den Bösen ist deshalb ein wesentliches Kennzeichen für die Lebenspraxis Jesu, gerade *weil* er in einer besonderen Beziehung zu Gott steht:[14] die Menschen nicht als harmlos ansehen, aber sie auch nicht verurteilen; die Schuldbeladenen als Schuldbeladene ernst nehmen als Geschöpfe Gottes, die Gottes Liebe brauchen; als Arzt zu den Kranken gehen; die Zöllner zur Nachfolge rufen; mit den Pharisäern essen; die Prostituierten in das Reich Gottes einladen. Das ist die Praxis Jesu, und so sollen es auch die Menschen halten, die sich wie er auf Gottes Angebot einlassen. Hier eröffnet sich ein vertiefender Blick auf die «Ethik» Jesu: Diejenigen, die sich wie Jesus auf die Botschaft von der Königsherrschaft Gottes einlassen, sollen ihre Feinde lieben, und zwar nicht deshalb, weil der Feind kein Feind mehr wäre oder weil der Feind harmlos geworden wäre, sondern weil Gott es genauso macht: «Liebt eure Feinde, und betet für die, die euch verfolgen, auf dass ihr Söhne eures Vaters in (den) Him-

13 Deshalb ist ein nachösterlicher Ursprung dieser Tradition mit hoher Wahrscheinlichkeit auszuschliessen. Stattdessen müssen wir annehmen, dass wir mit der Weigerung Jesu, sich als gut bezeichnen zu lassen, auf festem historischen Grund stehen, selbst wenn der Kontext, in dem die Äusserung steht, sekundär sein dürfte.

14 Zur besonderen Gottesbeziehung Jesu vgl. Merklein (wie Anm. 11), 135 f.

meln werdet, denn er lässt seine Sonne aufgehen über Bösen und Guten und er lässt regnen auf Gerechte und Ungerechte.» (Mt 5,44 f.)[15]

Die unterschiedslose Güte und Fürsorge Gottes ist die Basis für das menschliche Handeln. Deshalb führt die Einschätzung der Menschen als böse nicht zur Liebesverweigerung, sondern ganz im Gegenteil zu Integration und Vergebung. Wenn Jesus die Gemeinschaft mit Sündern und Zöllnern, mit Prostituierten und anderen Ausgestossenen sucht, dann tut er dies nicht, um ihr Tun zu verharmlosen oder zu rechtfertigen. Seine Zuwendung und die Zuwendung Gottes sind nicht Entschuldigung, sondern eröffnen die Chance zur Umkehr. Nicht weil die Menschen gut sind, gilt ihnen die Güte Gottes, sondern weil sie so böse sind, dass sie ohne die Barmherzigkeit Gottes rettungslos verloren wären. Und das gilt für sie alle. Deswegen kann Jesus als Werkzeug Gottes die gesellschaftlichen und religiösen Unterschiede zwischen den Menschen ignorieren: Alle sind sie böse, alle sind sie verloren: Die Hure wie der Gesetzeslehrer, der Zöllner wie der Hohepriester. Alle können nur durch die Barmherzigkeit Gottes gerettet werden.

Das apokalyptisch-skeptische Menschenbild führt Jesus ganz offensichtlich nicht dazu, zu einem menschenverachtenden Zyniker zu werden, sondern löst im Gegenteil eine Bewegung der Zuwendung und Fürsorge aus. Gott kann die bösen Menschen lieben, weil er die Güte selbst ist. Und deshalb tut Jesus als Werkzeug der Königsmacht Gottes dies auch.

3 Und wir heute?

Die Wahrnehmung der *conditio humana*, die bei Jesus m. E. noch skeptischer ist als bei Johannes dem Täufer, mag heute befremdlich wirken, weil unser Menschenbild eben nicht von der frühjüdischen Apokalyptik, sondern von dem eher optimistischen Menschenbild der Moderne geprägt ist. Vielleicht ist aber der apokalyptischen Skepsis nach den Erfahrungen, die der Mensch im 20. Jahrhundert (im Holocaust, in Hiroshima, in Ruanda und anderswo) mit sich machen musste, ein gewisser Realitätsgehalt nicht abzusprechen, so dass man darin durchaus auch einen Weckruf zu einer realistischen Wahrnehmung der menschlichen

15 Das Nichtunterscheiden Gottes ist nicht ungerecht, sondern die Basis für eine neue Gerechtigkeit, auch mit entsprechenden politischen Implikationen. Vgl. dazu Paul Hoffmann, *Eschatologie und Friedenshandeln in der Jesusbewegung*, in: Ulrich Luz/Jürgen Kegler/Peter Lampe, *Eschatologie und Friedenshandeln*. Exegetische Beiträge zur Frage christlicher Friedensverantwortung (SBS 101), Stuttgart 1981, 115–152, 129–134, sowie Joachim Kügler, *Das Reich Gottes auf den Dörfern*. Ein bibeltheologischer Essay über die Politik der Pastoral Jesu, in: Rainer Bucher/Rainer Krockauer (Hg.), *Pastoral und Politik*. Erkundungen eines unausweichlichen Auftrags (Werkstatt Theologie 7), Münster 2007, 5–21, 9 f.

Wirklichkeit sehen kann. Aber auch darüber hinaus kann die Wahrnehmung des menschlichen Unheilszustandes durch Jesus und seine Schuldpastoral als heilsame Reaktion darauf für Christinnen und Christen von heute und ihren Umgang mit eigener und fremder Schuld prophetisch-kritisch herausfordern.

Dies sollen einige weiterführende, aktualisierende Überlegungen verdeutlichen, die mir als Bibelwissenschaftler und Kirchenmensch am Herzen liegen. Da ich mir nicht anmassen will, fertige Antworten für das Aggiornamento der Botschaft Jesu zu haben, sollen diese Überlegungen überwiegend in Frageform stehen:

Zunächst und vor allem muss es um die Frage gehen, was der Umgang Jesu mit den Sündern für das Christsein, für die Kirche heute bedeutet. Die Kirche betrachtet sich als Leib Christi und schreibt sich damit selbst die Aufgabe zu, das Reden und Tun Jesu fortzusetzen. Als Leib Christi hat sie die Aufgabe, Sakrament des Heiles (Lumen Gentium; Gaudium et spes) für die Menschen, Sakrament der Ankunft Gottes in der Welt zu sein.

Damit stellt sich automatisch die kritische Frage, inwieweit heutiges Kirche-Sein geeignet ist, die Solidarität Gottes mit den Bösen in diesem Sinne sakramental, d. h. mit ihrem gesamten Reden und Tun, umzusetzen? Das ist nicht nur eine Frage an die Kirchenleitung, sondern an alle Glaubenden: Sind wir bereit, unser Reden und Tun als Ort für die Ankunft Gottes in seiner Welt zur Verfügung zu stellen? Oder können wir die Menschen nur lieben, wenn wir uns in die Vorstellung flüchten, sie seien gut? Diese Vorstellung muss von den Erfahrungen, die der Mensch immer wieder mit sich selbst machen muss, früher oder später als trügerische Illusion, wenn nicht sogar als Lüge entlarvt werden. Wie reagieren wir dann auf die bittere Erkenntnis der Realität? Solidarität mit den Bösen als Chance zur Umkehr oder Verachtung der Bösen und Absonderung von ihnen?

Damit ist eine weitere existenzielle Frage verbunden, nämlich die nach einer realistischen Selbstwahrnehmung. Können wir uns selbst nur achten und lieben, wenn wir uns in die Idee flüchten, wir seien gut, vielleicht sogar besser als die anderen? Können wir unsere eigenen Fehler und Schwächen annehmen, oder müssen wir sie verdrängen? Können wir uns in der Nachfolge Jesu tragen lassen von der unterschiedslosen Liebe seines Gottes?

- Weiter gefragt: Lieben wir nur unsere Freunde und hassen unsere Feinde? Können wir unsere Kolleginnen und Kollegen nur dann lieben, wenn sie uns ungefährlich sind und keine Konkurrenz darstellen?
- Mit Blick auf Kirche: Will die Kirche z. B. wirklich nur noch Schwangere beraten, die sich schon gegen eine Abtreibung entschieden haben, oder auch die anderen, die noch zweifeln, vielleicht schuldig werden? Können wir –

auch sakramental! – mit Menschen essen und trinken, deren Lebenspläne gescheitert sind, deren Ehe zerbrochen ist oder die den «falschen» Glauben haben?

- Was bedeutet uns die Liebe Gottes bei Menschen, deren Sexualität nicht unseren Normen und Wünschen entspricht? Wer in der Kirche braucht die Diskriminierung von sexuellen Minderheiten? Warum und wozu? Um sich der eigenen sexuellen Identität zu vergewissern? Um sich selbst als «normal» zu fühlen?

Die Reihe der unbequemen Fragen liesse sich fortsetzen. Aus exegetischer Sicht müssen sie aber noch deutlich zugespitzt werden:

Oft beziehen wir nämlich die Herausforderung zur je grösseren Liebe im Geiste Jesu gern auf Menschen, die wir heute gar nicht mehr als Sünder einstufen. Die meisten modernen Christenmenschen halten weder Homosexuelle noch Andersgläubige noch Geschieden-Wiederverheiratete für echte Sünder. Da fällt die Kritik an einer Kirchenleitung, die oft genug mit einer rigorosen Haltung «Treue zum Herrn» beweisen will, natürlich besonders hart aus. Diese Kritik ist ja auch berechtigt, denn es geht dabei oft um falsche Treue, die das Kirchenschiff ganz energisch gegen den Wind des Geistes Jesu steuert. Aber es ist trotzdem eine billige Kritik, denn sie betrifft eben in der Regel den Umgang mit Menschen, die moderne Christenmenschen nicht mehr wirklich für Sünder halten.

Das entscheidende Ärgernis des historischen Jesus entdecken wir aber erst dort, wo es um Menschen geht, die auch *wir* Christenmenschen als tatsächliche Sünder sehen und sehen müssen.

4 Zöllner als echte Sünder

Jesus jedenfalls hatte es mit *echten* Sündern zu tun. So waren etwa die Zöllner, von denen in der Jesus-Tradition immer wieder die Rede ist, keine armen verkannten Kreaturen, sondern echte Ausbeuter.

> «Bei den *Zöllnern* handelt es sich eigentlich um Steuerpächter (*publicani*), die für das Eintreiben der indirekten Steuern zuständig sind. Die römische Besatzungsmacht kassierte solche Steuern nämlich nicht direkt, sondern vergab die entsprechenden Rechte gegen ‹Entschädigung› an regionale Kleinfürsten. Diese wiederum verpachteten die Steuer- und Zollrechte an wohlhabende Steuerpächter, die als selbstständige Großunternehmer die regionalen Rechte an regionale Kleinunternehmer verpachten konnten. Dass dieses ‹out-sourcing› auf mehreren Ebenen die Steuerlast erhöhte, ist unschwer nachzuvollziehen, denn jede Hierarchie-

> Ebene wollte und musste an der Vergabe der entsprechenden Rechte verdienen.»[16]

Mit dem Altertumsforscher Ernst Badian ist darauf hinzuweisen, dass die unterste Ebene dieser Ausbeutungsstruktur, um die es in der Regel in der Jesus-Tradition geht,

> «gar keine echten römischen *publicani* waren, sondern nur deren örtliche Angestellte, die nicht nur mit der natürlichen Abneigung betrachtet wurden, die die ganze arbeitende Bevölkerung mit Recht für den Steuereintreiber empfindet, sondern auch mit der besonderen Abneigung, die jenen gilt, die mit dem fremden Eroberer kollaborieren und sich dadurch bereichern.»[17]

Mit Martin Ebner lässt sich die sozio-ökonomische Rolle der Zöllner zur Zeit Jesu folgendermassen präzisieren:

> «Zöllner, vielleicht sagen wir besser Steuerpächter, sind für die Einziehung der indirekten Steuern zuständig, also für die Brücken- und Wegesteuer, für die Marktsteuer, für die Salzsteuer, nicht zu vergessen die Steuern für den Transport der Waren in eine Stadt oder über die Landesgrenzen der Kleinmonarchen, was gerade für die Bewohner am Nordufer des Sees Genezareth wichtig ist, wenn sie mit ihren Erzeugnissen und Waren zwischen Betsaida, das im Gebiet des Philippus liegt, und Kapharnaum, das im Gebiet des Herodes Antipas liegt, hin- und herpendeln. Es sind genau diese Landesfürsten, die die einzelnen Steuerpakete an den jeweils Höchstbietenden vergeben. Diese Vorausgaben wieder zu erwirtschaften und womöglich darüber hinaus noch Gewinn zu machen, liegt in den Händen des ‹Zöllners›, der ein schlauer Geschäftsmann zu sein hat. Bedenkt man schließlich, dass die Grund- und Bodensteuer (bzw. die Kopfsteuer) einmal jährlich von Beamten des Königs bzw. von den zuständigen Ältesten der Dörfer eingezogen wird, die Zöllner aber sozusagen Tag für Tag an den Brücken, auf den Märkten den sauer verdienten Lebensunterhalt zusätzlich beschneiden und im Fall der Fischereiwirtschaft sozusagen von der Produktion (Fischereirechte im See) über die Verarbeitung (Salzsteuer) bis hin zur Vermarktung (Marktsteuer) am mühsam verdienten Gewinn der Fischer nagen, ist es nur allzu verständlich, dass die galiläische Landbevölkerung Zöllnern gegenüber auf

16 Joachim Kügler, *Gottes Königsherrschaft als «Rahmenmythos» der Pastoral Jesu*, in: Rainer Bucher/Rainer Krockauer (Hg.), *Gott*. Eine pastoraltheologische Annäherung (Werkstatt Theologie 10), Münster 2007, 11–38, 20 f.

17 Ernst Badian, *Zöllner und Sünder*. Unternehmer im Dienst der römischen Republik, Darmstadt 1997, 1.

> Distanz geht. Obwohl Zöllner gewöhnlich Juden sind, werden sie religiös als ‹unrein› (vgl. Mk 2,15–17) und als ‹Sünder› (vgl. Mk 2,17; Q 7,34) abqualifiziert. Die soziale Ablehnung wird hier durch einen religiösen Trennungsstrich deutlich markiert.»[18]

Die galiläische Landbevölkerung hatte also guten Grund, sich von diesen Ausbeutern zu distanzieren. Es geht nicht um «unschuldig Verfolgte», sondern um echte Feinde, die das Leben real bedrohen und deshalb zu Recht gehasst werden. Die liebende Barmherzigkeit, die Jesus den Zöllnern gegenüber praktiziert, ist also echte Feindesliebe, und sie ist als solche extrem skandalös und kollaborationsverdächtig.

Wenn wir das für uns verheutigen, muss man sagen: Was unsere Bereitschaft zur Nachahmung Gottes in der Nachfolge Jesu wert ist, zeigt sich erst wirklich in den Extremen, beim echten Feind, der unsere Ablehnung verdient hat, beim Kriegsverbrecher, Massenmörder, Folterknecht, Kinderschänder und dergleichen. In der Regel verhalten wir uns solchen Menschen gegenüber genauso, wie es die Zeitgenossen Jesu gegenüber Sündern getan haben. Wir grenzen uns ab, grenzen die Übeltäter aus und halten dadurch unsere eigene Weste weiss.

5 Kein Pardon für Kinderschänder?

Aus der Perspektive des Exegeten deshalb ein Schlusswort zum Thema sexuellen Missbrauchs in der Kirche, vor allem durch Priester. Da ich selbst Priester bin, ist das Thema für mich besonders heikel. Ich weiss, dass jedes Plädoyer für Barmherzigkeit hier als Verachtung der Opfer, Verharmlosung der Täter und falsche klerikale Solidarität verstanden werden kann. Aber gerade deshalb will ich es wagen, weil so vielleicht deutlich werden kann, in welchen Minenfeldern sich Jesus bewegt hat, wenn er sich mit den falschen Leuten eingelassen hat, und in welchen Minenfeldern sich alle bewegen, die seiner Einladung zum heilsamen Ärgernis folgen. Damals wie heute ist jede Form von Barmherzigkeit und Feindesliebe missverständlich.

Der Skandal um sexuellen Missbrauch in der Kirche hat vieles durcheinandergewirbelt und verändert. Meinem Eindruck nach hat sich das Verhalten der kirchlichen Institution aber nicht strukturell verändert. Die Kirche orientiert sich weiterhin nicht an pastoralen Perspektiven ihrer eigenen Botschaft, sondern an Institutionsinteressen. Geändert hat sich – unter dem Druck des

18 Martin Ebner, *Jesus von Nazaret in seiner Zeit.* Sozialgeschichtliche Zugänge (SBS 196), Stuttgart 2003, 157 f.

Zeitgeistes – nur die Form, in der man die Interessen der eigenen Institution zu wahren versucht. Früher war es normal und dem Ansehen der Institution förderlich, wenn wann vertuschte. Das haben alle so gemacht: der Sportclub, die Armee, der Gesangverein und die linke Reformschule. Also hat es die Kirche auch so gemacht. Verschweigen, Verschleiern und Vertuschen war das Mittel der Wahl, um das Ansehen der eigenen Institution in der Öffentlichkeit am besten zu wahren.

Unter dem Druck kritischer Öffentlichkeit hat sich diese Taktik überlebt, auch wenn das noch nicht alle Kirchenführer begriffen haben. Das Prinzip «Corps-Geist», das im katholischen Bereich durch eine klerikalistisch-männerbündlerische Tradition massiv verstärkt wurde, ist in westlichen Gesellschaften überholt – vielleicht nicht in der Praxis, aber in der öffentlichen Bewertung. Wer heute dem öffentlichen Ansehen der eigenen Institution dienen will, muss einen ganz anderen Weg gehen. Heute ist es angesagt, sich möglichst deutlich vom Sünder zu distanzieren. Es ist förderlich für das Ansehen der Institution, Beschuldigte möglichst hart moralisch zu verdammen und sich von ihnen zu trennen. Also tut man dies jetzt auch in Kirchenkreisen. Daneben existiert das alte Vertuschungsprinzip durchaus weiter und wird je nach öffentlicher Aufmerksamkeit bisweilen mit dem neuen Verhaltensmuster kombiniert. Was zählt, ist leider allzu oft einzig und allein, wie «die Kirche» öffentlich dasteht. Dass man mit einer demonstrativen Distanzierung von den Tätern und einer wortgewaltigen Solidarisierung mit den Opfern auch von der Verantwortung der Kirchenleitung und strukturellen Problemen ablenken kann, ist dabei ein angenehmer Nebeneffekt.

Wenn man freilich versucht, die Perspektive[19] Jesu einzunehmen, dann kommt man zu der Frage, was wohl wäre, wenn die Kirche Opfer und Täter wichtiger nähme als ihr eigenes Ansehen und wenn sie darüber hinaus Opfer und Täter gleich wichtig nähme und sich beiden zunächst und vor allem pastoral zuwenden würde? Das könnte dann zum Beispiel dazu führen, dass man sich um Versöhnung bemüht, um Konfrontation zwischen Täter und Opfer, um Entschädigung auch, aber vor allem darum, was aus den Beteiligten geworden ist und was aus ihnen um Gottes willen noch werden kann. Für den grossen politischen Bereich gibt es als Versuch der Verbindung von Gerechtigkeit und Versöhnung

19 Zum Perspektivenbegriff und seiner Geschichte im Zusammenhang der Jesusforschung vgl. Volker Eid, *Praxis-Perspektiven aus der Bibel?* Rückblick auf eine Theorie, in: Joachim Kügler/Eric Souga Onomo/Stephanie Feder (Hg.), *Bibel und Praxis.* Beiträge des Internationalen Bibel-Symposiums 2009 in Bamberg (bayreuther forum TRANSIT 11), Berlin 2011, 37–43.

die südafrikanischen «Wahrheitskommissionen» der Post-Apartheid-Ära.[20] Dieses Modell kann natürlich nicht einfach kopiert werden, aber immerhin ging es bei der Aufarbeitung der Apartheid um Verwundungen, die persönlich vielleicht vergleichbar tief gingen wie jene bei Missbrauchserfahrung. Man sollte zumindest einmal prüfen, ob es nicht eine ähnliche Struktur geben kann, die den Täter als Täter wahrnimmt, seine Schuld nicht verschleiert und ihm gerade deshalb die Chance gibt zu einem neuen Leben – nicht gegen das Opfer, sondern möglichst mit ihm. Es geht jedenfalls um eine Praxisform, die eine Haltung ethischer Entschiedenheit mit gleichzeitiger *unbegrenzter* Vergebungsbereitschaft verbindet. Eine solche Praxis jenseits von billiger Vertuschungsgnade und ebenso billiger Verdammungsrhetorik wird leider nur selten Wirklichkeit. Im persönlichen wie im politischen Bereich ist das verhängnisvolle Spiel von Strafandrohung und Tatverleugnung die Regel. Ausnahmen sind selten, und gerade deshalb wäre es über den kirchlichen Bereich hinaus heilsam, wenn es gelänge, hier ein prophetisches Zeichen zu setzen.

Natürlich müsste man bei einem solchen Vorgehen üble Nachrede in der Öffentlichkeit in Kauf nehmen. Natürlich könnte man nicht mehr so effektiv institutionell-politisch agieren und sich auch nicht einfach mit Geld, das übrigens in der Regel nicht von den Tätern kommt, freikaufen. Natürlich würde eine echte Sünderpastoral viel mehr Arbeit machen als die bisherigen Strategien, denn man müsste sich ja «die Finger schmutzig machen» mit Lebensgeschichten, die in tiefste Niederungen führen. Man müsste dann nachdenken über die Wirkung der kirchlichen Sexualmoral mit ihren starken Traditionen von Abwertung und Verdrängung. Vielleicht aber würde Kirche-Sein gerade so auch wieder an Glaubwürdigkeit gewinnen – vielleicht nicht unbedingt bei der Mehrheit, aber vielleicht bei den Aufmerksamen, die bei genauerem Hinsehen merken könnten, dass da Nachfolge Jesu im Umgang mit Schuldigen versucht wird.

Ob wir nämlich unseren Herrn und Meister ernst nehmen und versuchen, aus seinem Geist zu leben, entscheidet sich nicht an irgendwelchen

20 Ottmar Fuchs, der die theologische und pastorale Brisanz dieser Kommissionen klar erkannt hat, schildert diese in seiner Eschatologie als Versuch, rigorose Aufklärung von Verbrechen, härteste Konfrontation von Täterinnen und Tätern mit ihren Opfern und Vergebungsbereitschaft zu verbinden. Amnestie bedeutete dabei gerade nicht Vergessen und Vertuschen, sondern war ein Gnadenangebot, die eigene Schuld in der Konfrontation mit den Opfern anzunehmen. Für die, die dieses Angebot annahmen, waren Reueschmerz und (soweit noch möglich) Wiedergutmachung die eigentliche Strafe; die anderen mussten Strafverfolgung fürchten. Vgl. Ottmar Fuchs, *Das Jüngste Gericht – Hoffnung auf Gerechtigkeit*, Regensburg 2007, 134. Zu einer exegetischen Einordnung dieser Eschatologie vgl. Joachim Kügler, *Letztes Gericht ohne Höllenangst. Eine bibeltheologische Auseinandersetzung mit der pastoraltheologischen Gerichtskonzeption von Ottmar Fuchs*, in: Orientierung 71 (2007), 219–221.

Lippenbekenntnissen, sondern in unserer Praxis. Unser Alltagsverhalten gibt Auskunft darüber, ob wir Menschen sind, die sich (im Bewusstsein ihrer eigenen Schwäche und Bosheit) der Güte Gottes anvertrauen und so zum «Grundsakrament» seiner Gegenwart in dieser Welt werden, oder ob wir umgekehrt in heilloser Selbstgerechtigkeit und Menschenverachtung zu den Hindernissen gehören, die Gottes Reich zu überwinden hat.

Jesu Botschaft – eine Zumutung für heute?

Volker Eid

1 Zumutung? Annäherung an das Thema

Inmitten einer intensiven Diskussion, auch vieler von Sympathie und Antipathie, von Vorurteilen und nicht zuletzt auch nostalgischen Regungen geprägten Mutmassungen über die heutigen Bedingungen und Chancen von Religion und heutigem christlichem Glauben könnte die mir aufgegebene Frage als nur modisch erscheinen. Das ist sie selbstverständlich keineswegs.

Denn die Pluralisierung der Lebenskonzepte lässt es zwar zu, die (auch) christlichen Wurzeln europäischer Kultur sehr hoch zu schätzen. Die weit verbreitete Wahrnehmung und Würdigung des Christentums als «kulturelles Erbe», ja, auch als «Wertetradition», lässt aber umso deutlicher erkennen, dass aktiver christlicher Glaube vielen Menschen fragwürdig und häufig gleichgültig geworden ist, durchaus auch solchen, die nach wie vor zu einer christlichen Kirche ausdrücklich gehören wollen. Der immer wieder beklagte und diskutierte Wirkungsverlust kirchlicher Verkündigung ist dafür wohl eher Ausdruck als Ursache, Symptom der Auflösung der ganz selbstverständlichen Bindung an die kirchliche Gemeinschaft (Pfarrei) in der noch bis ins 20. Jahrhundert hinein üblichen Weise.[1]

Dass diese Situation ziemlich deutlich auf eine Verringerung der Attraktivität gemeindlich-kirchlich organisierter Religiosität schliessen lässt, ist bekannt. Die für die Lebensgestaltung massgebliche Deutungshoheit des Christentums ist vielleicht nicht ganz verloren, hat aber starke Einbussen erlitten. Zugleich beobachtet man, dass ein wie auch immer geartetes religiöses Bedürfnis, ein Bedürfnis jedenfalls nach Sinnerfahrung, keineswegs geschwunden ist, sich aber eine ganz persönliche Lebensdeutung sucht. Wie diese alltagswirklich aussieht, diffus oder konkret, esoterisch oder nicht, erlebnis-artig oder privat-

1 Vgl. hierzu eine lapidare Darstellung von Hubertus Halbfas, *Glaubensverlust.* Warum sich das Christentum neu erfinden muss, Ostfildern 2011, 14–17.

«mystisch», engagementbereit oder selbstbezogen – solche und ähnliche andere Fragen sind interessant und wichtig. Man sollte hier aber nicht allzu eilig von fragwürdiger Privatisierung und Egomanie sprechen. Denn der Anspruch auf eine selbstbestimmte Religiosität ist im Sinne selbstverantworteter Lebensgestaltung völlig berechtigt. Nicht umgehen lässt sich die Feststellung, dass auch christlicher Glaube nicht mehr als gewissermassen korporative Überzeugung verstanden und «organisiert» werden kann. Auch er muss unter den gegebenen Umständen als persönliche, durchaus individuelle Überzeugung gelebt werden, gerade weil sein gemeinschaftlicher Charakter unbedingt bewahrt werden muss. Die Glaubensgemeinschaft besteht aus überzeugt glaubenden Menschen.

Die mir aufgegebene sehr komplexe und inhaltlich weite Themafrage ordne ich dieser Feststellung zu. Doch macht es mir vor allem der Begriff «Zumutung» schwer, die genaue Intention der mir aufgegebenen Frage zu verstehen: belästigendes Ansinnen oder energische Herausforderung? Ich entscheide mich für die zweite Deutung.

Gewiss enthalten die Berichte über Jesu Verhalten und Reden Momente, die als fragwürdige Zumutung empfunden werden können, nicht nur heute übrigens: die Forderungen der Feindesliebe und des Gewaltverzichts beispielsweise. Ist es denn keine Zumutung, zu verlangen, wir sollten unsere Feinde lieben und denen Gutes tun, die uns hassen (Lk 6,27)?[2] Ist es keine Zumutung, dazu aufzufordern, demjenigen, der uns auf die eine Wange geschlagen hat, auch noch freiwillig die andere anzubieten (Mt 5,39)? Nimmt man solche «Zumutungen» aber im Gesamt von «Jesu Botschaft» über Mensch und Gott wahr, kann man sie sehr wohl als Elemente einer sinnvollen und Sinn stiftenden Zumutung verstehen. Das setzt aber eine kenntnisreiche Auseinandersetzung mit dem einstigen galiläischen Wanderpropheten voraus. Wie diese vermittelt werden kann, war und ist eine hochproblematische Frage.

Ein in persönlicher Überzeugung gelebter christlicher Glaube braucht jedenfalls heute über alles Katechismuswissen hinaus und durchaus auch unabhängig von den komplizierten dogmatischen Deutungen die Bekanntschaft mit Jesus von Nazaret, das heisst mit «Jesu Botschaft» und die Auseinandersetzung mit ihr. Eine «Zumutung», eine Herausforderung kann «Jesu Botschaft» nur sein, wenn sie bekannt ist.

2 Die biblischen Verweise sind exemplarisch zu verstehen; die synoptischen Parallelstellen werden nicht vermerkt.

2 «Jesu Botschaft» – in welchem Sinn?

Die Themafrage betrifft ja nicht allein die soeben angedeuteten Zumutungs-«Weisungen». Mit «Jesu Botschaft» muss, wie gesagt, das Gesamt dessen gemeint sein, was der galiläische Wanderprophet kritisch herausfordernd verkündete und tat. Wir kennen ihn wesentlich nur aus den neutestamentlichen Evangelien, den synoptischen zumal. Doch sind diese keine historisch-biografischen Darstellungen, wollen das gar nicht sein, sondern vom Glauben geprägte Verkündigung. Sie setzen den Glauben an den auferstandenen, göttlich beglaubigten Herrn voraus und werben für ihn. Sie sind also nicht unmittelbar «Jesu Botschaft», sondern durchaus interessegeleitete *Botschaft von «Jesu Botschaft»*. Sie deuten diese mit dem Ziel, Menschen auf die Heilskraft Jesu aufmerksam zu machen und diejenigen, die sich schon an ihn gebunden haben, in dieser Bindung zu halten. Dazu benutzen die Autoren die literarischen und rhetorischen Darstellungsmittel ihrer Zeit.

Vielleicht wäre ja die Botschaft von «Jesu Botschaft» auch ohne ihre antike «Karriere» bis heute überliefert und interpretiert worden, etwa als ein interessanter humanistischer Beitrag zur gerechten Gestaltung sozialen und individuellen Lebens, durchaus religiös fundiert, aber auch «säkular» überzeugend. Tatsache ist freilich, dass sie ihre Autorität gewann und bis heute gewinnt aus der von sehr vielen Menschen geteilten Überzeugung, in der Gestalt des Jesus von Nazaret einem Gott zu begegnen, der sich zuwendet, herausfordert, zugleich aber auch trägt und hält.

Die Frage, ob genau dieses Jesus-Verständnis «für heute» eine Zumutung sei, hat ihr Gewicht auch dadurch, dass die theologische Interpretation des Ursprungs der christlichen Glaubensbewegung durch eine sich geradezu eigendynamisch immer weiter entwickelnde dogmatische Christologie fortgesetzt wurde. Sie divinisierte den Galiläer dermassen konsequent, dass in der allgemeinen heutigen Wahrnehmung das divinisierte und dogmatisierte Jesusbild vorherrscht,[3] unabhängig von Einstellung und Überzeugung: gläubig, agnostisch, anti- oder atheistisch. Dass dabei allermeist nur eine populär-naive «Gottessohn»- und «Wundermann»-Vorstellung das kollektive Bewusstsein und daher die mediale Kommunikation bestimmt, hängt sicherlich damit zusammen, dass sich die reichlich komplizierte dogmatische Christologie nur schwer vermitteln lässt, dass also die «hohe» Theologie beziehungsweise die kirchliche Glaubenslehre als eine Arkandisziplin empfunden werden, vor der sich die eigentlichen

3 Hierzu Halbfas (wie Anm. 1), 18: «Die Glaubensbekenntnisse, wie sie über die Jahrhunderte hin gelehrt und gesprochen werden, ersetzen Jesus […] durch Christusdeutungen.»

Sprecherinnen und Sprecher des christlichen Glaubens[4] als inkompetent und daher vormundbedürftig entdecken müssen.

Der «historische» Jesus von Nazaret wurde und wird vom dogmatisch interpretierten und wie auch immer «geglaubten» Jesus verdeckt. Vielleicht wird man entgegnen, allein dieser sei letztlich wichtig und massgebend, die historisch-kritische Erkundung des «historischen» Jesus sei für den Glauben nicht wirklich ausschlaggebend, ja, diese könne womöglich zu einer Art säkularer Verführung gegen den Glauben werden; man begegnet einem derartigen Vorbehalt gegen die historisch-kritische Bibelexegese durchaus. Dabei ginge es doch darum, dass Menschen (einzeln und in Gemeinschaft) ihren Glauben an Jesus Christus erden könnten in der Begegnung mit all dem, was Jesu Rede von einem Gott bedeutet, den er «Vater» nennt, mit all dem, was er in seinem Namen sehr konkret und heilsam tut und was er kritisch anprangert, kritisch fordert.

Es soll hier deutlich werden, dass der Begriff «Jesu Botschaft» nicht als eindeutig klar vorausgesetzt werden darf, im Blick sowohl auf die theologischen Vorverständnisse und Interessen wie auch auf die sehr verschiedenartigen und nur schwer zu erfassenden alltagspraktischen Vorstellungen der Menschen. Ist der «historische Jesus» gemeint oder der «geglaubte Gottessohn», und das in welcher Variante?

Die theologisch-ethische Relevanz dieser Frage mag man beispielsweise anhand der Tatsache ermessen, dass die in Jesu Botschaft enthaltenen «moralischen Weisungen» in kirchlicher Lehre bislang als durch Jesus vermittelte göttliche Anweisungen, nicht aber zuerst als Äusserungen des «historischen» Jesus verstanden und interpretiert werden, in seinem jeweiligen Handlungszusammenhang. Dabei wurden und werden sie nämlich aus dem biblisch-situativen Kontext herausgelöst und «überzeitlich» verabsolutiert. Ein Beispiel hierfür ist die herkömmliche katholisch-kirchenrechtliche, lapidar mit «Gottes Gebot» begründete Interpretation der Stellungnahme Jesu zur jüdischen Praxis der Ehescheidung, mit ihren derzeit zu Recht wieder diskutierten Konsequenzen für die kirchlich-religiöse Situation wiederverheirateter Geschiedener.

Ob und wie «Jesu Botschaft» als eine «Zumutung» empfunden werden kann, hängt also noch vor aller inhaltlichen Erörterung davon ab, mit welchen Vorverständnissen und Interessen sie dargestellt und wahrgenommen wird. Es gibt ein starkes religiöses Glaubensinteresse, das von einer eher realistischen bis zu

4 Vor Jahrzehnten schon konstatierte Edward Schillebeeckx das Problem der Unverständlichkeit und des durch diese verursachten Relevanzverlusts kirchlich-theologischer Sprachspiele: *Glaubensinterpretation*. Beiträge zu einer hermeneutischen und kritischen Theologie, Mainz 1971, 13–16. Vgl. die Kritik am 1992 präsentierten «Katechismus der Katholischen Kirche» bei Halbfas (wie Anm. 1), 31–38.

einer esoterischen, an «Wundern» interessierten Lebens- und Weltsicht reicht. Zugleich lässt sich ein grundsätzliches «säkulares» Misstrauen gegenüber allem Religiösen feststellen. So werden es die einen als Zumutung empfinden, wenn Jesus von Nazaret ihrem Empfinden nach allzu sehr «historisiert» wird, andere werden das Gegenteil als Zumutung empfinden.

3 «Historischer» Jesus und Glaube

Es war wohl nicht nur die pure wissenschaftliche Neugier, die die im Gefolge der Aufklärung entstandene so genannte Leben-Jesu-Forschung dazu antrieb, durch kritische Analysen der Heiligen Schriften dem Menschen Jesus von Nazaret historisch einigermassen auf die Spur zu kommen. Aufklärerische Interessen waren im Spiel, also auch religionskritische, religionsfeindliche. Ging es doch darum, ein seit der Antike im Gefolge der Politisierung der christlichen Religion konstruiertes, machtförmig-dogmatisch begründetes Gottes-, Welt- und Menschenbild als autoritär zu entlarven. Eine wichtige Folge dieser Forschung war und ist aber auch, dass sich die biblische Exegese nach teilweise schmerzlichen Konflikten letztlich von der dogmatischen Deutungshoheit emanzipierte, aus der autoritären Vorgabe zumal, dass die Deutung biblischer Texte den dogmatischen Festlegungen untertan seien.

Es war und ist freilich unmöglich, tatsächlich eine historisch exakte Jesus-Biografie zu erstellen, weil die biblischen Texte nicht nur nicht an einer solchen interessiert sind, sondern weil sie unmittelbar dem Interesse folgen, ihn so darzustellen, dass er schon mitten in seinem «irdischen» Leben, mitten auch in der Katastrophe seiner Hinrichtung, als göttlich erhobener Herr erkannt werden kann. Daher berichten sie all das, was für dieses Ziel als relevant erscheint, und zwar auf eine der Denkungsart ihrer Zeit gemässe Weise. So kennzeichnen sie ihn als Wundertäter, durch sehr bewegende Berichte über Krankenheilungen und Totenerweckungen beispielsweise.

Mir scheint es im Sinne unseres Themas wichtig zu sein, an dieser Stelle einen kurzen Exkurs hierzu einzuschalten, zumal solche Berichte in den Evangelien einen breiten Raum einnehmen, in der heutigen Wahrnehmung aber entweder übergangen werden, einigermassen verlegen, oder aber als ganz selbstverständliche Tatsachen «bepredigt» werden. Die Frage ist, wie diese Berichte heute zu deuten sind. Ich erinnere mich ungefähr an das vor vielen Jahren in der Zeitschrift «Spiegel» veröffentlichte Ergebnis einer entsprechenden Umfrage. Danach hielten es ziemlich viele Leute für möglich, ja, sogar für wahrscheinlich, dass Jesus Kranke geheilt habe. Wesentlich weniger Menschen konnten es für möglich oder wahrscheinlich halten, dass er Tote auferweckt habe. Die breit angenommene Plausibilität von Heilungswundern kann mit der bekanntlich von vielen Menschen geteilten (nicht nur esoterischen) Überzeugung und Hoffnung zusammenhängen, dass es jenseits der Schulmedizin viele andere Behandlungs- und Heilungsmöglichkeiten gebe. Die Berichte über die Totenerweckungen Jesu aber konnten wohl nur jene für «wahr» halten, die seit ihrer Kindheit immer nur dem göttlichen «Wundermann» begegnet waren, also wundergläubige und wunderbedürftige Menschen. Andere trieb dagegen die Frage nach den Totenerweckungen in misstrauischen Zweifel und in Ablehnung.

Dass und warum es sich Menschen auch heute vorstellen können, dass Jesus Kranke geheilt habe, wurde schon angezeigt. In der Tat muss Jesu starkes mitmenschliches Verhalten heilend gewirkt haben. Doch ist es die eigentlich wichtige Botschaft der allermeisten Heilungserzählungen, dass Jesus die Hinwendung zu ihm als Ausdruck von Glauben (Vertrauen) wertet, diesen als das eigentlich Heilsame ausgibt und damit die Vergebung der Sünden verbindet, was als Ausdruck der heilsamen Zuwendung Gottes zu verstehen ist.

Eine heutige historisch-kritische Untersuchung der biblischen Texte muss berücksichtigen, dass es sich dabei um antike Texte handelt. Antike Texte, nicht nur biblische, berichteten häufig über Wunder, nicht zum Wenigsten über Heilungswunder; noch mehr werden die Menschen untereinander über Heilungswunder gesprochen haben, etwa über jene des Asklepios. Auch heute zielen solche Wunderberichte und Hoffnungsgespräche – man denke beispielsweise an Lourdes und Fatima – darauf, Staunen und Hoffnung zu wecken. Den Evangelisten, auch den vielen anderen, uns heute völlig unbekannten frühchristlichen Wanderpredigern, musste es darauf ankommen, schon die «irdische» Bedeutung und Strahlkraft des Jesus Christus mit zeitgemässen erzählerischen Methoden zu veranschaulichen und hervorzuheben. Insofern müssen die Wunderberichte, etwa auch jene über die Speisungswunder (beispielsweise Mk 6,31 ff.), sehr wohl als wichtiger Teil der neutestamentlichen Charakteristik Jesu gewürdigt werden. Es kann aber nicht sinnvoll sein, auch heute noch ernsthaft und manchmal geradezu pedantisch-fromm darüber zu debattieren, ob Jesus diese Wunder tatsächlich bewirkt habe oder nicht.

Sinnvoll ist die Frage, warum diese Wunderberichte in jener Zeit wichtig waren: erzählerischer Aufweis der von Gott gegebenen Vollmacht für den Propheten Jesus, zugleich Aufweis, dass Gottes heilsame Zuwendung durch ihn wirksam ist. In diesem Sinne setzen die Wunderberichte den «geglaubten Jesus» voraus, sie sind Erzeugnis und Ausdruck der Überzeugung von seiner göttlichen Sendung. Das heisst aber, dass sie die Auseinandersetzung mit dem Handeln und Reden Jesu von Nazaret voraussetzen, aus der heraus sich die Überzeugung von seiner Wahrheit gewissermassen erzählerisch verdichtet und verbildlicht. In dieser Weise sollten die Wunderberichte verstanden und gedeutet werden.

4 Glaubensbegründung und Rückfrage nach Jesus

Heute werden es wohl viele Menschen als befremdliche Zumutung empfinden, christliche Glaubensüberzeugung mit Wundern zu begründen. Andererseits werden es viele andere Menschen als Zumutung empfinden, wenn die Tatsächlichkeit der Wunder Jesu relativiert und gar bezweifelt wird. Für sie gehören die Möglichkeit, ja, die Wahrscheinlichkeit von Wundern Jesu essenziell zu ihrem christlichen Glauben; so haben sie nämlich den christlichen Glauben kennengelernt, so möchten sie ihn bewahren. Doch bedarf es der Einsicht, nochmals sei das betont, dass christlicher Glaube letztlich nicht mit Wundern begründet werden kann und darf.

Womit aber dann? Und was hat die Rückfrage nach dem «historischen» Jesus damit zu tun? Eine heutige historisch-kritische Suche nach Jesus von Nazaret zielt nicht auf eine «säkularistische Desillusionierung» des Glaubens, wohl aber darauf, die Texte im Horizont ihrer Entstehungszeit zu verstehen und letztlich so eine Vorstellung vom Wesentlichen der «Botschaft» zu gewinnen. Sie geht dabei sozusagen hypothetisch einen Schritt hinter die Phase der Ausbildung des Glaubens an die sinnstiftende Wahrheit Gottes in Jesus von Nazaret zurück, um so gut wie möglich den Blick zu öffnen für jenen Jesus von Nazaret, auf dessen Handeln und Reden sich dieser Glaube stützte und stützt.

Eine solche exegetisch ermöglichte, aber persönlich vollzogene Erkundung des Ursprungs christlichen Glaubens, so unvollkommen sie auch bleiben muss, kann auch heute zum Nachvollzug reizen: zur Entdeckung und Überzeugung, dass «Jesu Botschaft» über Gott und Mensch eine Lebensbasis ist. Ohne diese eigene Entdeckungs-Aktivität, wie immer sie konkret verläuft, dürfte heute eine verlässliche Überzeugung (Glauben) nicht gewonnen werden können. Eine historisch-kritische Erörterung von «Jesu Botschaft» erzeugt zwar allein von sich aus weder Überzeugung noch Glauben, sie ermöglicht aber die Auseinandersetzung mit ihr: wesentliche Voraussetzung für den Gewinn von Überzeugung und Glauben.

Wir können allenfalls ahnen, was genau Menschen trotz der Katastrophe der schmählichen Hinrichtung Jesu damals dazu bewegte, sich zusammenzutun, um nunmehr aus seinem Geist heraus leben zu wollen. Dennoch darf man versuchen, sich den Entstehungsprozess der Jesusbewegung über den grossen zeitlichen Abstand hinweg versuchsweise zu veranschaulichen. Dem verzweifelten Entsetzen über den Verbrechertod Jesu, über sein offensichtliches Scheitern, folgte sicherlich eine Phase lethargischer Enttäuschung, dann aber eine Phase der Besinnung, der Erinnerung an das entschlossene Eintreten Jesu gegen menschenfeindliche Herrschaftsverhältnisse, gegen eine überhebliche, besserwisserische Praxis des Glaubens; an sein entschlossenes Eintreten für die Rechte der Armen, für die Erkenntnis eines Gottes, der sich nicht an religiöses Herrschaftswissen bindet, sich vielmehr jedem zuwendet, der sich ihm öffnet.

Diese konkrete Erinnerung an das für sie überzeugend hilfreiche Handeln und Reden Jesu, an die ihnen eröffnete Gottes-Hoffnung, bewegte diese Menschen sicher dazu, nicht zu verzweifeln, sondern die «Sache Jesu» entschieden fortzusetzen. Denn das, was Jesus getan und verkündet hatte, war ja immer noch gültig. Es konnte unmöglich durch seine Hinrichtung unwahr geworden sein. Also gelangten sie in einem Prozess vertiefter Entdeckung und Einsicht zur Überzeugung, dass Gott ihn auferweckt und beglaubigt habe. Im Durchleiden ihrer Verzweiflung entdeckten sie «ihren» Jesus neu und gewannen in der Erinnerung an sein Reden und Handeln eine eigene, durchaus selbstbewusste Kompetenz. Die früheren «Schüler» wurden erwachsen und machten die «Sache Jesu» zu ihrer eigenen.[5] Daher soll jetzt versucht werden, diese «Sache Jesu», seine «Botschaft» andeutungsweise zu charakterisieren.

5 Jesu Botschaft – überzeugend?

Der galiläische Wanderprophet Jesus von Nazaret war kein im modernen Sinne «aufgeklärter» Mensch, er war nicht über die Wissens- und Verstehensbedingungen seiner Umwelt und ihrer Zeit erhaben. Sein prophetisches Engagement, das Engagement eines Hellsichtigen und für die Situation seiner Mitmenschen kritisch Sensiblen, galt der Durchsetzung einer vor Gott gültigen sozialen Gerechtigkeit. Er war Jude und als solcher in der antiken Glaubens- und Kulturtradition seines Volkes verwurzelt.[6] Daher wird ihn eine historisch-kritische Erörterung keinesfalls aus der damaligen Gott-, Mensch- und Weltdeutung herauslösen, sondern ihn aus ihr heraus verstehen. Er gab sich als Exorzist und Wunderheiler; er deutete die Situation des Menschen als unheilvoll, von Dämonen belastet, daher unbedingt auf die entgegenkommende Güte Gottes angewiesen.

Der apokalyptischen Stimmung jener Epoche gemäss hatte schon der grosses Aufsehen erregende Prophet Johannes der Täufer den baldigen Anbruch der endgültigen Herrschaft Gottes verkündet und dazu aufgefordert, auf diese hin

5 Die grossen Redekompositionen im ersten Teil der Apostelgeschichte illustrieren dieses Verständnis eindrucksvoll, beispielsweise die «Pfingstrede» des Petrus (Apg 2,14 ff.).

6 Hierzu genauer Paul Hoffmann, *Die «Transzendenz» Gottes in der Verkündigung Jesu*, in: ders., *Jesus von Nazaret und die Kirche*. Spurensicherung im Neuen Testament, Stuttgart 2009, 14–24.

das Lebens neu zu ordnen (Mt 3,1 ff.; 4,17). Jesus, der es offensichtlich nicht bei einer aufrüttelnden Ankündigung und Androhung belassen wollte, ging einen wesentlichen Schritt weiter: die Herrschaft Gottes ist bereits angebrochen, anfanghaft zwar, aber schon wirksam (Lk 11,20).

Durch sie ist eine veränderte Wirklichkeit. Die herkömmlichen Regeln und Gesetze gelten zwar, müssen aber im Angesicht des die Nöte und Leiden vor allem der Armen und Chancenlosen sehenden Gottes zu deren Gunsten ausgelegt werden. Daher lässt sich Jesus, wenn und wo nötig, nicht von rituellen Ge- und Verboten irritieren. Er setzt sich für die Rechte der Armen ein, ja, macht sie geradezu zu Massstäben sozialer Werteinsicht und sozialen Handelns. Er hält Mahlgemeinschaft mit Zöllnern, den willfährigen und ausbeuterischen Kreaturen der Römer,[7] und auch mit Sündern, nämlich solchen Menschen, die wegen ihres anrüchigen Verhaltens aus der Solidargemeinschaft ausgeschlossen worden waren. Es geht ihm dabei um die Auflösung destruktiver Verachtungsbarrieren, um die Befreiung der Opfer von ihrem Hass, um die Befreiung der Täter aus ihrer Gefangenschaft im Unrecht, letztlich um die Durchsetzung einer allen dienlichen Gerechtigkeit.

Dieser Jesus sucht durchaus den Konflikt, aber nicht um des Konfliktes willen, sondern mit der Absicht, durch Gegenhandeln zu verblüffen, zum Nachdenken und zur «Umkehr» zu reizen. Gegen die katastrophale Recht- und Chancenlosigkeit der Armen, gesellschaftlich Bedeutungslosen, setzt er die ganz gegensätzliche Sozialordnung der Gottesherrschaft. Die der Tradition prophetischer Sozialkritik (Jes 61,1 ff.) folgenden Seligpreisungen der Armen, Hungernden und Trauernden (Mt 5,3 ff.; Lk 6,20 ff.) bedeuten nicht eine betuliche, wirkungslose «Heiligsprechung» der gesellschaftlich Marginalisierten und zum Elend Verurteilten, sondern die Proklamation ihrer Würde und ihres Anspruchs auf Rechte und Entfaltungschancen. Diese sozialkritische Stellungnahme Jesu erlaubt keine Vertröstung der Armen, etwa auf ein besseres Jenseits, sondern verlangt Konsequenzen, Konsequenzen im Sinne einer sozialen Werteordnung, die die bisherige feudalistische Herrschafts- und Privilegienordnung als ungerecht entlarvt und abschafft. Dass es diesem Jesus um eine realistische Sicht des Elends der Armen ging, kann man aus einer sehr ironischen Warnung vor den Schriftgelehrten erkennen: «Sie gehen gern in langen Gewändern umher, lieben es, wenn man sie auf den Strassen und Plätzen grüsst, und sie wollen in der Synagoge die vorderen Sitze und bei jedem Festmahl die Ehrenplätze haben. Sie

7 Die Erzählung von der Auflösung der Konfliktsperre des Zöllners Zachäus beleuchtet die enorme Souveränität Jesu im Umgang mit sozialen Festlegungen.

bringen die Witwen um ihre Häuser und verrichten in ihrer Scheinheiligkeit lange Gebete.» (Mk 12,38b–40)

6 Jesu sozialkritischer Einsatz

Der Blick auf den gesamten sozialkritischen Einsatz Jesu zeigt, dass er nicht etwa aus Sozialneid heraus redete und handelte, sondern aus Empörung über die rechtlose Situation der armen und marginalisierten Menschen, über die autoritäre Herrschaft von Menschen über Menschen.[8] Berücksichtigen muss man, dass antiken Gesellschaften ein solches soziales Denken und Fühlen fremd waren. Nicht von ungefähr hatten die jüdischen Propheten seit alters die geradezu systemische soziale Ungerechtigkeit energisch angeprangert. Es ging und geht darum, dass Menschen nicht in ihrem Schicksal eingesperrt und in den Schranken eingegrenzt werden, die ihnen die einseitige soziale Ordnung oktroyiert, ohne irgendein Recht auf selbstbestimmte Entfaltung.

In diesem Sinne müssen auch die soeben schon angeklungenen, offensichtlich mehrfachen Verdikte gegen gesellschaftliche Vorrangstrukturen verstanden werden. Es geht um die Gegensätze Erster – Letzter, Herr – Diener; es geht in oft ironischer Weise um die Gier nach dem Ehrenplatz und um die Furcht, nur einen unbedeutenden Platz ganz hinten zu erhalten. Vorrangstrukturen, die die Ehrfurcht vor den «Herren», Würdenträgern, Ehrengästen usw. apodiktisch verlangen, beruhen auf Macht, Einfluss und Reichtum. Sie bestimmen darüber, wer etwas zu sagen hat und wer nicht; wer herrschen darf, wer zu gehorchen und sich zu unterwerfen hat. Von seinen Jüngern verlangt Jesus, bei ihnen dürfe das nicht so sein, «sondern wer bei euch gross sein will, der soll euer Diener sein, und wer bei euch der Erste sein will, soll euer Sklave sein» (Mt 20,26). Man mag die Forderung Jesu nach einem derartigen gesellschaftlichen Umsturz als utopisch ansehen, sollte aber nicht verkennen, dass es auch hier wiederum um die Chancenlosigkeit von Menschen geht, die in Unterwürfigkeit und Abhängigkeit gehalten werden, unfähig, den rücksichtslosen und ausbeuterischen Manipulationen der Mächtigen und Einflussreichen etwas entgegenzusetzen. Ihr Schicksal ist nicht einfach nur Schicksal, sondern menschenfeindliches Unrecht.

Jesus von Nazaret scheint sehr gerne provoziert zu haben. Eine der bis heute am meisten bekannten Provokationen mutete er einem Gesetzeslehrer zu (vgl. Lk 10,25 ff.), der ihn mit der Aufforderung herausfordern wollte, er solle nun doch endlich einmal erklären, wen er mit dem Wort Nächster eigentlich

8 Hierzu Paul HOFFMANN: *Die Überwindung der Herrschaft von Menschen über Menschen*, in: DERS., *Jesus von Nazaret* (wie Anm. 6), 63–72.

meine. Jesus entgegnet mit einer Beispielerzählung. Ein Mann wird auf dem Weg nach Jericho überfallen und schwer verletzt. Weder ein Priester noch ein Levit kümmern sich um ihn, sondern «ein Mann aus Samarien». So feindselig und von Vorurteilen vergiftet, wie die Juden gegenüber den in ihrer Vorstellung nicht rechtgläubigen Leuten aus Samarien eingestellt waren, konnten sie ihnen nichts Gutes zutrauen. Doch der Gesetzeslehrer muss kleinlaut eingestehen, der Samarier habe sich als Nächster erwiesen, nicht die beiden jüdischen Kleriker. Die in dem Gleichnis enthaltene Grundthese Jesu lautet: Nicht Religion oder sonstige Verschiedenheiten (z. B. Rasse) und Vorurteile entscheiden über das Nächsten-Verhältnis, sondern die konkrete, sich jetzt ereignende mitmenschliche Situation. Überdies kann es nicht erlaubt sein, sich einen Nächsten nach Lust und Laune, nach Vorlieben, nach Sympathie und Antipathie gewissermassen gnädig auszusuchen. In gegebener Situation habe nicht ich mir den Nächsten auszusuchen, ich habe mich vielmehr als Nächster zu erweisen. Hier geht es um die selbstkritische Sondierung von Vorurteilen und allzu wenig geprüften sozialen Regeln, letztlich um die unbedingt notwendige Chance, sich mitmenschlich aufeinander verlassen zu können.

Jesu schon erwähntes Verdikt gegen das jüdische Ehescheidungsrecht sei an dieser Stelle kurz besprochen, weil man es durchaus entlang der Frage betrachten kann, wie sich der Mann als Nächster seiner Frau zu verhalten habe. Das jüdische Scheidungsrecht erlaubte nur dem Mann, sich mehr oder weniger willkürlich von seiner Frau zu scheiden. Das Verdikt Jesu richtet sich unverkennbar gegen das den Frauen zugemutete Unrecht, indem er dem Scheidungsrecht direkt widerspricht: «Wer seine Frau aus der Ehe entlässt und eine andere heiratet, [...] begeht Ehebruch.» (Lk 16,18) Fast bedauerlich ist es aber, dass keiner der Evangelisten etwas ausführlicher berichtet, was Jesus selbst zur Begründung seines Verdiktes gesagt hat. Klar ist aber, dass er sich auf die damalige jüdische Scheidungspraxis bezog, das den Frauen zugemutete Unrecht anprangerte und die Verantwortung der Männer zur Treue einforderte.

Eine weitere Provokation besteht in den schon anfangs genannten «Zumutungen» der Feindesliebe und des Gewaltverzichts. Konfliktscheu und harmoniebedürftig war der Mann aus Nazaret gewiss nicht, seine sozialkritischen Aktionen beweisen das. Es ist ja prinzipiell schwierig, einen Feind zu «lieben», sofern man das wörtlich so versteht. Gelegentlich spricht man hier wie auch hinsichtlich des Gewaltverzichts von «radikalen» Forderungen Jesu. Diese möglicherweise ehrfurchtsvolle Qualifikation kann aber die Bedeutung der Forderungen Jesu nur entschärfen: von «radikalen» Forderungen kann sich der Normalmensch als entlastet fühlen, sie sind eine Aufgabe für «begabte Heilige». Tatsächlich aber provoziert das Wort Liebe zur realistischen und selbstkritischen Überprüfung des Feindschaftsverhältnisses, zur Frage nach Ursachen und Umständen, zur Frage nach dem eigenen Zutun zur Aufrechterhaltung der Situation, zur Intensivierung der feindseligen Vorurteile. Das Ziel kann nur sein, sich nicht im Feindschaftsverhältnis selbstgerecht einzurichten, sondern Wege zur Überwindung zu finden und zu bahnen. Das ist nicht davon abhängig, ob der «Feind» dabei mitmacht oder nicht. Es ist wie bei der Frage nach dem Nächsten: Der Nächste, der handeln muss, bin immer ich selbst, und zwar zuerst.

Man darf das Verständnis der Aufforderung zur Feindesliebe nicht überdehnen. Es geht weder um eine Art Gebot für alle Fälle, also nicht um die fraglose Duldung schwersten Unrechts in bedrohlich aggressiven Situationen. Es geht um eine fundamentale Einstellung und aktive Gesinnung im Verhältnis von Mensch zu Mensch. Das gilt auch für das Verständnis der Aufforderung zum Gewaltverzicht. Man mag sie als Aufforderung verstehen, Gewalt nicht besinnungslos mit Gewalt zu beantworten, Gewalt sich auslaufen, sich entkräftigen zu lassen, um so eine Konfliktverschärfung zu vermeiden, eine vernünftige Bewältigung zu ermöglichen. Die Frage, wie radikale, zerstörerische Gewalt bekämpft werden soll, steht hier nicht unmittelbar zur Debatte; insofern aber schon, als die Forderung zur Gewaltlosigkeit jede Art von gewaltförmig-aggressiver Durchsetzung eigener Interessen disqualifiziert.

7 Zumutung für heute?

Ob all dies auch aktuell eine Zumutung sein kann, ist eine Frage nach der Art und Weise, wie «Jesu Botschaft», hier nur skizziert, aus langer Lehr- und Verkündigungstradition heraus heute dargestellt wird. Dabei kommt es, wie mehrfach betont, darauf an, sie (historisch-kritisch) aus ihrer Zeit heraus zu verstehen. Dieses Verstehen geschieht im Kontext heutiger Fragestellungen, heutiger Problemwahrnehmung, aber auch heutiger Problem- und Konfliktbewertungen. In der Auseinandersetzung mit den Texten wird sich herausstellen, ob man den Berichten über Jesus von Nazaret tatsächlich elementar wichtige Einsichten und Anregungen abgewinnen kann.[9] Dazu sind seriöse Verstehenshilfen notwendig, damit man mit den Texten umgehen kann, ohne sich in allzu frommen oder auch unfrommen Deutungen zu verheddern, schon gar nicht in esoterischen.

9 Paul Hoffmann und ich haben vor vielen Jahren in diesem Sinne dargestellt, es komme darauf an, sich durch Auseinandersetzung in ein perspektivisches Verhältnis zu Jesus zu bringen. Vgl. Paul Hoffmann/Volker Eid, *Jesus von Nazareth und eine christliche Moral.* Sittliche Perspektiven der Verkündigung Jesu, Freiburg i. Br. u. a. [3]1979, 24.

Der Blick auf den historischen Jesus kann ganz sicher von dogmatischer Voreingenommenheit schützen und dazu ermuntern, im Verhalten und Reden Jesu einen Gottesbezug zu erkennen, der auch heute tragen kann. Es gibt freilich keine logische Notwendigkeit, Jesu Gottes-Botschaft zu akzeptieren, sie bietet sich aber an. Die Texte der Bibel sind, wie andere frühchristliche Texte auch, Erzeugnisse des christlichen Glaubens, nicht seine Ursachen. Sie ermöglichen jene Auseinandersetzung mit Jesus von Nazaret, in der seine Berufung auf die tiefste menschliche Vertrauensbasis wahrgenommen werden kann.

Religiöser Glaube entsteht aus dem Bedürfnis, dem als fragwürdig, fragmentarisch und risikoreich erfahrenen Leben eine verlässliche Basis zu geben. Es geht um das «richtige», das «wertvolle» Leben, das sich nach Glück und Lust, sehr wohl auch nach Gelingen ausstreckt: Gelingen von Freundschaft und Partnerschaft, von Familie, Gelingen von konstruktiver Leistung (Arbeit in jeder Hinsicht), also von privatem und beruflichem Erfolg.

Es gibt für keine konkrete Religion einen objektiven Wahrheitsbeweis. Denn die Suche nach einem zutiefst tragenden Grund des Lebens entsteht aus der Erfahrung der Ungewissheit und dem Bedürfnis nach einem «richtigen» und verlässlichen Leben. Es ist Sache jedes Menschen, eine persönlich begründete Wahl zu treffen, auf welchen Sinnentwurf er sein Leben ausrichten, genauer: festlegen will. Glauben kann nicht heissen, etwas höchst Unwahrscheinliches angestrengt für wahr zu halten, was ja nur um den Preis einer ideologischen Selbsttäuschung zu leisten ist. Aber der von Jesus verkündete und gelebte Gottesbezug ist eine mögliche Option.

Ganz gewiss beeindruckt der historische Jesus auch ohne seinen Gottesbezug stark. Daher werden sehr viele heutige Menschen seine Botschaft als eine positive Zumutung empfinden. «Jesu Botschaft» ist aber von seiner Gottes-Gewissheit nicht zu trennen. Er redet von einem Gott, für dessen allein mächtige und durchsetzungsstarke Gerechtigkeit und Zuwendung er sich in seinem Reden, Handeln und Heilen unbedingt verbürgt. Ob man das ganz nüchtern, aber engagiert akzeptieren kann oder nicht – diese Frage ist wohl keine Zumutung, sondern eine Frage, an der man in der Rückschau auf Jesus von Nazaret auch heute nicht einfach vorbeikommt.

Von Reimarus bis Ratzinger

Die Suche nach dem authentischen Jesus und das Jesus-Buch des Papstes

Franz Annen

Von den Evangelien über die Kirchenväter bis hin zu den Theologen des 17. Jahrhunderts «war es unter gläubigen Christen selbstverständlich, dass die Evangelien den wirklichen Jesus darstellen, so wie er tatsächlich war»[1]. Das Jesusbild entsprach gänzlich dem «Christus des Glaubens». Jesus war zwar immer eine Herausforderung einerseits für die «Welt», in deren Kategorien er nicht passte, andererseits für die Glaubenden, die sich bemühten ihm nachzufolgen. Aber das Bild selbst, das man sich von Jesus machte, entsprach ohne Wenn und Aber dem Glauben der Kirche. Abweichende Sichtweisen blieben auf christliche Aussenseiter und auf Gegner des Christentums beschränkt. Das änderte sich erst mit der Aufklärung und der aufkommenden historischen Forschung, die sich daran machten, «den wirklichen Jesus aus den Evangelien herauszuschälen, indem sie die vermutlich sekundären Züge in seinem Bild aussonderten»[2]. Der auf diese Weise neu gefundene *historische Jesus* begann sich vom *Christus des Glaubens* zu emanzipieren und wurde zum Anstoss und Ärgernis, zur Zumutung für die Kirchen und ihre Glaubenshüter – bis heute, wie das Jesus-Buch des ehemaligen Papstes Benedikt XVI. zeigt.[3]

1 Joseph Ratzinger/Benedikt XVI. und das Anliegen seines Jesus-Buches

Dass der ehemalige Präfekt der Glaubenskongregation und Papst ein engagierter Verteidiger des Glaubens in seiner traditionellen Form ist, bezweifelt niemand.

1 Marius Reiser, *Der unbequeme Jesus* (Biblisch-theologische Studien 122), Neukirchen-Vluyn 2011, 1.

2 A. a. O. 2.

3 Joseph Ratzinger/Benedikt XVI: *Jesus von Nazareth.* Erster Teil: Von der Taufe im Jordan bis zur Verklärung, Freiburg i. Br. 2007; ders., *Jesus von Nazareth.* Zweiter Teil: Vom Einzug in Jerusalem bis zur Auferstehung, Freiburg i. Br. 2011; ders., *Jesus von Nazareth.* Prolog: Kindheitsgeschichten Freiburg i. Br. 2012.

Entsprechend setzt er in seinem Buch über Jesus von Nazaret mit einer Kritik am Resultat der über 200-jährigen historischer Jesus-Forschung an:

> «Als gemeinsames Ergebnis all dieser Versuche ist der Eindruck zurückgeblieben, dass wir jedenfalls wenig Sicheres über Jesus wissen und dass der Glaube an seine Gottheit erst nachträglich sein Bild geformt habe [...] Eine solche Situation ist dramatisch für den Glauben, weil sein eigentlicher Bezugspunkt unsicher wird: Die innere Freundschaft mit Jesus, auf die doch alles ankommt, droht ins Leere zu greifen.»[4]

So möchte er den Graben zwischen dem «historischen Jesus» und dem «Christus des Glaubens», der für den christlichen Glauben so fatal sei, mit seiner eigenen Jesus-Darstellung auffüllen. Dazu durchschneidet er sozusagen mit einem Schwertstreich den gordischen Knoten der diesbezüglichen wissenschaftlichen Debatten, indem er kurzerhand den «Jesus der Evangelien» mit dem «historischen Jesus» und diesen mit dem «wirklichen Jesus» gleichsetzt. Damit erklärt er die jahrhundertelange wissenschaftliche Suche nach dem historischen Jesus mit einem Federstrich als bedeutungslos, ja, als zerstörerisch. Er traut den Evangelien,[5] wie er schreibt, und will mit seinem Buch «den Versuch machen, einmal den Jesus der Evangelien als den wirklichen Jesus, als den ‹historischen Jesus› im eigentlichen Sinn darzustellen.» Und er fährt fort:

> «Ich bin überzeugt und hoffe, auch die Leser können sehen, dass diese Gestalt viel logischer und auch historisch betrachtet viel verständlicher ist als die Rekonstruktionen, mit denen wir in den letzten Jahrzehnten konfrontiert wurden. Ich denke, dass gerade dieser Jesus – der der Evangelien – eine historisch sinnvolle und stimmige Figur ist.»[6]

Diese überaus kritische und auch einseitige Sicht der historischen Jesus-Forschung fordert zu einer ausgewogenen – aber durchaus ebenfalls kritischen! – Sicht der Geschichte und momentanen Situation dieses wichtigen Forschungszweiges der historisch-kritischen Exegese heraus. Es wird sich dabei zeigen, dass die Anliegen, die dem Papst wichtig sind, in der Exegese selbst seit langer Zeit und sehr selbstkritisch reflektiert und debattiert werden. Und es wird sich auch zeigen, dass es gerade in der neuesten Zeit Ansätze gibt, die dem Anliegen Benedikts XVI. entgegenkommen, dies allerdings auf einem hermeneutisch und methodisch reflektierten Weg, der wissenschaftlich verantwortet weiterführen kann. Und es wird dabei hoffentlich auch deutlich, dass historisch-kritische Arbeit am Neuen Testament den Glauben nicht zerstören muss, sondern ihn

4 Ders., *Jesus von Nazareth.* Erster Teil (wie Anm. 3), 11.

5 A. a. O. 20. Dies kann nur als Spitze gegen historisch-kritisch arbeitende Exegeten verstanden werden, die seiner Ansicht nach den Evangelien offenbar nicht trauen.

6 A. a. O. 20–21.

bereichern kann,[7] nicht zuletzt weil durch sie Jesus als Gestalt mit Fleisch und Blut in den Blick kommt.

2 Die Geschichte der historischen Jesus-Forschung[8]

Im Folgenden geht es nicht einfach um die Jesus-Literatur insgesamt, sondern um die *historische* Jesus-Forschung. Romanhafte Jesus-Bücher und journalistische Jesus-Literatur, aber auch spirituell oder pastoral ausgerichtete und aktualisierende Beiträge sowie christologische Werke werden in diesem Zusammenhang nicht berücksichtigt.

2.1 Erste Phase: Die Leben-Jesu-Forschung von Reimarus bis Wrede

2.1.1 Hermann Samuel Reimarus (1694–1768)

Die Geschichte der Jesus-Forschung begann im deutschsprachigen Raum mit einem Paukenschlag. 1774–1778 gab der Dichter und Schriftsteller Gotthold Ephraim Lessing, herzoglicher Bibliothekar in Wolfenbüttel, Fragmente eines «Wolfenbüttelschen Ungenannten» heraus, der zu diesem Zeitpunkt bereits verstorben war. Bald stellte sich heraus, dass es sich dabei um Teile eines Werkes von *Hermann Samuel Reimarus* handelte, eines Hamburger Orientalisten und Vorkämpfers für die Vernunft-Religion des englischen Deismus. Das Werk von Reimarus trug denn auch den bezeichnenden Titel «Apologie oder Schutzschrift für die vernünftigen Verehrer Gottes».[9] Seine Bedeutung liegt weniger in den konkreten wissenschaftlichen Resultaten als vielmehr an der damals ganz neuartigen Fragestellung. Erstmals wird nämlich gefragt, was historisch hinter den Evangelien steht. Reimarus unterscheidet zwischen der Verkündigung Jesu selbst und dem Christus-Glauben der Apostel. Zentren der Verkündigung Jesu waren das Reich Gottes und der Ruf zur Umkehr, ganz jüdisch und politisch-messianisch verstanden. Hinter der Predigt der Apostel aber stand ein Betrug: Sie schafften den Leichnam Jesu beiseite, interpretierten seinen Tod als Sühne- und

7 Vgl. die persönliche Glaubenserfahrung von Hans KÜNG, *Jesus*, München 2012, 9: «Richtig interessant wurde für mich die Christusfigur erst, als ich sie nach meinen sieben römischen Jahren aufgrund der modernen Bibelwissenschaft ‹von unten›, sozusagen aus der Perspektive seiner ersten Jünger kennenlernen durfte: als reale Gestalt der Geschichte.»

8 Vgl. dazu auch Franz ANNEN, *Ist die historische Jesusforschung am Ende oder an einem neuen Anfang?*, in: Željko TANJIC u. a. (Hg.), *Theologia – Testimonium dicere et nuntiare*, Festschrift Tomislav Ivancic, Zagreb 2010, 75–106.

9 Erstmals vollständig publiziert: Frankfurt a. M. 1972.

Erlösungstod und erfanden das Märchen von seiner Auferstehung und baldigen Wiederkunft. Für Reimarus war Jesus selbst also eine jüdische Prophetengestalt mit politischem Anliegen, das sich bildende Christentum aber eine Neuschöpfung der Apostel.

Die Veröffentlichung dieser Fragmente von Reimarus löste begreiflicherweise grosse Unruhe und heftige Diskussionen aus. Vor allem die Vertreter der Kirchen und der kirchlichen Theologie reagierten vehement. Sie konnten Reimarus zwar wissenschaftlich meist das Wasser nicht reichen, sassen aber am längeren Hebel. So konnte sich die Sicht von Reimarus nicht durchsetzen; aber sie löste Fragen aus, die bis heute nicht zur Ruhe gekommen sind, sowohl in Theologie und Exegese wie im Glauben vieler Menschen. Zum ersten Mal öffnete sich der «garstige breite Graben», den Lessing zwischen den «zufälligen Geschichtswahrheiten» und den «notwendigen Vernunftwahrheiten» insgesamt feststellte und bedauerte,[10] der Graben auch zwischen dem historischen Jesus und dem Christus des Glaubens.

2.1.2 Rationalisten

Zunächst sprangen vor allem so genannte Rationalisten (Heinrich Eberhard Gottlob Paulus, Johann Gottfried Herder, Friedrich Ernst Daniel Schleiermacher u. a.) auf den von Reimarus angeschobenen Zug und verfassten eigentliche Biografien Jesu. Ihr Hauptinteresse lag auf der verunftgeleiteten Erklärung der Wunder Jesu und alles Übernatürlichen in den Evangelien überhaupt. Das entsprach dem Zeitgeist, brachte die Jesus-Forschung aber kaum weiter.

2.1.3 David Friedrich Strauss (1808–1874)

Einen neuen, wichtigen Beitrag steuerte mehr als 50 Jahre nach Reimarus ein Hegel-Schüler bei, der Philosoph und Theologe *David Friedrich Strauss.* Er schrieb 1835/36 ein zweibändiges Leben Jesu.[11] Mit seiner mythischen Deutung der Evangelien suchte er einen Weg zwischen dem traditionellen Supranaturalismus einerseits und dem damals modernen Rationalismus andererseits. Als erster brachte er den Begriff des «Mythos», der in der alttestamentlichen Forschung bereits geläufig war, in die Debatte um den historischen Jesus ein.

10 Vgl. dazu Gerd Theißen, *Historische Skepsis und Jesusforschung.* Oder: Meine Versuche über Lessings garstigen breiten Graben zu springen, in: ders., *Jesus als historische Gestalt.* Beiträge zur Jesusforschung, Göttingen 2003, 327–363.

11 David Friedrich Strauss, *Das Leben Jesu, kritisch bearbeitet,* Bd. I–II, Tübingen 1835–1836; Neudruck: Darmstadt 1969.

Unter Mythen versteht er «nichts Anderes, als geschichtsartige Einkleidungen urchristlicher Ideen, gebildet in der absichtslos dichtenden Sage»[12]. Dabei will er das Mythische im Neuen Testament aber nicht eliminieren, sondern interpretieren und sieht darum durch die mythische Betrachtungsweise den Kern des Glaubens nicht berührt. «Für Strauss realisiert sich in der historischen Persönlichkeit Jesu die Idee der Gottmenschlichkeit, die höchste Idee menschlichen Denkens mit dem Mythos als ihrer geschichtsartigen Einkleidung.»[13] Strauss beeindruckte die wissenschaftlich-kritischen Geister mit seiner äusserst genauen Analyse der Einzeltexte. Albert Schweitzer stellte später in seiner «Geschichte der Leben-Jesu-Forschung» fest: «Kaum jemals hat ein Buch eine solche Diskussion entfacht.»[14] Sein Jesus-Buch machte Strauss «über Nacht zum berühmten Mann ... und vernichtete seine Zukunft»[15]. Es kostete ihn die Professur in Tübingen. Aber obwohl die Zukunft zunächst nicht ihm gehörte, wurde der von ihm in die Debatte geworfene Begriff des Mythos eines der wichtigen Stichworte der Jesus-Forschung – bis ins 20. Jahrhundert hinein.

2.1.4 Liberale Leben-Jesu-Forschung

Was aber zunächst folgte, war die so genannte liberale Leben-Jesu-Forschung. Sie war optimistisch, durch historisch-kritische Rekonstruktion aus den ältesten Quellen die Persönlichkeit und die Geschichte Jesu rekonstruieren zu können. Nachdem sich vor allem dank *Heinrich Julius Holtzmann* (1832–1910)[16] die Zweiquellentheorie durchsetzen konnte, die bis heute in der historisch-kritischen Exegese die vorherrschende Arbeitshypothese ist, galten das Markusevangelium und die Logienquelle Q als die ältesten und zuverlässigsten Quellen für den historischen Jesus. Aus dem Markusevangelium rekonstruierte Holtzmann einen Aufriss des Lebens Jesu und fügte in diesen biografischen Rahmen die aus der Logienquelle rekonstruierten authentischen Worte Jesu ein. Mit diesem methodischen Instrumentarium fanden die Vertreter der liberalen Lebens-Jesu-Forschung (neben Holtzmann u. a. Karl Heinrich Weizsäcker, Karl Hase, Willibald Beyschlag und Bernhard Weiss) in den Quellen eine Entwicklung der Persönlichkeit Jesu, wie sie dem Zeitgeist entsprach. Den breitesten und längsten

12 A. a. O. Bd. I., 75.

13 Angelika Strotmann, *Der historische Jesus.* Eine Einführung, Paderborn 2012, 25.

14 Albert Schweitzer, *Geschichte der Leben-Jesu-Forschung,* Bd. 1, München/Hamburg 1966, 132.

15 A. a. O. 109.

16 Heinrich Julius Holtzmann, *Die synoptischen Evangelien.* Ihr Ursprung und geschichtlicher Charakter, Leipzig 1863.

Erfolg hatte allerdings nicht ein deutsches, sondern ein französisches Werk, «La vie de Jésus» von Ernest Renan, das 1862 erschien und über Frankreich hinaus zum Bestseller wurde.

2.1.5 Leben-Jesu-Forschung gegen den kirchlichen Christus-Glauben

Seit Reimarus war es das Ziel der Leben-Jesu-Forschung, den historischen Jesus zu finden und ihn von der «Übermalung» durch das Christus-Dogma und der kirchlichen Verkündigung zu befreien, um so den «wahren» Jesus zur Geltung zu bringen, vielfach durchaus in der guten Absicht, den christlichen Glauben dadurch zu reinigen und zu erneuern. So war die Leben-Jesu-Forschung von Anfang an von einem *gegen den kirchlichen Christus-Glauben gerichteten Pathos* geleitet. Dass das den Widerstand der – nicht nur der katholischen – Kirchen und kirchlich gesinnter Theologen herausforderte, ist leicht zu verstehen; sie sahen den Christus-Glauben und damit das Zentrum der christlichen Verkündigung in Gefahr. So wurde der «historische Jesus» zum Kampfbegriff gegen den «Christus des Glaubens». Lessings «garstiger breiter Graben» öffnete sich weit und schien unüberwindlich.

Die gegen den kirchlichen Christus-Glauben gerichtete Zielsetzung der Leben-Jesu-Forschung erklärt übrigens auch, warum in dieser ersten Phase der historischen Jesus-Forschung die katholische Exegese nicht oder nur im abwehrenden Sinn beteiligt war. Der Hauptgrund lag nicht darin, dass die katholischen Exegeten nicht in der Lage gewesen wären, in der Forschung kompetent mitzureden. Vielmehr funktionierte in der katholischen Kirche die Kontrolle der Bibelwissenschaft effektiver als in den evangelischen.[17]

2.1.6 Zusammenbruch der historischen Jesus-Forschung

Um die Wende zum 20. Jahrhundert kam der *Zusammenbruch* der historischen Jesus-Forschung. Der Grund war nicht der Widerstand der Kirchen; vielmehr führten wissenschaftliche Einsichten dazu. *William Wrede*[18] wies nach, dass auch das Markusevangelium vom nachösterlichen Glauben geprägt und Ausdruck einer «Gemeindedogmatik» sei. Damit verlor die historische Jesus-Forschung die Hauptquelle, auf die sie sich stützte. Knapp zwanzig Jahre später erhärteten

17 Vgl. dazu Franz ANNEN, *Der biblische Aufbruch in der katholischen Kirche und das Konzil*, in: Manfred BELOK/Ulrich KROPAČ (Hg.), *Volk Gottes im Aufbruch*. 40 Jahre II. Vatikanisches Konzil, Zürich 2005 (Forum Pastoral 2), 14–42.

18 William WREDE, *Das Messiasgeheimnis der Evangelien*. Zugleich ein Beitrag zum Verständnis des Markusevangeliums, Göttingen 1901.

Karl Ludwig Schmitt[19] und mit ihm die *formgeschichtliche Schule* (bes. Martin Dibelius und Rudolf Bultmann) diese Sicht der Evangelien als Glaubenszeugnisse. Nach ihnen bestehen die Evangelien aus überlieferten kleinen Einheiten, die primär durch Gemeindebedürfnisse bzw. den Glauben der Gemeinde und nur sekundär durch historische Erinnerungen geprägt seien, während der Rahmen der Geschichte Jesu von den Evangelisten selbst geschaffen wurde. Die Evangelien als ganze haben also kerygmatischen Charakter und sprechen vom Christus des Glaubens, nicht vom historischen Jesus.

Albert Schweitzer war es schliesslich, der mit seinem monumentalen Werk «Von Reimarus bis Wrede. Eine Geschichte der Leben-Jesu-Forschung»[20] den Bemühungen des 19. Jahrhunderts um eine historisch verantwortete Biografie Jesu ein Denkmal setzte, das gleichzeitig zu ihrem Grabmal wurde. Er zeigte auf, dass jedes der zahlreichen liberalen Jesusbilder dem Ideal seines Verfassers entspricht. Schweitzer selbst stellte vor allem die Fremdheit Jesu heraus, die er besonders in den eschatologischen und apokalyptischen Vorstellungen ortete. Mit seinem bis heute beachteten Werk erschütterte der spätere Urwald-Doktor das Vertrauen in die Leben-Jesu-Forschung nachhaltig und liess sie als wissenschaftlich unseriös erscheinen. Für die liberalen Leben-Jesu-Bücher des 19. Jahrhunderts gilt somit tatsächlich weitgehend, was Papst Benedikt XVI. in seinem Jesus-Buch der historischen Jesus-Forschung insgesamt vorwirft:

> «Wer mehrere dieser Rekonstruktionen nebeneinander liest, kann alsbald feststellen, dass sie weit mehr Fotografien der Autoren und ihrer Ideale sind als Freilegungen einer undeutlich gewordenen Ikone.»[21]

Damit schien die historische Jesus-Forschung anfangs des 20. Jahrhunderts an ihrem Ende zu stehen, und zwar durch die Entwicklung der historisch-kritischen Exegese selbst. Dazu kamen *Argumente theologischer Art* die die Suche nach dem Historischen für den Glauben als irrelevant bezeichneten. Man verwies darauf, dass schon im Neuen Testament selbst der – vor allem für die evangelische Theologie massgebende – theologische Entwurf des Paulus wenig Interesse am irdischen Jesus zeigte und sein Kerygma auf das Kreuz und die Auferstehung im Lichte des nachösterlichen Glaubens konzentrierte. Nur das Dass des Gekommenseins Jesu sowie seines Weggangs in Kreuz und Auferstehung sei wichtig, nicht aber das Wie seines Lebens und seines Wirkens. *Rudolf Bultmann* u. a. sahen die Glaubensentscheidung als Antwort auf den Ruf Gottes, der im Kerygma ergeht. Der Versuch, den Glauben historisch abzustützen, wurde als

19 Karl Ludwig Schmitt, *Der Rahmen der Geschichte Jesu*, Berlin 1919.

20 Tübingen 1906.

21 Ratzinger, *Jesus von Nazareth*. Erster Teil (wie Anm. 3), 11.

eine Versuchung gegen den Glauben betrachtet. Der grosse Einfluss Bultmanns und seiner Schule bewirkte, dass die historische Jesus-Forschung für die nächsten Jahrzehnte erledigt war. In zwei Weltkriegen hatte Europa ohnehin andere Sorgen; die wissenschaftliche Forschung an den Universitäten lag weitgehend danieder.

2.2 Zweite Phase: Die «Neue Frage» nach dem historischen Jesus

2.2.1 Neues Startsignal von Ernst Käsemann

Nach fast 50 Jahren Flaute kam nach dem Zweiten Weltkrieg wieder Bewegung in die Jesus-Forschung. Der Aufstand gegen Bultmanns Absage an die historische Rückfrage nach Jesus begann in der Bultmann-Schule selbst, und zumal mit einen Vortrag von Ernst Käsemann anlässlich der «Tagung alter Marburger»[22] am 20.10.1953. Darin legte er dar, dass es zwar angesichts der Eigenart der Quellen unmöglich sei, eine Biografie Jesu zu schreiben. Aber man könne sehr wohl ein gesichertes Minimum echter Jesus-Überlieferung aus den Evangelien erarbeiten. Käsemann betonte auch die theologische Relevanz der Frage nach dem historischen Jesus. Die Evangelien selbst beschränkten sich ja nicht auf das Kerygma von Kreuz und Auferstehung, sondern rekurrierten auch auf den irdischen Jesus, sein Wirken und seine Botschaft. In der Folge bekam Käsemann breite Zustimmung. Er löste damit eine neue intensive Phase der historischen Jesus-Forschung aus, die man in Anlehnung an den Titel einer Publikation von James M. Robinson[23] die Neue Frage nach dem historischen Jesus nennt.

2.2.2 Bescheidenere Absicht

Diese Neue Frage war nun freilich nicht einfach eine Weiterführung der Leben-Jesu-Forschung des 19. Jahrhunderts. Sie versuchte vielmehr, die Fehler zu vermeiden, die zu deren wissenschaftlichem Scheitern geführt hatten. Zunächst einmal war ihre *Absicht bescheidener:* Sie hatte nicht mehr den Anspruch, eine historisch zuverlässige Biografie Jesu und eine Entwicklung seiner Persönlichkeit nachzeichnen zu können. Es war inzwischen klar, dass dafür die Quellenlage nicht ausreiche. Man war aber überzeugt, dass es durchaus möglich sei, die wichtigsten Grunddaten der Biografie Jesu, die Grundzüge seines Wirkens und einen gewissen Bestand an authentischen Jesus-Worten historisch zu fixieren. Dabei

22 Publiziert in: Ernst Käsemann, *Das Problem des historischen Jesus*, in: ZTK 51 (1954), 125–153.
23 James M. Robinson, *A New Quest of the Historical Jesus*, London 1959.

konzentrierte man sich in der Regel – zumindest in der Bultmann-Schule – auf die Verkündigung Jesu. Darin sah man das Eigentliche seines Wirkens. Historischer und sozialer Kontext dagegen interessierten kaum.

2.2.3 Ausgeprägtes Methodenbewusstsein

Die neue Phase der Jesus-Forschung war durch ein ausgeprägtes Methodenbewusstsein und meist auch durch grosse Vorsicht gekennzeichnet. Man erarbeitete und diskutierte einen Katalog von Kriterien, um authentische Jesus-Überlieferung – besonders Jesus-Worte (*ipsissima verba*) – von nachösterlicher Überarbeitung zu unterscheiden. Das wichtigste war das Differenzkriterium*:* Als historisch nicht nachweisbar habe zu gelten, «was aus dem Judentum wie aus dem Urchristentum ableitbar ist»[24]. Damit traf man eine Vorentscheidung, die zu einem Jesusbild führte, das im Kontrast sowohl zum zeitgenössischen Judentum wie auch zu den Tendenzen im Urchristentum steht. Aufgrund der weitgehend gemeinsamen methodischen Grundlagen gab es in dieser Phase der Neuen Frage – im Unterschied zur Leben-Jesu-Forschung des 19. Jahrhunderts – trotz der Differenzen im Detail ein ziemlich *grosses Mass an Übereinstimmung* im Grundlegenden.

2.2.4 Kaum Frontstellung gegen den kirchlichen Glauben

Ein wichtiger Unterschied zur ersten Phase der Leben-Jesu-Forschung bestand auch darin, dass die meisten Vertreter der Neuen Frage den historischen Jesus nicht mehr als Gegenüber zum kerygmatischen Christus suchten und sich damit *nicht in Frontstellung zu den Kirchen und zum kirchlichen Glauben* profilieren wollten. Auch in der katholischen Kirche, die sich seit der Enzyklika Pius' XII. «Divino afflante Spiritu» von 1943 und besonders mit der Konstitution *Dei Verbum* des Zweiten Vatikanischen Konzils allmählich – wenn auch nicht ohne Rückschläge – mit der historisch-kritischen Exegese versöhnte,[25] bekam die historische Jesus-Forschung ihren legitimen Platz (auch dank der Forschung katholischer Exegeten wie Heinz Schürmann, Franz Mussner, Joachim Gnilka oder Rudolf Pesch). Mit den Erkenntnissen über den historischen Jesus soll im Rahmen dieser Neuen Frage nicht mehr der Christus des Glaubens infrage gestellt oder ersetzt werden. Man ist sich auch bewusst, dass der irdische Jesus,

24 Gerd Theißen/Annette Merz, *Der historische Jesus.* Ein Lehrbuch, Göttingen 1996, 26.

25 Das stellt selbst Benedikt XVI. nicht grundsätzlich infrage, obwohl er ihr sehr kritisch gegenüber steht. Sie bleibt auch für ihn «von der Struktur des christlichen Glaubens her unverzichtbar», vgl. Ratzinger, *Jesus von Nazareth.* Erster Teil (wie Anm. 3), 14–15.

wie er in Galiläa lebte und wirkte und in Jerusalem litt und starb, nicht identisch ist mit dem historischen Jesus, der nur jene Aspekte des irdischen Jesus umfasst, die aus den historisch verwertbaren Spuren, die dieser hinterlassen hat, mit wissenschaftlichen Methoden erschliessbar sind. Was aber für den Glauben und die Spiritualität durchaus wichtig ist: Die Bemühungen dieser Forscher hatten zur Folge, dass der Mensch Jesus mehr Fleisch und Blut bekam. Der Graben zwischen dem historischen Jesus und dem Christus des Glaubens ist damit zwar nicht überwunden, aber die beiden Ufer sind bei vielen Autoren der Neuen Frage weitgehend miteinander versöhnt.

2.3 Dritte Phase: The Third Quest for the Historical Jesus

2.3.1 Ein neuer Trend aus der angelsächsischen Exegese

Ein neuer Trend wurde in den 1980er Jahren spürbar. Er begann nicht mit einem Bruch wie die Neue Frage 1953, sondern zeigte sich eher in einem allmählichen Übergang. Die englische Bezeichnung als *Third Quest*[26] ist angebracht, kamen doch die Impulse diesmal hauptsächlich aus dem angelsächsischen Bereich. Seit den 1990er Jahren bewegen sich auch verschiedene deutschsprachige Exegeten auf dieser neuen Linie, so etwa Gerd Theißen[27]. Dieser charakterisiert den neuen Ansatz folgendermassen:

> «Sie [die neue Frage] war primär von dem theologischen Interesse bestimmt, christliche Identität gegenüber dem Judentum zu begründen und durch Abgrenzung zu christlichen ‹Häresien› (wie Gnosis und Enthusiasmus) zu sichern. Sie bevorzugte daher ‹rechtgläubige› kanonische Quellen. In der zunächst vorwiegend im angelsächsischen Sprachraum hervorgetretenen ‹third quest› tritt an die Stelle des theologischen ein sozialgeschichtliches Interesse, an die Stelle der Abgrenzung Jesu vom Judentum seine Einordnung in das Judentum, an die Stelle der Bevorzugung kanonischer Quellen die Offenheit auch für (z. T. ‹häretische›) nicht-kanonische Quellen.»[28]

26 Die Bezeichnung findet sich erstmals bei Stephen Neill/Tom Wright, *The Interpretation of the New Testament 1861–1986*, Oxford 1988.

27 Vgl. Theißen/Merz (wie Anm. 24). Ferner: Gerd Theißen/Dagmar Winter, *Die Kriterienfrage in der Jesusforschung*. Vom Differenzkriterium zum Plausibilitätskriterium, NTOA 34, Tübingen/Freiburg i. Ue. 1997; Gerd Theißen, *Jesus als historische Gestalt*. Beiträge zur Jesusforschung (FRLANT 202), Göttingen 2003.

28 Theißen/Merz (wie Anm. 24), 28.

2.3.2 Historiker, nicht Theologen

Die meisten dieser Forscher verstehen sich also im Gegensatz zu jenen der Neuen Frage kaum als Theologen, sondern vielmehr als *Historiker im engeren Sinn.* Einer ihrer wichtigen Initianten, Ed Parish Sanders, formuliert es mehr als deutlich:

> «Die Beziehungen zwischen Geschichte und Theologie sind sehr komplex, und ich werde keinen ärmlichen Versuch unternehmen, in ein riesiges und schwieriges Gebiet einzutauchen. Ich habe mich seit einigen Jahren gemüht, Geschichte und Exegese von der Kontrolle der Theologie zu befreien.»[29]

Der historische Jesus verselbständigt sich somit, zwar nicht in Polemik gegen den Christus des Glaubens (wie in der Phase der Leben-Jesu-Forschung des 19. Jahrhunderts), aber auch ohne Interesse an ihm.

2.3.3 Methodische Kontinuität und neue Akzente

Der Third Quest ist eine sehr vielfältige Erscheinung, die sich nur schwer auf einen Nenner bringen lässt. Es gibt aber gewisse gemeinsame Tendenzen, die bei den einzelnen Autoren allerdings unterschiedlich realisiert werden. *Methodisch* sind sie – abgesehen von der grösseren Gewichtung ausserkanonischer Quellen, besonders des Thomasevangeliums, aber auch anderer apokrypher Schriften – durchaus in Kontinuität mit der Phase der Neuen Frage. Sie machen aber insgesamt ausgiebiger Gebrauch von den umfangreicheren und präziseren Kenntnissen, die wir heute haben, über die politischen, sozialen und religiösen Verhältnisse der Zeit Jesu. Sie bilden einen wichtigen Bestandteil ihrer Jesusdarstellungen und werden oft sehr detailliert und sorgfältig eingesetzt.

2.3.4 Kontextueller Jesus

Man geht von der Voraussetzung aus, «dass ein angemessenes historisches Verständnis von Jesus nur möglich ist, wenn man Jesus innerhalb der gesellschaftlichen, kulturellen, ökonomischen, politischen und religiösen Kontextes des Palästina des ersten Jahrhunderts nach Christus ansiedelt»[30]. Mit diesem «kontex-

29 Ed Parish SANDERS, *Jesus and Judaism*, London 1985, 333; in Übersetzung zit. bei Carsten CLAUSSEN, *Vom historischen zum erinnerten Jesus.* Der erinnerte Jesus als neues Paradigma der Jesusforschung, in: ZNT 10 (2007) H. 20, 14.

30 David S. DU TOIT, *Erneut auf der Suche nach Jesus.* Eine kritische Bestandsaufnahme der Jesusforschung am Anfang des 21. Jahrhunderts, in: Ulrich H. J. KÖRTNER (Hg.), *Jesus im 21. Jahrhundert*, Neukirchen-Vluyn 2002, 91–134, 109.

tuellen Jesus» haben sich die Forscher des Third Quest deutlich vom Differenzkriterium als methodischer Grundlage der Jesus-Forschung verabschiedet. Sie ersetzen es durch das *historische Plausibilitätskriterium*: «Was im jüdischen Kontext plausibel ist und die Entstehung des Urchristentums verständlich macht, dürfte historisch sein.»[31] Diesbezüglich bedeutet der Third Quest also eine Umkehr um 180 Grad gegenüber der vorangehenden Phase der Neuen Frage. Vor allem die *Verwurzelung Jesu im zeitgenössischen Judentum* bekommt grosses Gewicht. Neben nur wenigen christlichen Exegeten (z. B. Joachim Jeremias) hatten sich bis dahin fast nur jüdische Autoren wie Joseph Klausner[32], David Flusser[33], Schalom Ben-Chorin[34], Pinchas E. Lapide[35] und vor allem Géza Vermès[36] schon lange darum bemüht, das Jüdische an Jesus aufzuzeigen. Nun folgen auch christliche Forscher diesem Weg. Sie sehen Jesus meist als Gründer einer innerjüdischen Erneuerungsbewegung und interpretieren seine Botschaft vor dem Hintergrund seines Judeseins.

2.3.5 Sozialgeschichtliches Interesse

Bei den Vertretern des Third Quest ist auch ein starkes sozialgeschichtliches Interesse festzustellen. Im deutschsprachigen Raum hatte besonders Gerd Theißen diesbezüglich schon seit Ende der 1970er Jahre Pionierarbeit geleistet. Er charakterisierte Jesus als «Wandercharismatiker» und die Jesusbewegung als «Wanderradikalismus».[37] Auf der Suche nach der gesellschaftlichen bzw. politischen Rolle Jesu gibt es – vor allem unter amerikanischen Forschern – ein grosses Spektrum extrem unterschiedlicher Jesusbilder. Es seien nur einige Bei-

31 Theißen/Merz (wie Anm. 24), 29.

32 Joseph Klausner, *Jesus von Nazareth*. Seine Zeit, sein Leben und seine Lehre, Berlin 1930 (hebr.: Jerusalem 1907).

33 David Flusser, *Jesus in Selbstzeugnissen und Bilddokumenten*, Reinbek 1968.

34 Schalom Ben-Chorin, *Bruder Jesus*. Der Nazarener in jüdischer Sicht, München 1967.

35 Pinchas E. Lapide, *Jesus in Israel*, Gladbeck 1970; ders., *Der Rabbi von Nazaret*. Wandlungen des jüdischen Jesusbildes, Trier 1974.

36 Géza Vermès, *Jesus der Jude*. Ein Historiker liest die Evangelien, Neukirchen-Vluyn 1993 (engl. 1973); ders., *Jesus and the World of Judaism*, London 1983; ders., *The Religion of Jesus the Jew*, London/Minneapolis 1993; ders., *The Changing Faces of Jesus*, London 2000.

37 Vgl. bes. Gerd Theißen, *Soziologie der Jesusbewegung*, München 1977; ders., *Studien zur Soziologie des Urchristentums* (WUNT 19), Tübingen 1979; ders., *Die Jesusbewegung*. Sozialgeschichte einer Revolution der Werte, Gütersloh 2004.

spiele genannt:[38] Für John Dominic Crossan[39] ist Jesus ein wandernder Kyniker aus der palästinischen Landbevölkerung, der das Reich Gottes im Hier und Jetzt verkündete; für Marcus J. Borg[40] ein geistvoll-unangepasster Charismatiker und Weisheitslehrer, der das Reich Gottes im Sinne der klassischen Propheten Israels sozialkritisch sah; für Richard Horseley[41] ein Sozialrevolutionär, der eine gesellschaftliche Umwälzung propagierte. Im Gegensatz zu diesen un-eschatologischen Jesusbildern sieht Ed Parish Sanders[42] Jesus als apokalyptischen Propheten mit einer radikalen Eschatologie im Sinne eines bevorstehenden Eingreifens Gottes und der endzeitlichen Restauration Israels. Elisabeth Schüssler Fiorenza[43], eine führende feministische Exegetin in den USA, zeichnet einen Jesus, der sich als Sohn der «Weisheit» sah.

2.3.6 Das monumentale Werk von John P. Meier

1991 erschien der erste Band des ambitiösen Werks des katholische Exegeten *John P. Meier*[44] über den historischen Jesus. Vier umfangreiche Bände sind inzwischen erschienen, ein weiterer soll noch folgen. In äusserst sorgfältiger wissenschaftlicher Arbeit entwirft Meier ein ausgewogenes, in vielem eher traditionelles Jesusbild und stützt sich dabei nur auf die kanonischen Schriften des Neuen Testaments. Er vermeidet die Einseitigkeiten vieler seiner amerikanischen Kollegen des Third Quest. Für ihn war Jesus ein *marginal Jew*, ein randständiger Jude, der in Lehre und Lebensführung einen eigenen Weg ging. Er war stark von Johannes dem Täufer beeinflusst und selbst ein eschatologischer Prophet, der Wunder wirkte wie Elija, das Reich Gottes proklamierte, die Menschen zur Umkehr rief, aber kein Sozialprogramm verkündete.

38 Vgl. Peter MÜLLER, *Neue Trends in der Jesusforschung*, in: ZNT 1 (1998) 2–16; DU TOIT (wie Anm. 30), 93–107.

39 John Dominic CROSSAN, *Der historische Jesus*, München 1995 (amer.: *The Historical Jesus*. The Life of a Mediterranean Peasant, San Francisco 1991).

40 Marcus J. BORG, *Jesus*. Der neue Mensch, Freiburg i. Br. 1993 (amer.: *Jesus*. A New Vision. Spirit, Culture, and the Life of Discipleship, San Francisco 1991).

41 Richard HORSELEY, *Bandits, Prophets and Messiahs*. Popular Movements at the Time of Jesus, Harrisburg 1989; DERS., *Archaeology, History, and Society in Galilee*. The Social Context of Jesus and the Rabbis, Harrisburg 1996; DERS., *Jesus in Context*. Power, People and Performance, New York 2008.

42 Ed Parish SANDERS, *Sohn Gottes*. Eine historische Biographie Jesu, Stuttgart 1996 (amer.: *The historical Figure of Jesus*, New York 1993).

43 Elisabeth Schüssler Fiorenza, *Jesus: Miriam's Child, Sophia's Prophet*, New York 1995.

44 John P. MEIER, *A Marginal Jew*. Rethinking the Historical Jesus, New York 1991 ff. Das Werk ist auf fünf Bände geplant; erschienen sind bislang die Bände I–IV: 1991, 1994, 2001, 2009.

2.3.7 *«Jesus-Seminar»*

Eine besonders umstrittene Rolle spielte in den USA das «Jesus-Seminary»[45]. Es wurde 1985 von Robert W. Funk, Neutestamentler in Berkeley/Kalifornien und früherer Präsident der renommierten Society of Biblical Literature, ins Leben gerufen. Bei der Gründungsversammlung formulierte Funk die Aufgabe des Seminars sehr emphatisch und selbstbewusst:

> «Wir lassen uns hier auf ein Unternehmen von grosser Tragweite ein. Wir werden in einfacher Weise, aber rigoros nach der *Stimme* Jesu suchen, nach dem, was er wirklich gesagt hat ... Unser Vorgehen ist einfach. Wir werden jedes Fragment, das uns die Tradition unter dem Namen Jesu überliefert hat, untersuchen, um zu bestimmen, was er wirklich gesagt hat.»[46]

Bei der Gründung anwesend waren 35 z. T. prominente Wissenschaftler, darunter Robert T. Fortna, John S. Kloppenborg, James M. Robinson. Ihre Zahl stieg zwischenzeitlich auf mehr als 100 an. Einzelne Mitglieder erarbeiteten jeweils Positionspapiere, die gründlich diskutiert wurden. Am Schluss fand eine Abstimmung über die historische Authentizität bzw. Nicht-Authentizität des betreffenden Jesuswortes statt. 1993 wurde das Resultat veröffentlicht.[47] Fünf Jahre später folgte ergänzend auch das Resultat der entsprechenden Untersuchungen des Wirkens Jesu.[48] Nur 18 Prozent der in den Evangelien Jesus zugeschriebenen Worte wurden von den Mitgliedern des Seminars als authentisch oder wahrscheinlich authentisch angesehen. Bei den Taten Jesu betrug die Quote sogar nur 16 Prozent. Das Seminar arbeitete zwar mit einem immensen wissenschaftlichen Aufwand, aber nicht ohne Vorurteile, u. a. mit einer ausserordentlichen Skepsis gegenüber der historischen Qualität der neutestamentlichen Zeugnisse und einer grundsätzlichen Ablehnung gegen alles Übernatürliche. So waren es nicht nur «Fundamentalisten», sondern auch renommierte Fachleute (u. a. John P. Meier), die am «Jesus-Seminar» scharfe Kritik übten. Methodisch handelt es sich in

45 Vgl. dazu Willi Braun, *«Wir haben doch den amerikanischen Jesus.»* Das amerikanische Jesus-Seminar: Eine Standortbestimmung, in: ZNT 8 (2005) Heft 16, 30–39.

46 Zit. a. a. O. 34.

47 Robert W. Funk/Roy W. Hoover (Hg.), *The Five Gospels.* The Search for the Authentic Words of Jesus, San Francisco 1993. Mit dem fünften Evangelium ist das Thomasevangelium gemeint, dem das Jesus-Seminar hohen historischen Quellenwert zuschreibt.

48 Robert W. Funk (Hg.), *The Acts of Jesus.* The Search for the Authentic Deeds of Jesus, San Francisco 1998.

wichtigen Aspekten eher um einen Rückschritt in die frühere Forschungsepoche der Neuen Frage.[49]

2.3.8 *Richard Bauckham: Augenzeugenberichte*

Wen wundert es, dass es neben dem Mainstream der Exegeten, die den historischen Wert der Evangelien eher kritisch bis sehr kritisch beurteilen, auch in neuester Zeit Autoren gibt, die dezidiert ausscheren. Gerade im Hinblick auf einzelne Thesen des Jesus-Buches von Benedikt XVI. ist das Werk des Schotten Richard Bauckham[50] interessant, der die These vertritt, «dass die neutestamentlichen Evangelisten direkten Zugang zu Augenzeugenberichten gehabt hätten. Damit sei die Dichotomie zwischen dem historischen Jesus und dem Christus des Glaubens verfehlt. Stattdessen sei von einem ‹Jesus of testimony› – einem Jesus des Zeugnisses – auszugehen. In dieser Kategorie verbindet sich für Bauckham der irdische mit dem nachösterlichen Jesus.»[51] Dabei geht Bauckham von einer nicht konsensfähigen Frühdatierung der Evangelien aus, die – folgt man dem – der historischen Situation noch sehr nahe waren und daher hohe historische Zuverlässigkeit haben.

2.3.9 *Paul N. Anderson: Aufwertung des Johannesevangeliums*

Ein anderes «Dogma», das seit David Friedrich Strauss in der historischen Jesus-Forschung galt, stellt Paul N. Anderson, Professor an der George Fox Universität in Newberg/Oregon, infrage. Er initiierte 2002 zusammen mit namhaften amerikanischen Exegeten innerhalb der Society of Biblical Literature das Projekt «John, Jesus and History».[52] Es arbeitet energisch an einer historischen Neubewertung des Johannesevangeliums und damit auch an seiner stärkeren Berücksichtigung in der Jesus-Forschung. Dabei gehen Anderson und seine Mitstreiter methodisch sehr sorgfältig, geradezu minutiös vor und basieren durchaus auf den anerkannten Resultaten der bisherigen Johannes-Forschung. Sie gehen

49 Vgl. dazu Claussen (wie Anm. 29), 3 f.: «Mitten in der ‹Third Quest› kehrte das sogenannte ‹Jesus-Seminar› zu einem Feilschen um die Authentizität der Jesuslogien zurück, wie es eher für manche Teile der ‹New Quest› typisch gewesen war.»

50 Richard Bauckham, *Jesus and the Eyewitnesses.* The Gospels as Eyewitness Testimony, Grand Rapids 2006.

51 Claussen (wie Anm. 29), 5.

52 Vgl. dazu Paul N. Anderson, *The Fourth Gospel and the Quest for Jesus.* Modern Foundations Reconsidered, London/New York 2006. Einen guten Zugang eröffnet: Paul N. Anderson, *Das «John, Jesus and History»-Projekt.* Neue Beobachtungen zu Jesus und eine Bi-optische Hypothese, in: ZNT 12 (2009) H. 23, 12–26.

den literarkritischen und traditionsgeschichtlichen Fragen eingehend nach und geben über ihr methodisches Vorgehen transparent Rechenschaft. Man kann die Gruppe von Anderson also nicht einfach in die konservative Ecke abschieben. Es sind von ihr durchaus solide Beiträge zur historischen Jesus-Forschung zu erwarten.

2.3.10 Kanonische Exegese

Gegen die Übermacht des rein historischen Zugangs zu Jesus wendet sich seit zwanzig Jahren auf hermeneutischer Ebene der *Canonical Approach*. Die Grundlagen legte der Amerikaner Brevard S. Childs mit seinem Werk «Die Theologie der einen Bibel».[53] Die Strömung hat inzwischen auch in der deutschsprachigen Exegese Fuss gefasst, vor allem durch das Bemühen des Osnabrücker Alttestamentlers Georg Steins. Die Kanonische Exegese stützt sich auf den *Endtext* der Bibel und verzichtet auf die Rekonstruktion von literarischen Vorstufen. Ferner ist der *Bibelkanon als Ganzes*, bestehend aus Altem und Neuem Testament, der Bezugsrahmen für die Interpretation. Die Kanonische Exegese will die Vernetzung innerhalb der ganzen Bibel aufdecken und bedenken. Erst in diesem Zusammenhang findet für sie der Einzeltext seinen Sinn. Wichtig ist ihr auch die ekklesiologische Dimension der Schriftinterpretation: Kanonische Exegese vollzieht sich im Rahmen der *kirchlichen Gemeinschaft*, die den Kanon festgelegt hat. Deutlicher als die amerikanischen Vertreter betonen die deutschsprachigen die Berechtigung und Notwendigkeit der historisch-kritischen Methode, die ihre unersetzliche Funktion behalte. Aber trotzdem bemängeln sie immer wieder deren Unzulänglichkeit und sehen die kanonische Exegese als neues Paradigma der Interpretation. Kein Wunder, dass es momentan unter den Exegeten eine heftige Diskussion um diese neue Forschungsrichtung gibt! Wissenschaftlich ist es ein grosses Manko, dass sie bisher noch keine einheitliche, transparente Methode vorgelegt und diskutiert hat, mit der sie ihr hermeneutisches Ziel erreichen will.

3 «Der erinnerte Jesus»

Angesichts der Vielfalt von unterschiedlichen, in sorgfältiger, manchmal geradezu akribischer historischer Forschung erarbeiteten Jesusbildern der neuesten

53 Brevard S. Childs, *Die Theologie der einen Bibel.* 2 Bände, Freiburg i. Br. 1994/1996; engl. Erstausgabe: *Biblical Theology of the Old and New Testament.* Theological Reflexion on the Christian Bible, London 1992.

Zeit fühlt man sich an die Jesus-Forschung des 19. Jahrhunderts erinnert, mit der Albert Schweitzer vor mehr als 100 Jahren abrechnete, indem er nachwies, dass jeder Forscher mit seiner angeblich rein objektiven «historischen» Arbeit den Jesus rekonstruierte, der ihm und seinen Idealen entsprach. Das ist unter historischer Perspektive entmutigend. Wir scheinen trotz stark verbesserter Quellenlage und verfeinerten Methoden nicht weiter zu sein als zu Beginn des 20. Jahrhunderts. Sollte man nicht besser die Übung abbrechen wie damals, diesmal aber endgültig? Sollte man sich nicht besser mit dem Christus des Glaubens zufrieden geben und darauf vertrauen, dass man damit den wirklichen Jesus besitzt, wie es Papst Benedikt XVI. vorschlägt?[54]

Eines ist jedenfalls sicher: Wenn man sich in der historischen Jesus-Forschung nicht im Kreise drehen will, kann man nicht einfach weitermachen wie bisher und sich damit begnügen, die Methoden im Einzelnen immer weiter zu verfeinern. Das «Jesus-Seminar» führt eindrücklich vor Augen, dass das nicht wirklich weiterführt. Grundsätzliche hermeneutische Überlegungen sind nötig, um die Jesus-Forschung auf eine neue, solide Basis zu stellen. Und tatsächlich kamen zu Beginn unseres Jahrtausends von zwei Seiten her Impulse, die in die gleiche Richtung weisen und zu einem wirklichen Neuanfang der Jesus-Forschung führen könnten.

3.1 James D. G. Dunn

Wieder einmal war es ein Tagungs-Vortrag, der einen neuen Impuls gab. James D. G. Dunn, Professor in Durham, sprach an der Tagung der «Studiorum Novi Testamenti Societas» vom 6.–10. August 2002 in Durham zum Thema: «Altering the Default Setting: Re-envisaging the Early Transmission of the Jesus Tradition».[55] Inzwischen hat Dunn das darin skizzierte Programm in einem aufwendigen, sorgfältig erarbeiteten Jesus-Buch von fast 1000 Seiten mit dem Titel «Jesus Remembered»[56] ausführlich dargelegt und beispielhaft durchgeführt.

3.1.1 Eigenart der mündlichen Überlieferung

Dunn geht von der Eigenart der mündlichen Überlieferung aus, die andern Gesetzmässigkeiten folge als das bisher übliche «literarische Modell», das mit literarischen Schichten bzw. Überarbeitungen schriftlicher Überlieferungen

54 Vgl. Ratzinger, *Jesus von Nazareth*. Erster Teil (wie Anm. 3), 20.

55 In: NTS 49 (2003), 139–175.

56 James D. G. Dunn, *Jesus Remembered*, Grand Rapids/Cambridge 2003.

rechnet.[57] Er stützt sich dabei auf die Forschungen des amerikanischen Neutestamentlers Kenneth E. Bailey,[58] der mehr als dreissig Jahre im Vorderen Orient lebte und die mündlichen Überlieferungsmechanismen am Beispiel heutiger arabischer Dorfgemeinschaften studierte. Die beobachteten Gesetzmässigkeiten überträgt er auf die erste, noch mündliche Jesustradition. Dunn ist überzeugt, dass diese «mündliche Hypothese» die Gestalt der synoptischen Tradition und die Variationen in ihrem Wortlaut besser erklärt als die Hypothese der «literarischen Abhängigkeit».[59] Die Jesustradition sei, wie in den arabischen Dorfgemeinschaften beobachtet, in Form «informeller, aber kontrollierter mündlicher Überlieferung» weitergegeben worden: Das Weitererzählen der Traditionen geschah unter der Aufsicht der Gemeinschaft, die umso genauer aufpasste und allenfalls reagierte, je wichtiger und grundlegender das betreffende Traditionselement war.[60] Daher stimmen die jeweiligen Wiedergaben der Traditionen bei aller Variation im Einzelnen in den wichtigen Grundlinien überein.

3.1.2 Der erinnerte, nicht der historische Jesus als Ziel der historischen Forschung

Dunn fasst seine Sicht der Entstehung der Jesustradition folgendermassen zusammen:

«Kernpunkt meiner Argumentation […] ist, dass man sich an Jesus von Anfang an auf verschiedene Weisen erinnert hat: er lehrte vermutlich die gleichen Inhalte mehrfach bei verschiedenen Gelegenheiten in unterschiedlicher Form. Verschiedene Zeugen desselben Ereignisses werden es unterschiedlich nacherzählen; diejenigen, die Jesu Lehren weiterverbreiteten, empfanden es als vollkommen angemessen, einzelne Details und den Aufbau zu variieren. Also müssen wir zwischen der ‹Originalversion› und dem ursprünglichen Eindruck unterscheiden. Es gibt keine ursprüngliche Version dessen, was Jesus tat und sagte, so als ob es nur eine authentische Fassung gäbe, von der alle nachfolgenden Versionen abgeleitet und gegenüber dieser sekundär seien (wie es das literarische Modell suggeriert). Aber es gab eine ursprüngliche Quelle […]: ‹Histo-

57 Vgl. a. a. O. 173–254. Vgl. auch die kurze Darlegung in deutscher Übersetzung: James D. G. Dunn, *Remembering Jesus*, in: ZNT 10 (2007) H. 20, 54–59.

58 Vgl. dazu Claussen (wie Anm. 29), 11–14.

59 Dunn, *Jesus Remembered* (wie Anm. 56), 336.

60 Vgl. a. a. O. 209.

risch gesehen gab es natürlich *den* einen irdischen Jesus hinter den verschiedenen Erzählungen›, die ihn als den ‹erinnerten Jesus› repräsentieren.»[61]

Die Jesus-Forschung kann nur diesen «erinnerten Jesus» zum Ziel haben. Der «historische Jesus» hinter dem erinnerten Jesus ist uns nicht anders als in diesen Erinnerungen zugänglich.

3.1.3 «The Historic Jesus»

In «Jesus Remembered» geht Dunn infolgedessen so vor, dass er kaum nach der Historizität einzelner Worte Jesu oder einzelner Ereignisse seines Lebens und seines Wirkens fragt. Vielmehr schaut er zuerst auf «das breite Bild»,[62] d. h. auf die Inhalte der Jesusworte und die Züge des Jesusbildes, die charakteristisch für Jesus sind und in variabler Gestalt mehrfach in der Jesustradition vorkommen, somit also den Eindruck («the impact») wiedergeben, den Jesus auf seine Jünger und Jüngerinnen ausübte, die den Eindruck weiter bezeugten. Diese charakteristischen Züge des «erinnerten Jesus» geben durchaus den Blick frei auf Jesus selbst, aber so, wie er von seinen Jüngern erlebt wurde. Dunn nennt das Resultat den *historic Jesus*, um ihn vom *historical Jesus* im üblichen Sinn zu unterscheiden. Und er bleibt dabei: Direkt zugänglich ist uns nur der im Zeugnis erinnerte Jesus, nicht der historische Jesus «hinter» dem Zeugnis. Die Frage nach dem *historic Jesus* in diesem Sinne hält Dunn aber für möglich und auch legitim. Ein quasi-objektiver Jesus sei für den Glauben nicht von Belang, wohl aber der Jesus, dessen *impact* das erste Aufblühen des christlichen Glaubens bewirkte. Solch eine Forschung, meint er, kann durchaus auf Erfolg hoffen.[63]

3.1.4 Vorösterlicher Beginn des Glaubens

Aufgrund seiner sorgfältigen Analysen der synoptischen Tradition und grundsätzlicher Überlegungen stellt Dunn eine starke Kontinuität zwischen vorösterlicher Erinnerung und nachösterlichem Bekenntnis fest. Der Glaube an Jesus begann schon vor Ostern, auch wenn es sich dabei um einen beginnenden Glauben handelte, der sich nach Ostern entfaltete und eine neue Dimension bekam.[64] Nur weil die Jünger schon vor Ostern Jesu Jünger waren und an ihn glaubten, sind die nachösterlichen Ereignisse überhaupt verstehbar.

61 Dunn, *Remembering Jesus* (wie Anm. 57), 58.
62 Vgl. Dunn, *Jesus Remembered* (wie Anm. 56), 332.
63 Vgl. a. a. O. 335.
64 Vgl. a. a. O. 132.

Dunns Konzept des «erinnerten Jesus» bedarf noch der wissenschaftlichen Diskussion, insbesondere was die Übertragung der Überlieferungsvorgänge in arabischen Dörfern der Neuzeit auf die Jesus-Überlieferung betrifft. Falls es sich durchsetzen kann, ist es durchaus geeignet, eine Brücke über den oft zitierten, von Reimarus erstmals aufgerissenen «garstigen breiten Graben» zwischen dem historischen Jesus und dem Christus des Glaubens zu schlagen.

3.2 Jens Schröter

Zu einem ähnlichen Resultat wie Dunn kommen auf anderem Wege auch deutschsprachige Forscher, vor allem Jens Schröter, Neutestamentler in Berlin.[65]

3.2.1 Selbstverständnis heutiger Geschichtswissenschaft

Schröter argumentiert von den erkenntnistheoretischen Grundlagen der Geschichtswissenschaft aus, die sich in den letzten 30 Jahren stark gewandelt haben. Er betont, dass die neuere Forschung den Evangelien durchaus «den Status historischer Quellen»[66] zuerkenne. Allerdings könne man sich «unter den Bedingungen des historischen Bewusstseins nicht *unkritisch* auf die Evangelien berufen»[67]. Die Jesus-Forschung unterliege vielmehr «den Voraussetzungen und Grenzen des historischen Bewusstseins»[68]. Das alte Ideal des Historismus von der Objektivität der Geschichtswissenschaft sei ausgeträumt. Zum Selbstverständnis heutiger historischer Wissenschaft gehöre es, dass sie die Vergangenheit nicht wiederherstellen kann, sondern immer Interpretation dieser Vergangenheit, bzw. des zugänglichen Quellenmaterials bedeute.

> «Vergangenheit ist *per definitionem* dadurch gekennzeichnet, dass sie nicht mehr ist. Was von ihr Zeugnis gibt, muss gedeutet werden, damit es verstanden und für die Gegenwart bedeutsam wird […] Historische Forschung stellt somit immer einen Prozess der Interaktion dar, in dem Zeugnisse der Vergangenheit mit je gegenwärtigen Erkenntnisbedingun-

65 Insbesondere sein Aufsatz: *Von der Historizität der Evangelien.* Ein Beitrag zur gegenwärtigen Diskussion um den historischen Jesus, in: Jens SCHRÖTER/Ralph BRUCKER (Hg.), *Der historische Jesus.* Tendenzen und Perspektiven der gegenwärtigen Forschung (BZNW 114), Berlin 2002, 163–212; Jens SCHRÖTER, *Konstruktion von Geschichte und die Anfänge des Christentums.* Reflexionen zur christlichen Geschichtsdeutung aus neutestamentlicher Perspektive, in: DERS., *Von Jesus zum Neuen Testament.* Studien zur urchristlichen Theologiegeschichte und zur Entstehung des neutestamentlichen Kanons (WUNT 204), Tübingen 2007, 37–54.

66 SCHRÖTER, *Von der Historizität der Evangelien* (wie Anm. 65), 164.

67 A. a. O. 165.

68 A. a. O. 166.

gen vermittelt werden. Das Ziel historischer Forschung ist somit nicht *Rekonstruktion des Vergangenen,* sondern *Konstruktion von Geschichte.* Sie erstellt ein Bild der Vergangenheit, das relative Gültigkeit besitzt, abhängig von den geltenden Plausibilitäten der Wirklichkeitsdeutung, determiniert durch den Kenntnisstand der Forschenden und bestimmt durch die Sicht, die der Interpret anhand des bekannten Materials entwirft.»[69]

3.2.2 Der «historische Jesus» ist nicht mit dem «irdischen Jesus» identisch

Diese Sicht der historischen Wissenschaft hat natürlich Folgen für die Jesus-Forschung:

> «Ihr Ziel kann nicht das Erreichen *des* einen *Jesus hinter* den Texten sein, sondern ein auf Abwägen von Plausibilitäten gegründeter Entwurf, der sich als Abstraktion der Quellen *stets* vor diesen bewegt.»[70]

Mit andern Worten:

> «Sie entwirft Bilder der Person Jesu, die dem Kenntnisstand über die damalige Zeit entsprechen, die zudem geprägt sind von der jeweiligen Sicht auf die Wirklichkeit und denjenigen Annahmen, die bei der Interpretation des Textes stets – bewusst oder unbewusst – eine Rolle spielen.»[71]

Daraus ergibt sich ganz klar:

> «Zwischen einem mittels historischer Forschung entworfenen ‹historischen Jesus› und dem ‹irdischen Jesus› ist darum zu unterscheiden: Der ‹historische Jesus› ist stets ein Produkt der Quellenauswertung durch einen Interpreten […] Der ‹irdische Jesus› dagegen ist der Jude, der im 1. Jahrhundert in Galiläa gelebt und gewirkt hat und in späteren Zeiten nicht mehr unmittelbar, sondern nur vermittelt durch Deutungen zugänglich ist.»[72]

69 A. a. O. 167.

70 Jens Schröter, *Jesus von Nazareth*. Jude aus Galiläa – Retter der Welt (Biblische Gestalten 15), Leipzig 2006, 34.

71 A. a. O. 19.

72 A. a. O. 21–22. Die seit langem in der historisch-kritischen Exegese elementare Unterscheidung zwischen dem irdischen Jesus und dem historischen Jesus beachtet Benedikt XVI. in seinem Jesus-Buch nicht, wenn er den «wirklichen» Jesus mit dem «historischen» Jesus gleichsetzt.

3.2.3 *Der «historische Jesus» ist der «erinnerte und vergegenwärtigte Jesus»*

Damit kommt Schröter – aus anderer Richtung – zu einem ähnlichen Resultat wie Dunn. Auch er hält den Begriff Erinnerung für geeignet, dieses neue Verständnis der historischen Jesus-Forschung zum Ausdruck zu bringen. Während aber Dunn mit Erinnerung vor allem die frühen Zeugen der Jesustradition beschreibt, um die Eigenart der mündlichen Überlieferung und der daraus resultierenden Eigenart der Evangelien zu bezeichnen, weist Erinnerung für Schröter darüber hinaus auf die unausweichliche Gegenwartsbedingtheit hin, die jeden Blick auf den historischen Jesus bestimmt. Historische Jesus-Forschung ist notwendigerweise eine Deutung der historischen Daten aus der Sicht der Gegenwart und bestimmt vom Kenntnisstand und den Verstehensbedingungen, die der Exeget mitbringt.

> «Das Resultat der heutigen historischen Jesusdarstellung ist darum der *erinnerte, vergegenwärtigte* Jesus aus einer spezifischen Perspektive vom Anfang des 21. Jahrhunderts [...] Ein solches Jesusbild muss unter gegenwärtigen Erkenntnisbedingungen nachvollziehbar und an den Quellen orientiert sein – auch und gerade dort, wo uns Jesus in diesen Quellen fremd und unbequem erscheint.»[73]

3.2.4 *Den endgültigen «historischen Jesus» gibt es nicht*

Es ergibt sich, dass jede Darstellung des historischen Jesus revidierbar ist und nur so für die jeweilige Gegenwart belangvoll bleiben kann. Das ist die Erklärung für die – notwendigerweise – unterschiedlichen Jesusbilder der historischen Jesus-Forschung von den Anfängen bis zum Third Quest. Der Endgültigkeits-Anspruch einzelner Jesusbilder ist eine Illusion. Das endgültige Bild des historischen Jesus gibt es nicht. Trotzdem ist es theologisch unausweichlich, den Christus des Glaubens immer wieder auch historisch zu befragen, und zumal von der Warte der je gegenwärtigen historischen Forschung aus. Der Verzicht darauf würde bedeuten, Jesus seiner Verhaftung in der Geschichte zu berauben und in Kauf zu nehmen, dass er sich zur Idee (oder Ideologie) verflüchtigt. Letztlich ist es nicht ein «garstiger Graben», der den historischen Jesus vom Christus des Glaubens trennt. Vielmehr ist die Frage nach dem historischen Jesus eine Folge des Christus-Glaubens selbst. Exegese und Theologie dürfen auf sie nicht verzichten, im Bewusstsein allerdings, dass dieser historische Jesus nicht die Grundlage des Glaubens an Christus ist.

73 A. a. O. 22.

3.3 Ein neues Paradigma der Jesus-Forschung?

Die konvergierenden Neuansätze von Dunn und Schröter werden momentan diskutiert[74] und sind weiter zu diskutieren. Es ist gut möglich, dass man im Blick auf den Vortrag von Dunn im August 2002 einmal ähnlich wie vom Vortrag Käsemanns im Oktober 1953 sagen wird, dass er eine neue Phase der historischen Jesus-Forschung eingeläutet habe.[75] Jedenfalls zeigen James D. G. Dunn und Jens Schröter Ansätze einer neuen *hermeneutischen* Fundierung auf, die aus der Sackgasse herausführen könnten und zuversichtlich stimmen, dass ein neuer Anfang – bescheidener und hermeneutisch solider – möglich ist. Die letzte Phase, die das Problem endgültig löst, kann und wird es nicht sein. Soviel dürfte aufgrund Schröters eigener Überlegungen deutlich geworden sein: Die unterschiedlichen Antworten auf die Frage nach dem historischen Jesus sind und bleiben zeit- und kulturbedingt.

> «Letztlich können wir nicht aus dem hermeneutischen Zirkel heraus, der besagt, dass wir nur das erkennen, was unserer eigenen Erfahrungswirklichkeit und Weltwahrnehmung wenigstens teilweise entspricht [...]»[76]

Aber das Konzept des «erinnerten Jesus» könnte einen neuen fruchtbaren Zugang zu einer Fragestellung eröffnen, die nicht aufgegeben werden darf. Ausserdem besteht die Hoffnung, dass der «Graben» zwischen dem historischen Jesus und dem Christus des Glaubens zwar nicht zugeschüttet wird – und auch nicht zugeschüttet werden darf! –, dass aber eine Brücke über diesen Graben zustande kommt, von der beide Seiten des Grabens profitieren, insofern dass die historische Jesus-Forschung wie die Christologie um ihrer Glaubwürdigkeit willen darauf angewiesen sind.

4 Das Jesus-Buch des Papstes und die moderne Jesus-Forschung

Als systematischer Theologe kennt Benedikt XVI. die historische Jesus-Forschung ungewöhnlich gut, jedenfalls jene bis ca. 1990. In der Phase der Neuen Frage hat diese, wie wir feststellten, reiche und wertvolle Resultate gebracht, auch unter

74 Vgl. z. B. die Diskussion zwischen Schröter und Dunn in: ZNT 10 (2007) H. 20, 46–61.

75 Vgl. Claussen (wie Anm. 29), 14–15. Terrence W. Tilley, *Remembering the Historic Jesus – A New Research Program?*, in: ThSt 68 (2007), 3–35, stellt das Entstehen eines neuen Forschungsprogramms fest: «This article argues that a new research program is emerging, one that shifts the focus from the quests for the ‹historical Jesus›, a person in the past, to recovering the ‹historic Jesus›, the person remembered by his followers. It finds that Jesus' historic significance is and should be the center of Jesus research» (3).

76 Strotmann (wie Anm. 13), 15.

massgeblicher Beteiligung katholischer Exegeten. Die neuen Entwicklungen seit den 1980er Jahren, denen man inzwischen die Bezeichnung Third Quest gegeben hat, rezipiert der Papst nicht, jedenfalls nicht ausdrücklich.

4.1 Der Papst und die Kanonische Exegese

Benedikt sieht das Konzept der Kanonischen Exegese als hermeneutische Grundlage seiner Jesus-Deutung.[77] Verständlicherweise geht er nicht auf die Diskussionen ein, die um diese Forschungsrichtung momentan geführt werden. Er wendet sie in einer Weise an, dass die – auch für den Glauben wertvolle – Polyfonie der biblischen Texte durch eine Harmonisierung ersetzt wird. So interpretiert er z. B. das Ölberggebet Jesu, wie es die Synoptiker schildern, mit Hilfe des Hebräerbriefs[78] oder immer wieder synoptische Texte aus der Sicht des Johannesevangeliums. In all seinen Interpretationen sind der Glaube der Kirche und die spätere Theologie wegleitend. Genau diese zwei Punkte sehen aber die historisch-kritischen Exegeten als Gefahren der Kanonischen Interpretation. Verschiedene, insbesondere deutschsprachige Vertreter der Kanonischen Exegese versuchen, diese Gefahren zu vermeiden, indem sie die bereichernde Vielfalt der Texte respektieren und eine historische Entwicklung der theologischen Deutung ernst nehmen. Bei Benedikt XVI. hingegen führt der *Canonical Approach* zu einer Engführung des Jesusbildes in johanneischer Perspektive und zur «Aufhebung der Unterscheidung einer historisch-analysierenden und einer theologisch-interpretierenden Perspektive – mithin: von Exegese und Dogmatik».[79]

4.2 Ignorieren wichtiger Tendenzen der neueren Jesus-Forschung

Schon für die Zeit der Neuen Frage beachtet der Papst nicht, dass man sich der Grenzen der historischen Forschung meist sehr wohl bewusst war und anerkannte, dass der historische Jesus nicht mit dem irdischen Jesus gleichzusetzen ist. Man sah sich auch nicht mehr in Gegnerschaft zum Christus-Glauben. Die diesbezüglichen Vorwürfe des damaligen Papstes betreffen vor allem die erste Phase der Suche nach dem historischen Jesus, die Zeit «von Reimarus bis Wrede».

Kein Gewicht hat im Jesus-Buch Benedikts XVI. die *sozialwissenschaftliche Betrachtungsweise,* die im Rahmen des Third Quest von grosser Bedeutung ist,

77 Vgl. Ratzinger, *Jesus von Nazareth.* Erster Teil (wie Anm. 3), 16–19.
78 Vgl. Ratzinger, *Jesus von Nazareth.* Zweiter Teil (wie Anm. 3), 185–188.
79 Vgl. Jens Schröter, Rezension, in: ThLZ 136 (2011), 1185.

vor allem bei Richard A. Horseley und schon früher im deutschen Sprachbereich bei Gerd Theißen. Die soziale Seite des Christentums und das soziale Bemühen der Christen scheint dem ehemaligen Papst insgesamt nicht sehr zentral zu sein. So ist für ihn offenbar auch ein sozialwissenschaftlicher Zugang zu Jesus nicht zielführend. Jesus hat den Menschen Gott gebracht, nicht eine bessere Welt, nicht Wohlstand und den Weltfrieden.[80] Entsprechend harsch urteilt Benedikt XVI. etwa über die Bemühungen der Entwicklungshilfe.[81] Der soziale Aspekt der christlichen Nächstenliebe kommt bei ihm eindeutig zu kurz.

Benedikt XVI. scheinen auch wichtige Tendenzen in der neuesten Jesus-Forschung unbekannt zu sein, die seinen Anliegen eigentlich entgegenkämen. Das gilt vor allem für das Programm des «erinnerten Jesus», das den Gegensatz zwischen dem historischen Jesus und dem Christus des Glaubens, der von Vertretern der historischen Jesus-Forschung und ihren Gegnern in der ersten Phase oft zelebriert wurde, auf wissenschaftlich verantwortete Weise zu überwinden sucht.

4.3 Grössere Gewichtung des Johannesevangeliums

Wenn der Papst hingegen in seiner Frage nach dem Jesusbild das *Johannesevangelium* stärker als die bisherige historische Jesus-Forschung einbezieht, steht er damit nicht allein. Allerdings ist er dabei weit weg vom methodisch sorgfältigen Vorgehen eines Paul N. Anderson und seiner Mitstreiter. Ohne nähere Analyse harmonisiert er die Aussagen des Vierten Evangeliums über die Worte und das Wirken, das Leben und das Sterben Jesu mit den Angaben, die sich aus den Synoptikern ergeben. Das aber hält den Kriterien fachlicher Exegese keineswegs stand! Der verstärkte Blick auf Johannes freilich entspricht durchaus einer Tendenz in der modernen – bis jetzt vor allem amerikanischen – Jesus-Forschung.

4.4 Hohe Wertschätzung des Alten Testaments und des Judentums

In Übereinstimmung mit den Tendenzen des Third Quest steht auch einer der oft und zu Recht herausgestellten positiven Züge des Jesus-Buchs Benedikts XVI.: Der Papst versucht mit erstaunlicher Ausführlichkeit und grosser Sorgfalt, *Jesus aus dem AT zu verstehen.* Überraschender und wichtiger noch: Er geht auch sehr respektvoll und wertschätzend mit dem *nachbiblischen Judentum* um. Er nimmt öfters die Diskussion mit ihm auf. Am bekanntesten ist dies-

80 Vgl. Ratzinger, *Jesus von Nazareth.* Erster Teil (wie Anm. 3), 73.

81 Vgl. a. a. O. 62.

bezüglich das Gespräch mit dem New Yorker Rabbiner Jacob Neusner über die «Tora des Messias» im ersten Band.[82]

Bei dieser und andern Gelegenheiten betont der Papst sehr deutlich den Unterschied der jüdischen zur christlichen Sicht. Diese Abgrenzung ist ihm – durchaus zu Recht – ein Anliegen. Allerdings hat man hier und da den Eindruck, dass sich mehr an Gemeinsamkeiten finden liessen, wenn man nur wollte. Und gelegentlich betont Benedikt XVI. das Neue, das Jesus bringt, in einer Weise, dass der Eindruck entsteht, er sehe das Judentum nicht nur als einen andern Weg, sondern als etwas «Überholtes» an, auch wenn er das so nicht sagt. Oder wie soll man es anders verstehen, wenn er betont, Jesus habe schon in seiner eschatologischen Rede «das Ende des Tempels – und zwar sein theologisches, heilsgeschichtliches Ende – vorausgesagt»[83]? Und aus dem Prozess gegen Stephanus (Apg 6–7) und aus Röm 3,23–26 schliesst er, dass dieses «heilsgeschichtliche Ende des Tempels in Tod und Auferstehung Jesu bereits vor der Zerstörung des Tempels geschehen»[84] sei.

Hingegen wird Benedikts XVI. Sicht, dass nach dem Ende des Tempels und des Tempelkults, der bisher im Glauben Israels zentral war, die Bibel bzw. das Alte Testament neu gelesen werden musste, von vielen Theologen, auch Exegeten, geteilt. «Es gibt zwei Antworten auf diese Situation – zwei Weisen, das Alte Testament nach 70 neu zu lesen: die Lektüre mit Christus, von den Propheten her, und die rabbinische Lektüre.»[85] Auch der Glaube Israels hat nach dem Jahr 70 eine neue Gestalt angenommen. Den Stellenwert, den der Papst dieser neuen Form des Glaubens Israels einräumt, ist allerdings nicht ganz klar. Aber auf jeden Fall besteht er – anders als man angesichts der Debatte um die umstrittene Formulierung der Karfreitags-Fürbitte vermuten musste – nicht auf der Notwendigkeit der Judenmission.[86] Wichtiger noch ist seine Aussage, dass das Judentum ein notwendiger (!) Gesprächspartner sei, um Gottes Wort recht zu verstehen:

> «Wir erkennen es nach Jahrhunderten des Gegeneinanders als unsere Aufgabe, dass diese beiden Weisen der neuen Lektüre der biblischen Schriften – die christliche und die jüdische – miteinander in Dialog treten müssen, um Gottes Willen und Wort recht zu verstehen.»[87]

82 Vgl. Ratzinger, *Jesus von Nazareth.* Erster Teil (wie Anm. 3), 134–137.

83 Vgl. Ratzinger, *Jesus von Nazareth.* Zweiter Teil (wie Anm. 3), 63.

84 A. a. O. 52

85 A. a. O. 49

86 Vgl. a. a. O. 60.

87 A. a. O. 49.

Aus dem Munde eines Papstes ist das ein überraschendes und zu beherzigendes Wort, auch wenn sein Buch nach eigener Aussage nicht das Gewicht eines lehramtlichen Aktes hat.[88]

4.5 Kein erratischer Block

Die aufgezeigten gemeinsamen Züge mit Tendenzen der modernen Jesus-Forschung machen deutlich, dass das Jesus-Buch Benedikts XVI., bei allen begreiflichen exegetischen Unzulänglichkeiten, nicht ein erratischer Block in der Forschungslandschaft ist, sondern verschiedene ihrer Anliegen auf seine Weise aufnimmt. Seiner Grundeinstellung folgend braucht der Papst die modernen Tendenzen allerdings sehr selektiv, sodass sie sein dogmatisch geprägtes Jesusbild kaum weder aufbrechen können noch vielfältiger und kontrastreicher machen. Sie stellen es erst recht nicht infrage, sondern verstärken es vielmehr harmonisierend. Das ist einerseits schade, weil einige der nicht beachteten Tendenzen seinen Anliegen durchaus entgegenkämen und seine pauschalen Kritiken an der Exegeten-Zunft überflüssig machen würden. Andererseits wird man es einem vielbeschäftigten Papst und einem dogmatisch ausgerichteten Theologen wie ihm nicht übelnehmen können, dass ihm eine umfassende Verarbeitung neuester exegetischer Literatur nicht möglich ist. Es kommt hinzu, dass die neuen Sichtweisen von Amerika und Grossbritannien her erst allmählich im deutschsprachigen Raum Fuss fassen.

5 Zum Schluss: Die Exegese als Anwältin des Schrifttextes

Auch wenn manches den Exegeten beim Lesen der Jesus-Trilogie von Joseph Ratzinger/Benedikt XVI. nicht überzeugen wird, ist es zweifellos ein eindrückliches spirituelles Zeugnis und bietet, gerade auch in den alttestamentlichen Bezügen, überraschende Einsichten in das Christus-Bild der Evangelien. Insgesamt ist es eher traditionell, stark von den Kirchenvätern und der Christologie der frühen Kirche geprägt. Es geht dem ehemaligen Papst darum, den Glauben zu stärken, «letztlich um die Vergewisserung der Tatsächlichkeit, der historischen Faktizität des Glaubens»[89]. Wenn er im Vorwort zum zweiten Band schreibt, dass es sein Ziel sei, sein Buch «von der Hermeneutik des Glaubens geführt, aber zugleich in der Verantwortung vor der historischen Vernunft, die in diesem

88 Vgl. Ratzinger, *Jesus von Nazareth*. Erster Teil (wie Anm. 3), 22.

89 Stefan Schreiber, Rezension in: ThR 107 (2011), 288.

Glauben selbst notwendig enthalten ist»[90], zu schreiben, wird man sagen müssen, dass ihm das Erste besser gelungen ist als das Zweite. Zu oft wird die Exegese als die *ancilla* der systematischen Theologie behandelt. Aber nur wenn beide theologischen Disziplinen als Gesprächspartnerinnen auf Augenhöhe agieren, kann die Exegese – auch in ihrer historisch-kritischen Gestalt – ihre eigene Aufgabe im Rahmen der Theologie erfüllen und entsprechend ihrer Eigenart eine theologische Disziplin bleiben: nicht unbedingt als Stütze des Lehramtes, sondern als Anwältin des Schrifttextes, die die Theologie und die Verkündigung der Kirche unermüdlich an die Ursprünge unseres Glaubens erinnert und sich nie davon abhalten lässt. Nur dann hat sie die Chance, den Anstoss, das Ärgernis und die Zumutung, die die Gestalt Jesu für Christen und Nichtchristen darstellt, zur Geltung zu bringen – gegen alle kirchlichen und nicht-kirchlichen Tendenzen, ihn zu einer harmlosen oder gar missbrauchten Leitfigur zu machen.[91]

90 Ratzinger, *Jesus von Nazareth.* Zweiter Teil (wie Anm. 3), 13

91 Vgl. auch Strotmann (wie Anm. 13), 15: «Eine hermeneutisch reflektierte, methodisch verantwortete, argumentativ nachvollziehbare und auf intersubjektive Kommunikation ausgerichtete Rückfrage nach dem historischen Jesus bildet nicht nur ein Korrektiv gegenüber ausufernden fantasievollen und spekulativen Jesusbildern, sondern auch gegenüber (populär-) wissenschaftlichen Jesusbildern, die mit teilweise autoritativem Anspruch vertreten werden, zugleich aber die eigenen zeitbedingten Wünsche und Interessen mit dem historischen Jesus verwechseln.»

Mitarbeitende an diesem Band

PD Dr. Béatrice Acklin Zimmermann, Privatdozentin für Systematische Theologie an der Theologischen Fakultät der Universität Freiburg i. Ue. und Leiterin des Bereiches Religion, Theologie und Philosophie an der Paulus-Akademie Zürich.

Prof. Dr. Franz Annen, Professor em. für Neues Testament an der Theologischen Hochschule Chur.

Prof. Dr. Klaus Berger, Professor em. für Neutestamentliche Theologie an der Universität Heidelberg.

Prof. Dr. Michael Felder (†), Professor ass. für Pastoraltheologie, Homiletik und Religionspädagogik an der Universität Freiburg i. Ue.

Dr. theol. Ulrich Knellwolf, Pfarrer und Schriftsteller, Zollikerberg.

Prof. Dr. Gottfried Bachl, Professor em. für Dogmatik an der Universität Salzburg.

Prof. Dr. Volker Eid, Professor em. für Moraltheologie an der Universität Bamberg.

Prof. Dr. Joachim Kügler, Professor für Neutestamentliche Wissenschaften an der Universität Bamberg.

Prof. Dr. Hanspeter Schmitt, Professor für Theologische Ethik an der Theologischen Hochschule Chur.

Dr. Volker Garske, Dozent für Religionspädagogik an der Universität Paderborn.